AXEL BORSDORF

GRENZEN UND MÖGLICHKEITEN DER RÄUMLICHEN ENTWICKLUNG
IN WESTPATAGONIEN AM BEISPIEL DER REGION AISÉN

ACTA HUMBOLDTIANA

HERAUSGEGEBEN IM NAMEN
DER DEUTSCHEN IBERO-AMERIKA-STIFTUNG DURCH

WOLFGANG HABERLAND

NR. 11

FRANZ STEINER VERLAG WIESBADEN GMBH
STUTTGART 1987

AXEL BORSDORF

GRENZEN UND MÖGLICHKEITEN DER RÄUMLICHEN ENTWICKLUNG IN WESTPATAGONIEN AM BEISPIEL DER REGION AISÉN

NATÜRLICHES POTENTIAL, ENTWICKLUNGSHEMMNISSE
UND REGIONALPLANUNGSSTRATEGIEN
IN EINEM LATEINAMERIKANISCHEN PERIPHERIERAUM

MIT 37 KARTEN, 14 ABBILDUNGEN UND 43 TABELLEN

FRANZ STEINER VERLAG WIESBADEN GMBH
STUTTGART 1987

CIP-Kurztitelaufnahme der Deutschen Bibliothek
Borsdorf, Axel:
Grenzen und Möglichkeiten der räumlichen Entwicklung in Westpatagonien am Beispiel der Region Aisén ; natürl. Potential, Entwicklungshemmnisse u. Regionalplanungsstrategien in e. lateinamerikan. Peripherieraum / Axel Borsdorf. – Stuttgart : Steiner-Verlag-Wiesbaden-GmbH, 1987.
  (Acta Humboldtiana ; Nr. 11)
  ISBN 3-515-04662-3
NE: GT

Jede Verwertung des Werkes außerhalb der Grenzen des Urheberrechtsgesetzes ist unzulässig und strafbar. Dies gilt insbesondere für Übersetzung, Nachdruck, Mikroverfilmung oder vergleichbare Verfahren sowie für die Speicherung in Datenverarbeitungsanlagen. Gedruckt mit Unterstützung der Deutschen Forschungsgemeinschaft. © 1987 by Franz Steiner Verlag Wiesbaden GmbH, Sitz Stuttgart.
Printed in the Fed. Rep. of Germany

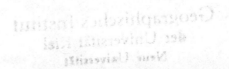

VORWORT

„Wer einmal die Beeren des Calafate gekostet hat, kommt immer wieder nach Patagonien zurück!" Sicher ist es nicht der Geschmack der etwas bitteren Beere, der — dem patagonischen Sprichwort zufolge — den *Reingeschmeckten* in den Südzipfel Lateinamerikas zurückzieht, sondern eher jener eigenartige landschaftliche Reiz und die besonderen menschlichen Qualitäten seiner Bewohner: das *Patagonische, Allzupatagonische,* wie es ein Schriftsteller einmal auszudrücken versuchte. 1971 kam ich im Rahmen eines kombinierten Stipendiums der Ibero-Amerika-Stiftung und der Honnef-Auslandsförderung erstmalig in den Großen Süden Chiles, seither konnte ich Südchile noch vier weitere Male besuchen. 1979 ermöglichte mir die Deutsche Forschungsgemeinschaft einen zweimonatigen Forschungsaufenthalt in Aisén, der Mittelregion Westpatagoniens, den ich 1980/81 vertiefen konnte. Die Ergebnisse dieser Feldarbeit sind in der vorliegenden Untersuchung zusammengefaßt, die drei Jahre später abgeschlossen wurde.

Die Untersuchungen in Aisén wurden vor allem durch meine verehrten Lehrer Prof. Dr. H. Wilhelmy und Prof. Dr. G. Kohlhepp angeregt und gefördert, die selbst in anderen Teilen Südamerikas der Analyse der Entwicklungsprozesse an der Pionierfront der Kolonisation nachgegangen sind. Für die vielfältige Unterstützung und Beratung, die ich von beiden Forschern erfahren habe, danke ich in besonderem Maße. Mit Prof. Wilhelmy verbindet mich überdies die gemeinsame Arbeit an einem Buch über die Städte Südamerikas, die die Auswertung der Materialien für die Habilitationsschrift zwar etwas verzögert, aber durch die gewonnene Erfahrung auch wieder sehr befruchtet hat. Auch dafür möchte ich ihm an dieser Stelle Dank sagen.

Zu Dank verpflichtet bin ich auch den Herren Professoren Blume, Grees und Karger, die meiner Arbeit mit großer Aufgeschlossenheit begegnet sind und mir in vielerlei Hinsicht behilflich waren. Auch den Kollegen vom Tübinger *Mittelbau* gilt ein besonders herzliches Dankeschön.

In Chile und Westpatagonien erfuhr ich weitreichende und uneigennützige Hilfe von einer großen Anzahl von Persönlichkeiten, von denen ich stellvertretend für viele gewonnene Freunde nur einige nennen kann. An erster Stelle danke ich Don Juan Augusto Grosse, dem unermüdlichen Erforscher und Förderer Aiséns, mit dem ich gemeinsam den San-Rafael-Gletscher besuchen konnte und der mir viele Wege geebnet hat. Mit besonderer Freude denke ich daran zurück, daß ich bei der Verleihung des Bundesverdienstkreuzes an diesen hochverdienten Mann zugegen sein konnte.

Mein herzlicher Dank gilt auch dem Ehepaar Koch, deren Gastfreundschaft ich über Wochen hinweg in Coihaique genießen durfte, sowie den Gebrüdern Walter und Helmut (†) Hopperdietzel in Puyuhuapi. Vielfältige Unterstützung bei der Suche nach Informationen und Material, aber auch bei der Beschaffung von Land-, Wasser- und Luftfahrzeugen verdanke ich den Herren D. Vio Urrutia (CONORA,

Santiago) und in Coihaique A. Horvath, C. Aller und T. Becerra (MOP), H. Vargas (CONAF), J. Holmberg (SERPLAC), D. Borges und C. Diaz (Vialidad) und E. Muñoz (MTC). In der deutschen Botschaft in Santiago war es vor allem Herr E. Kamps, der als Kulturattache meine Arbeit auf seine Weise gefördert hat.

Sehr zu danken habe ich auch Herrn V. Sieveking vom Franz Steiner Verlag Wiesbaden in Stuttgart und Herrn Dr. Haberland als Herausgeber der Acta Humboldtiana, für die Bereitschaft, die Arbeit in das Programm aufzunehmen, und für alle Unterstützung bei der Drucklegung.

Die Veröffentlichung der Untersuchung wäre ohne die großzügige Unterstützung der Deutschen Forschungsgemeinschaft in dieser Form nicht möglich gewesen. Daher sei der DFG sowohl für die Hilfestellung bei der Geländearbeit wie auch bei der Präsentation der Ergebnisse herzlich gedankt.

Schließlich will ich in meinen Dank auch meine Frau und meine drei Söhne einschließen, die mit viel Verständnis und Geduld den Vater haben am Schreibtisch arbeiten lassen, auch wenn sie ihn oft lieber im Spielzimmer gesehen hätten.

Das Manuskript der Arbeit wurde im März 1984 abgeschlossen.

Tübingen, im Mai 1984   Axel Borsdorf

INHALTSVERZEICHNIS

VORWORT 5
Verzeichnis der Karten 9
Verzeichnis der Abbildungen 10
Verzeichnis der Tabellen 11

1. EINLEITUNG 13
1.1. Fragestellung und Ziel der Arbeit 13
1.2. Der aktuelle Forschungsstand und die Geschichte der wissenschaftlichen Entschleierung Nordwestpatagoniens 15
1.3. Aufbau und Methode der Untersuchung 20

2. DAS UNTERSUCHUNGSGEBIET 22
2.1. Lage, Fläche, politische und naturräumliche Gliederung 22
2.2. Die Urbevölkerung 27
2.3. Kurzcharakteristik der bisherigen Erschließungsgeschichte 30
2.3.1. Kolonisationsversuche in der Insel- und Kanalzone 30
2.3.2. Spontane Landnahme in den transandinen Gebieten 31
2.3.3. Erschließung durch Schafzuchtgesellschaften 35
2.3.4. Konflikte zwischen Kolonisten und Gesellschaften 39
2.3.5. Europäische Ansiedlungen und chilenische Binnenkolonisation 39
2.3.6. Die Entwicklung bis heute 43

3. DAS NATÜRLICHE POTENTIAL 45
3.1. Relief, geologischer Aufbau und Lagerstätten 45
3.2. Hydrogeographische Voraussetzungen 49
3.3. Klimatische Differenzierung 53
3.4. Die Böden 66
3.5. Natürliche Vegetation und Fauna 72
3.5.1. Der Coihue-/Tepa-Wald 72
3.5.2. Der Coihue-/Lenga-Wald 73
3.5.3. Der Lenga-Wald 74
3.5.4. Der Coihue-magellanica-Wald 75
3.5.5. Der Ñirre-Wald 75
3.5.6. Die Matorrales 75
3.5.7. Die Grasfluren Westpatagoniens 75
3.5.8. Die Fauna Westpatagoniens 76

4. BEVÖLKERUNG, INFRASTRUKTUR UND GEGENWÄRTIGES WIRTSCHAFTSSYSTEM 77
4.1. Bevölkerungsgeographische Grundstrukturen 77
4.2. Die Siedlungen 87

4.2.1. Typ der Fischersiedlung: Puerto Aguirre/Caleta Andrade 87
4.2.2. Typ der Hafenstadt: Puerto Aisén/Puerto Chacabuco 91
4.2.3. Typ der Mittelpunktsiedlung eines agrarischen Umlands: Chile Chico .. 93
4.2.4. Coihaique: Regionshauptstadt und Exklave Santiagos. 97
4.2.5. Typ des paraurbanen Zentrums: Puyuhuapi 102
4.2.6. Typen der ländlichen Gruppensiedlung: Baño Nuevo und El Blanco ... 104
4.2.7. Die ländlichen Einzelsiedlungen 107
4.3. Die Verkehrsinfrastruktur 110
4.3.1. Das Relief als limitierender Faktor der Verkehrserschließung. 110
4.3.2. Straßen und Wege 111
4.3.3. Häfen und Seeverkehr 118
4.3.4. Flugplätze und Luftverkehr. 124
4.4. Ökonomische Struktur 126
4.4.1. Die Produktions- und Beschäftigungsstruktur im Überblick 126
4.4.2. Landwirtschaft 127
4.4.3. Forstwirtschaft 135
4.4.4. Fischerei 138
4.4.5. Bergbau. 139

5. DAS EIGNUNGSPOTENTIAL DER REGION 140
5.1. Zur Methode der Potentialschätzung. 141
5.2. Schutzbedürftigkeit 144
5.3. Nutzwürdigkeit 154
5.4. Die Einschätzung des agrarischen Eignungspotentials 155
5.5. Die Eignung der Region für nicht-agrarische Entwicklungen. 156
5.5.1. Energiewirtschaft und Industrie 156
5.5.2. Fremdenverkehr 160
5.5.3. Small-scale-Entwicklungsprojekte als Problemlösung für die Region? ... 162

6. STRATEGIEN DER REGIONALPLANUNG IN AISÉN 165
6.1. Entwicklungstheoretischer Rahmen 165
6.2. Der Wandel der Regionalpolitik und seine Auswirkungen auf die
Entwicklungspläne für die Región Aisén. 167
6.2.1. Entwicklung nach außen, Entwicklung nach innen. 167
6.2.2. Die Phase polarisierter Entwicklung 168
6.2.3. Die Phase integrierter Regionalpolitik 168
6.2.4. Die Phase liberalistischer Regionalpolitik 169

ZUSAMMENFASSUNG 172
RESUMEN...................................... 174
LITERATURVERZEICHNIS 176
VERZEICHNIS DER KARTENGRUNDLAGEN. 186
REGISTER 187

VERZEICHNIS DER KARTEN

1 Administrative Gliederung des Untersuchungsgebietes 24
2 Naturräumliche Großgliederung Aiséns. 26
3 Lebensräume und Bevölkerungsentwicklung der westpatagonischen Indianer in Aisén. . 29
4 Flurkarte der Umrandung des Lago General Carrera 32
5 Flurkarte der Umgebung von Balmaceda. 33
6 Flurkarte der Umgebung von Coihaique 34
7 Landnahme und Erschließungsrichtungen in Aisén 36
8 Casco der Estancia Cisnes 38
9 Casco der Estancia Ñirehuao. 38
10 Wegerkundungen von A. Grosse in Aisén. 42
11 Geologische Übersichtskarte von Aisén. 47
12 Mittlere Jahressumme der Niederschläge und Klimadiagramme in der Región Aisén . . . 54
13 Klimatypen von Aisén 61
14 Verteilung der mittleren Minimumwerte der Jahressumme der potentiellen Produktivität in Trockensubstanz in Abhängigkeit von Lufttemperatur und Niederschlagssumme in Aisén 63
15 Verteilung der mittleren Jahressumme der maximalen Bewässerung in Aisén 65
16 Bevölkerungsverteilung in Aisén. 86
17 Funktionale Gliederung von Puerto Aguirre und Caleta Andrade 88
18 Funktionale Gliederung von Puerto Chacabuco 90
19 Der Bereich jährlicher Überschwemmungen in Puerto Aisén. 92
20 Funktionale Ausstattung in Chile Chico 94
21 Funktionale Gliederung von Coihaique. 98
22 Funktionale Ausstattung von Puyuhuapi. 103
23 Casco der Estancia Baño Nuevo 105
24 Plan von El Blanco 106
25 Verkehrsinfrastruktur in der Región Aisén. 113
26 Die Carretera Presidente Pinochet und weitere Straßenprojekte in der Región Aisén. . . 116
27 Lokale Windverhältnisse in Puerto Chacabuco. 119
28 Das Kanalbau-Projekt am Isthmus von Ofqui 123
29 Blattschnitt der Bewertungskarten 143
30 Bewertung der Schutzbedürftigkeit im Abschnitt Puyuhuapi 146
31 Bewertung der Schutzbedürftigkeit im Abschnitt Coihaique. 147
32 Bewertung der Schutzbedürftigkeit im Abschnitt General Carrera 148
33 Bewertung der Schutzbedürftigkeit im Abschnitt O'Higgins 149
34 Bewertung der Nutzwürdigkeit im Abschnitt Puyuhuapi 150
35 Bewertung der Nutzwürdigkeit im Abschnitt Coihaique 151
36 Bewertung der Nutzwürdigkeit im Abschnitt General Carrera 152
37 Bewertung der Nutzwürdigkeit im Abschnitt O'Higgins 153

VERZEICHNIS DER ABBILDUNGEN

1 Abflußregime ausgewählter hydrographischer Systeme in Aisén 51
2 Die Differenzierung der Vegetation im west-östlichen und hypsometrischen
  Formenwandel 73
3 Bevölkerungszunahme in Aisén und Magallanes 78
4 Altersaufbau der Bevölkerung Aiséns 1940 und 1970 82
5 Stadtparzelle mit Erwerbsobstbau in Chile Chico 95
6 Landpension in Chile Chico 96
7 Überörtlicher Telefonverkehr in der Región Aisén 101
8 Gehöft eines Colonos am Río Baker, Sektion Los Ñadis 107
9 Gehöft am Río Jeinemeni 108
10 Netz des Busverkehrs in der Región Aisén 114
11 Entwicklung der Anbauflächen von Feldfrüchten in Aisén 1930–1976 128
12 Entwicklung des Rinder- und Schafbestandes in Aisén 1972–1976 132
13 Ermittlung der Schutzbedürftigkeit auf Quadratrasterebene für Aisén 142
14 Ermittlung der geeigneten Nutzung bei nicht schutzbedürftigen Flächen
   (Nutzwürdigkeitsprüfung) 145

VERZEICHNIS DER TABELLEN

1 Región Aisén: Fläche und politische Gliederung 23
2 Región Aisén: Bevölkerungsentwicklung nach Provinzen 1952–1980 25
3 Hydrogeographische Strukturen in der Región Aisén..................... 50
4 Schwankungen der Jahresniederschläge, Station Puyuhuapi 1951–1978 55
5 Überblick über die Charakteristika der Klimazonen Aiséns 56
6 Klimageographische Daten repräsentativer Stationen in Westpatagonien.......... 57
7 Bodenarten in der Steppe östlich des Lago Nahuel Huapi 70
8 Bodengüteklassen in Teilen von Asién Continental 70
9 Bewässerte Flächen in Aisén nach Comunas.......................... 71
10 Städte und ihre Bevölkerung in Aisén 1978 77
11 Paraurbane Zentren in der Región Aisén 1978 79
12 Bevölkerungsentwicklung in verschiedenen Städten Aiséns 1930–1978 80
13 Geburtsprovinzen der Bewohner Aiséns 1960 und 1970................ 81
14 Entwicklung der Geburtenrate in Chile und Aisén nach ausgewählten Comunas 1970–1977 in °/oo... 82
15 Arbeitskräftepotentiel nach Comunas und Wirtschaftssektoren in der ehemaligen Provinz Aisén 1970... 83
16 Arbeitsbeschaffungsmaßnahmen in § der Erwerbspersonen nach Comunas 1975 84
17 Bevölkerung über 5 Lebensjahren nach Schulbildung..................... 84
18 Vorzeitiger Schulabgang in der Grundausbildung (Enseñanza basica) in % der Eingeschulten nach Comunas 1977.................................. 85
19 Analyse des inter- und innerregionalen Fernsprechverkehrs in Aisén 1978........ 100
20 Tendenzen der Bevölkerungsverteilung nach Siedlungsformen 1960–1970 109
21 Verteilung der Siedlungen nach Größenklassen 1970..................... 109
22 Befahrbare Wege und Straßen in der Región Aisén 1975................. 112
23 Busliniendienst in der Región Aisén 1979 115
24 Warenumschlag in Puerto Chacabuco 1977 120
25 Warenumschlag in den Seehäfen Aiséns (ohne Chacabuco) 1975 121
26 Passagieraufkommen in den Seehäfen Aiséns 1977..................... 121
27 Fracht- und Passagieraufkommen der Flugplätze von Aisén 1975............ 125
28 Produktions- und Erwerbsstruktur in Aisén 1970...................... 126
29 Fläche der Región Aisén nach Nutzungsarten........................ 127
30 Land- und forstwirtschaftliche Fläche der Región Aisén nach Eignung und Nutzung 1968... 128
31 Ermittlung geeigneter Bewässerungsflächen in der Región Aisén 130
32 Entwicklung des Viehbestandes in Aisén 1936–1976 133
33 Landwirtschaftliche Besitzstruktur in Aisén 1975 134
34 Wälder in Ausbeutung 1977/78 nach Distrikten und Baumarten 135
35 Aufgeforstete Wälter in Aisén 1979............................... 137
36 Fischfang, Muschelsammelwirtschaft und Fischkonservenproduktion in Chile und Aisén 1972–1975...................................... 138
37 Mineralölförderung in Aisén und Chile 1973/75 139
38 Nationalparks in Aisén 144
39 Das agrarische Eignungspotential und die schutzbedürftigen Flächen in Aisén nach der Raumbewertung.................................... 155
40 Branchenstruktur und Anzahl der Betriebe des Verarbeitenden Gewerbes in Aisén 1967 157
41 Betriebsgrößenstruktur im Sekundären Sektor in Aisén 1967............... 157
42 Energiegewinnung in Aisén 1975 159
43 Vergleich der Regionalisierungen von 1969 und 1974/79 170

1. EINLEITUNG

1.1. FRAGESTELLUNG UND ZIEL DER ARBEIT

Die gegenwärtige räumliche Entwicklung Südamerikas ist von mannigfaltigen Bestrebungen gekennzeichnet, das Interior des Subkontinents zu erschließen, um Entlastungsräume für die ungehemmt weiter wachsenden Zentralregionen zu schaffen. Dabei gelten die Anstrengungen der Anrainer des Amazonas-Beckens der Kolonisation der noch weitgehend unberührten Waldgebiete (Monheim 1965, Brücher 1968, Jülich 1975), während Brasilien selbst neben seinen Amazonas-Projekten (Kohlhepp 1976, 1978, 1983) eine neue Industrialisierungsbresche nach Brasília, der 1960 zur Hauptstadt ernannten Retortenstadt, schlagen will. Ein Anfang ist durch die bereits bestehenden Großstädte Juiz de Fora und Belo Horizonte gemacht. Von São Paulo aus soll sich schließlich ein weiterer Modernisierungsfinger über Campo Grande nach Corumbá ausstrecken und die Verbindung zur bolivianischen „Boomstadt" Santa Cruz de la Sierra herstellen (Wilhelmy/Borsdorf 1985). Auch im Interior der brasilianischen Südstaaten hat eine Neubewertung eingesetzt, die im Zuge der Ausbreitung der Sojakultur (Lücker 1982) die letzten Waldbestände zu beseitigen droht.

Im Südzipfel des Kontinents, dem *Cono Sur*, sind jedoch bisher Tendenzen zur Aufsiedlung oder Auswertung der hier vorhandenen Leerräume noch kaum vorhanden oder weitgehend unbekannt geblieben. Dies gilt im besonderen Maße für Chile, dessen Bevölkerung sich auf dem mittleren Abschnitt des langgestreckten Staatsgebildes zusammendrängt. Chile verfügt mit dem südlichen Drittel seines Territoriums in den Regionen Aisén und Magallanes über ein Gebiet von der Größe der Bundesrepublik Deutschland, das bisher nur von rund 170 000 Menschen (1980) bewohnt wird. Dieses Gebiet ist wegen seiner teilweise jungfräulichen Vegetationsbedeckung von Weischet (1970, S. 10) als *Patagonisches Urwaldchile* bezeichnet worden; insofern ist es gerechtfertigt, das westliche Patagonien als mögliches Rodungsland den Kolonisationsprojekten der tropischen und subtropischen Waldregionen Südamerikas zur Seite zu stellen und die Nutzungsmöglichkeiten dieses Raumes kritisch zu untersuchen.

Zwar erscheint die Bevölkerungsdichte Mittelchiles mit etwa 44,9 E/km^2 (1980) noch nicht unbedingt dramatisch hoch, doch ist zu berücksichtigen, daß sich auch in Mittelchile drei Viertel der Einwohner auf den nur 30—50 km breiten Streifen der chilenischen Längssenke konzentrieren und hier die mittlere Bevölkerungsdichte bereits 150 E/km^2 übersteigt. Im sog. *Valle Longitudinal* ist die Grenze der agrarischen Tragfähigkeit, wie sie Borcherdt/Mahnke 1973 definiert haben, längst überschritten.

Die in Chile bereits sehr weit fortgeschrittene Verstädterung (Lauer et al. 1976, Wilhelmy/Borsdorf 1984) kann unter den herrschenden agrarproduktionellen Bedingungen als Indikator der erschöpften Aufnahmekapazität des flachen Landes gelten. Der Anteil der städtischen Bevölkerung beträgt bereits 78 %, in Städten über 100 000 E. leben 52 % der Chilenen.

Welche Überlegungen werden angesichts dieser Problematik in Chile angestellt, die große Raumreserve im Süden in den Staatsverbund und den aktiven Wirtschaftsraum einzubeziehen? Wie soll dieser Raum nach dem Willen der chilenischen Regionalplanung einmal aussehen? Und vor allem: Welche Erfolgsaussichten haben die Planungen? Mit anderen Worten: Welches Potential bietet Westpatagonien tatsächlich? Diesen Hauptfragestellungen will die vorliegende Arbeit nachgehen. Eine derartige Untersuchung darf aber nicht isoliert von der derzeit in Lateinamerika vehement geführten Debatte um die theoretische Erklärung der Unterentwicklung und die hieraus folgenden Entwicklungsstrategien gesehen werden. Wie stark wirkt die entwicklungstheoretische Diskussion in die chilenische Regionalplanung ein? Auch diese Frage wird zu beantworten sein.

Weil aber, wie sich zeigen wird, angesichts einer theoretisch stark überfrachteten Regionalplanung die Raumanalyse als unverzichtbare Grundlage erfolgreicher Planungen in Gefahr gerät, vernachlässigt zu werden, soll in dieser Arbeit ein anderer Weg für Entwicklungsländer beschritten werden: Mit Hilfe der in den Industriestaaten bereits vielfach erprobten Raumbewertungsverfahren (Bauer 1973, Brahe 1972, Umweltbundesamt 1981) soll ein möglichst komplexes Bild der Raumstruktur unter dem Gesichtspunkt potentieller menschlicher Nutzung gewonnen werden. Da die Datenbasis in Entwicklungsländern vielfach lückenhaft ist, Luft- und Satellitenbilder wegen politischer oder militärischer Konflikte im Lande nicht erhältlich sind und zu anderen als militärischen Zwecken nicht verwendet werden oder publiziert werden dürfen, soll versucht werden, diese Raumbewertung mit wenigen Basisdaten durchzuführen. Ein solches einfaches Raumbewertungsverfahren kann bei Bewährung möglicherweise bei ähnlichen Problemstellungen auch auf andere Staaten übertragen werden. Läßt sich eine solche einfache Raumbewertung in Entwicklungsländern durchführen? Was kann ein solches Verfahren leisten? Damit ist schließlich die zentrale methodische Frage dieser Arbeit formuliert.

Wegen des Gewichts, das dem methodischen Schwerpunkt der Analyse zugemessen wurde, war eine räumliche Einschränkung auf eine Teilregion Westpatagoniens unumgänglich. Ausgewählt wurde die 108.338 km² große Región Aisén, die sich direkt südlich an das weitgehend erschlossene und zum wirtschaftlichen Kernraum zählende südliche Mittelchile (Región de los Lagos) anschließt. Auch für ein Gebiet dieser Größenordnung – es umfaßt eine Fläche von der Größe Baden-Württembergs und Bayerns zusammen – wäre eine Raumbewertung auf Flächenrasterbasis undurchführbar, wenn nicht von vornherein große Teilregionen aus der Bewertung ausscheiden, weil sie ihrer Höhenlage oder ihrer klimatischen Eigenschaften wegen außerhalb der Ökumene liegen. Die Lage Aiséns innerhalb der des menschlichen Wirtschafts- und Siedlungsraumes wird durch die Nähe zur Küsten-, Höhen-, Trocken- und Feuchtigkeitsgrenze der Ökumene gekennzeichnet, die in jeweils verschiedenen Teilen der Region erreicht werden. Aus der Vielfalt dieser Grenzcharakteristik wird bereits deutlich, daß es nicht nur *eine* Nutzungsempfehlung für diesen Raum geben kann, sondern jede Planungsentscheidung raumspezifisch getroffen werden muß. Derartige Grenzsäume der Ökumene sind uns in den letzten Jahrzehnten als ökologische Problemräume in das Gesichtsfeld gerückt worden, die durch ökonomische Fehl- und Übernutzung in Gefahr geraten sind, gänzlich aus der Bewirtschaftung auszuscheiden. Die Desertifikationserscheinungen der Sahel-Zone (Barth 1977) oder die Beeinträchtigungen der Bodenfruchtbarkeit tropischer Böden nach Rodung des Regenwaldes (Sioli 1973, Weischet 1977) sind warnende Beispiele menschlicher Fehleinschätzungen. Auch Aisén, das eine extrem periphere Lage im Wirtschaftsraum des Menschen einnimmt, hat ein besondere empfindliches Ökosystem, dessen Schutzbedürftigkeit zunächst geprüft werden muß, bevor es zu einer Entscheidung hinsichtlich der Nutzwürdigkeit einer Ressource kommt.

1.2. DER AKTUELLE FORSCHUNGSSTAND UND DIE GESCHICHTE DER WISSENSCHAFTLICHEN ENTSCHLEIERUNG NORDWESTPATAGONIENS

Der Fragestellung der Arbeit entsprechend, die Probleme verschiedener Forschungsrichtungen berührt, muß der Erkenntnisstand unterschiedlicher geographischer Ansätze kurz dargestellt werden. Wilhelmy richtete 1949 nachdrücklich sein Augenmerk auf *Siedlungen im südamerikanischen Urwald*. Schon er faßte seine Aufgabe nicht allein als eine beschreibende auf, sondern dachte auch an die praktische Nutzanwendung seiner Erkenntnisse. 1962 wurde sein Buch ins Japanische übersetzt, vom japanischen Wirtschaftsministerium vertrieben und wurde zu einem Leitfaden der japanischen Urwaldkolonisation in Brasilien. In ähnlicher Weise war auch das Buch von Schauff (1959) auf die Bedürfnisse der Praxis ausgerichtet. Wilhelmys Schüler Brücher widmete sich 1968 den Problemen der Urwalderschließung am Ostrand der kolumbianischen Anden, wie es Monheim, Schoop und Jülich für die zentralen Andenstaaten taten. Wilhelmy untersuchte 1970 in einer kleinen Studie den Lebensraum Amazoniens.

Die Erforschung der Erschließungsprobleme des tropischen Regenwaldes im Amazonasgebiet wurde im folgenden zu einem der Hauptanliegen Kohlhepps, der in einer Vielzahl von Studien dieser Fragestellung nachgegangen ist. Ohne die Ergebnisse und Methoden dieser Arbeiten wäre die vorliegende Untersuchung kaum denkbar. Sie will aber gerade einmal die Probleme der Urwaldkolonisation in einer nichttropischen Region Südamerikas zeigen. Auf diesem Gebiet haben kolonisationsgeschichtlich bisher Golte (1973) und Eriksen (1970) und anwendungsbezogen Bauer (1958) gearbeitet.

Eine andere Forschungsrichtung, der sich diese Arbeit verpflichtet fühlt, ist die Erforschung der Trockenräume. Der Große Süden Chiles grenzt an die offene, patagonische Steppe, die fingerförmig in das Untersuchungsgebiet eingreift. Die Grenzsäume zur offenen Grasflur stellen die Gebiete dar, an die der Mensch in Westpatagonien die größten Erwartungen knüpft. Gerade solche Grenzsäume — wie durch die internationale Diskussion um den Desertifikationsprozeß allgemein bekannt geworden — stellen aber besonders labile Ökosysteme dar. Leser (1971), Mensching (1971, 1975), Schiffers (1974) und vor allem Barth (1977) haben raumspezifische

Untersuchungen zum Ökosystem der Trockengebiete vorgelegt. 1980 widmete sich ein von Barth und Wilhelmy herausgegebener Sammelband zu Ehren von H. Blume speziell den Problemen der Trockengebiete.

Ein dritter Ansatz ist aufgrund seiner methodischen Erkenntnisse von großem Wert für die vorliegende Arbeit: Die Evaluierung von Flächen für menschliche Nutzungen. Diese Forschungsaufgabe wurde mit den methodisch grundlegenden Überlegungen Trolls (1939) und Schmithüsens (1942) zur Erfassung der Wirkungsgefüge miteinander in Beziehung stehender Landschaftshaushaltfaktoren formuliert. Die Raumbewertung als solche wurde dann von Schultze (1957) zum Gegenstand des Erkenntnisinteresses der Geographie erklärt. Die Entwicklung verfeinerter Darstellungssysteme der Aufnahme der für Ökosysteme relevanten Variablen gelang Neef (1961, 1967) und seinen Schülern. Schließlich bekam die Suche nach transparenten Methoden der Raumbewertung durch eine Arbeit aus einer Nachbardisziplin (Kiemstedt 1967) einen großen Anstoß, wobei inzwischen eine sehr lebhafte Diskussion zu verschiedenen brauchbaren Ansätzen geführt hat.

Längst geht es nicht mehr allein um die Raumbewertung für die Erholungseignung von Gebieten. Evaluierungsverfahren werden u.a. für die Abgrenzung von Naturparks (Guldager/Pfennig 1977), Umweltverträglichkeitsprüfungen (Ringler 1976), zur Ermittlung von Standorten der Abfallagerung (Marks/Sporbeck 1976), Bewertung von Gemeindezusammenlegungen (Sauberer 1976) und zur Waldwertschätzung (Hanstein 1970, Prodan 1964) verwendet. Auch die umfassende Kennzeichnung landschaftlicher Ökosysteme (Leser 1976) als Verfahren zur Bestimmung des natürlichen Nutzungspotentials wurde vielfach als Richtschnur planerischer Aktivitäten gefordert (Neef 1961, Leser 1971, Finke 1971, Schmithüsen 1974 u.a.). Heute werden Methoden z.B. der ökologischen Wertanalyse (Bauer 1973) oder der Nutzwertanalyse auch für die Entscheidungsfindung in Nutzungskonflikten oder Nutzungszuweisungen jedweder Art angewendet.

Auch in Entwicklungsländern sind Raumbewertungsverfahren inzwischen mehrfach erprobt worden. Eine methodisch wegweisende Arbeit wurde von Metzner (1977) vorgelegt. Im tropischen Regenwald Brasiliens wurde 1973–1980 ein umfassendes, auf der Analyse von Satellitenbildern beruhendes und von einem ganzen Forschungsstab betreutes Evaluierungsverfahren durchgeführt (Radam 1973–80), dessen Ergebnisdarstellung 18 Bände beansprucht. Schließlich hat der Verf. selbst für das Umweltbundesamt bzw. ein Planungsbüro zweimal Methodenrecherchen durchgeführt und fühlt sich bei der Vielfalt der vorgeschlagenen Methoden besonders dem unter Mitarbeit von Ammer und Leser entwickelten, sogenannten Dornier-Ansatz zur ökologischen Raumbewertung verpflichtet.

Alle Grundlagenforschungen und die daraus abgeleiteten anwendungsbezogenen Fallstudien belegen jedoch, daß es zur Lösung des Problems der Erfassung, inhaltlichen Kennzeichnung und Bewertung von Erdräumen eine allgemein gültige, generell anwendbare Methode nicht gibt. Vielmehr setzt jede Untersuchung konkreter Landschaftsräume in ihren jeweiligen Eigenheiten eine regionalspezifische, am konkreten Problem orientierte Methodik voraus, die daher auch für die vorliegende Arbeit eigens entwickelt werden mußte.

1.2. Der aktuelle Forschungsstand

Die wissenschaftliche Erforschung Chiles konzentrierte sich seit jeher auf den wirtschaftlichen Kernraum Chiles, wo vor allem Berninger (1929), Schmithüsen (1956), Lauer (1961), Hartwig (1966), Golte (1975), Bähr (1976, 1978), Rother (1977) und Riesco (1978) wichtige Erkenntnisse beisteuerten. Auch der Große Norden wurde dann 1975 von Bähr in einer großangelegten Monographie erforscht und dargestellt.

Demgegenüber ist der Große Süden, das Gebiet südlich von Puerto Montt und beiderseits der Patagonischen Kordillere bis zum Kap Hoorn, in den letzten Jahrzehnten in der deutschen Geographie etwas in Vergessenheit geraten, Kleine, aber inhaltsreiche Studien legten Weischet (1957) und Bähr/Golte (1976) vor, Weischet (1968, 1978) beschäftigte sich ferner mit klimageographischen und geoökologischen Fragen in diesem Raum.

Dabei hat sich gerade die deutsche Geographie um die Entschleierung Westpatagoniens große Verdienste erworben. An erster Stelle ist hier H. Steffen zu nennen. Steffen hatte in Halle bei Kirchhoff seine Dissertation angefertigt und später in Berlin unter v. Richthofen, v. Drygalsky, Philippson und Sievers neben Sven Hedin gearbeitet (Grosse 1978, S. 4). 1889 nahm Steffen einen Ruf nach Santiago de Chile an und erforschte seit 1893 auf mehreren Expeditionen zunächst den Río Palena (1893/94), den Río Puelo bis zum Maitén-Paß (1895), den Río Manso (1896), das Gebiet um Aisén (1896 und 1897) sowie den Río Cisnes (1897/98) und schließlich 1898/99 den Baker-Fjord, das Río Baker-Tal und Teile von Magallanes. Aufgrund dieser Forschungen wurde Steffen Mitglied der Kommission, die 1901 in London die Vorbereitungen für den Schiedsspruch der englischen Krone im Grenzstreit zwischen Argentinien und Chile treffen mußte. Der chilenische Standpunkt wurde in einem sechsbändigen Werk, von dem Steffen vier Bände schrieb, dargelegt.

Steffens wichtigste Arbeit bildet sein zweibändiges Werk über Westpatagonien, das 1919 erschien und auch ins Spanische übersetzt wurde (Steffen 1944). Seine Karten und Studien zu den einzelnen Abschnitten der Patagonischen Kordillere sind Meisterwerke länderkundlicher Darstellung in der Tradition von Richthofens. Sie bildeten lange Zeit die Grundlage aller weiteren Erforschungen Westpatagoniens.

Steffen wurde auf seinen Expeditionen z.T. von P. Krüger begleitet, der seine Beobachtungen auch separat publizierte (Krüger 1909), dabei aber in allen wesentlichen Punkten entweder von Steffen des Irrtums oder des Plagiats bezichtigt wurde (Steffen 1910, 1911). Einem breiteren Leserkreis in Deutschland wurde das Gebiet durch die Bücher des deutschen Fliegers G. Plüschow (1929), von M. Junge (1936, 1938), A. M. de Agostini (^{2} 1953) und J. Delaborde/H. Loofs (1962) nahegebracht. In Chile selbst hat sich vor allem der gebürtige Westfale A. Grosse (1955, 1978, 1979) als unermüdlicher Wegbereiter der Aiseniner Siedlungspioniere einen Namen erworben.

Die ersten spanischen Piloten, die den Isthmus von Ofqui und die benachbarte Küste erkundeten, waren Bartolomé Diez Gallardo und Antonio de Vea (1674 und 1675). Wir verdanken ihnen die ersten Berichte über die Einwohner des Chonos-Archipels. Neunzig Jahre später (1763–67) besuchte der Jesuitenpater José García, teilweise in Begleitung seines Ordensbruders Juan Vicuña, auf mehreren Reisen die südlichen Regionen und zeichnete die erste, allerdings noch sehr unbeholfene Karte der Küstengestalt (Steffen 1919, S. 362). 1793 widmete sich José de Moraleda auf Anordnung des peruanischen Vizekönigs der Vermessung und Erkundung des Aisénfjords und der benachbarten Inselgruppen (gedruckt 1888). Auch er führte seinen Auftrag allerdings nur unvollkommen aus. Wiederum verstrichen dreißig Jahre bis ein nächster Versuch zur Vermessung der patagonischen Küste unternommen wurde. Die Karten der englischen Kommission unter King und Fitzroy (1825–35) sind aber großenteils nur Kopien der fehlerhaften Moraleda-Aufnahmen und bedeuten gegenüber der damals schon vergessenen Karte von García eher einen Rückschritt.

Erst um 1870 begann eine Reihe neuzeitlicher Forschungsreisen, die zu soliden Ergebnissen gelangten. Der damalige Fregattenkapitän und spätere Vizeadmiral der chilenischen Marine Enrique Simpson, ein gebürtiger Brite, nahm in vier mehrmonatigen Sommerkampagnen (1870–1873) die Küste zwischen 43,5 und 47° s. Br. auf und erkundete die Flußtäler der benachbarten Kordillere. Er drang dabei auch von Puerto Aisén aus an den später nach ihm benannten Fluß vor, erreichte aber das spätere Coiháique und die ostpatagonische Pampa nicht.

Die weitere Erforschung stand entweder im Zeichen der chilenisch-argentinischen Grenzauseinandersetzung oder wurde von ihr überschattet. Im Vorfeld dieser Grenzstreitigkeiten hatte Chile zwei entscheidende Verhandlungsniederlagen erlitten. Die erste führte zu dem für Argentinien günstigen Grenzvertrag von 1881 (Steffen 1929, S. 5), in dem Chile stillschweigend auf seine Anrechte auf die östlich der Andenwasserscheide und nördlich des 52. Breitenkreises gelegenen Teile Patagoniens verzichtete. Im Grenzprotokoll von 1893 wurde die unklare Formel von den „höchsten Höhen, die die Wasserscheide bilden" wiederholt und durch eine Formulierung ergänzt, die Argentinien noch größere Freiheit einräumte: Argentinien behielt nämlich die Oberhoheit über die Gebiete östlich der *Hauptverkettung der Anden* (Steffen 1829). Mit der Ernennung des argentinischen Patagonienreisenden Francisco P. Moreno zum Sachverständigen (Perito) der Regierung bekam der Grenzstreit eine neue Qualität, weil nun Argentinien das Wasserscheidenprinzip direkt angriff. Im Zuge der notwendigen Klärung im Gelände erfolgten eine Reihe von Expeditionen auf beiden Seiten der Anden, die in wenigen Jahren die patagonischen Kordilleren und ihre benachbarten Berg- und Küstenländer großenteils entschleierten. Auf argentinischer Seite wurde vor allem F. P. Moreno aktiv, auf der chilenischen Seite H. Steffen. Mit dem Schiedsspruch des englischen Königs Eduard VII im November 1902 fand der Grenzstreit ein Ende, die Vermarkung der Grenze fand unter Aufsicht des Leiters der britischen Grenzkommission Oberst Holdich im Jahre 1903 statt.

Das besondere Interesse, das Großbritannien als Vermittler im Grenzkonflikt an Westpatagonien gezeigt hatte, fand 1957 noch einmal ein spätes Echo, als G. J. Butland seine große Monographie des südlichen Chile vorlegte. Diese Arbeit zeigt die großen Fortschritte, die seit Steffens Forschungen inzwischen gemacht worden waren. Nach dieser Studie erwachte auch das chilenische Interesse an den bisland sehr vernachlässigten südlichen Landesteilen. Schon Steffen (1929, S. 9) hatte die Lauheit der chilenischen Regierung gegenüber ihren Besitzungen im Süden beklagen müssen; an dieser Einstellung hat sich bis in die sechziger Jahre unseres Jahrhunderts wenig geändert. Nun leiteten die gleichzeitig erscheinenden Studien der chilenischen Behörden Corfo und Iren (Gintrand 1966, Iren 1966) eine neue Etappe der wissenschaftlichen Erforschung der südlichen Regionen Chiles ein. In diesen Arbeiten ging es um eine Bestandsaufnahme der natürlichen Ressourcen schon im Hinblick auf eine künftige Nutzung. Sie legten damit die Grundlagen für die Regionalplanung, die 1971 den ersten Sechsjahresplan für die damalige Region *Los Canales*, gebildet aus den alten Provinzen Llanquihue, Chiloe und Aisén, vorlegte (Odeplan 1971). Mit der Neuordnung der chilenischen Regionen durch die Militärregierung 1974 wurde auch eine Neufassung dieser Planung notwendig, da neben einer politisch-inhaltlichen Umorientierung auch eine andere Grenzziehung erfolgte. Unter Hintanstellung der früheren Provinzgrenzen wurde die 11. Region *Aisén del Gral. Carlos Ibañez del Campo* völlig neugeschaffen. Sie umfaßt nun Teile von Chiloe Continental und das ehemalige Aisén. Zur Vorbereitung eines neuen Regionalplans legte 1978 ein Consulting-Büro dem Ministerium für Wohnungsbau und Städtebau eine Regionalstudie vor (Minvu 1978). Im Zuge der beginnenden Aufwertung der 11. Region erscheint seit 1978 auch eine gut gemachte populärwissenschaftliche Zeitschrift der Region mit Namen *Trapananda*.

Dieses in Chile neu erwachte Interesse an seinen Peripherregionen kommt nicht von ungefähr. Kurz nach dem Machtantritt der Militärjunta geriet der Große Süden in den Mittelpunkt des Regierungsinteresses. Dafür verantwortlich waren teilweise außenpolitische Ereignisse im Zusammenhang mit einem neuen, von Argentinien provozierten Grenzkonflikt um drei Inseln im Beagle-Kanal, der 1978 zur Mobilmachung auf argentinischer Seite führte. Zeitweilig verlor Chile seine Landverbindungen in die südlichen Regionen, weil diese nur über argentinisches Gebiet führten. In aller Eile wurde eine Fährverbindung von der großen Insel Chiloé (Quellón) zum Hafen in Chacabuco bei Puerto Aisén eingerichtet (seit 1978), um unabhängig von Argentinien zu werden. Gleichzeitig rückten die Pläne zum Ausbau einer Straßenverbindung auf chilenischem Territorium und zur Aufsiedlung des Aiséniner Pionierlandes wieder in den Vordergrund. Diese Entwicklung ging parallel zu einer Umorientierung in der Bodenpolitik Chiles. Die unter der Regierung Allende verfolgte Agrarreform wurde mit dem Regierungsumschwung abrupt gestoppt (vgl. Rother 1973, 1974), andererseits versuchte die neue Regierung aber, die Landbevölkerung durch Titelvergabe und Neuparzellierung zufriedenzustellen. Das Vorhandensein vermeintlicher Landreserven im Süden verlockte zu einer Reaktivierung des Gedankens einer Landreform durch Kolonisation, die bereits unter den Regierungen von Ibañez (1952–58) und Alessandri (1958–64) eine wichtige Rolle gespielt hatte (Weischet 1974) und durch die brasilianischen Versuche im Amazonas-Gebiet (Kohlhepp 1979) eine sehr aktuelle Variante erfahren hatte.

Inzwischen scheint nach dem Schiedsspruch des Papstes (1980), dem von Argentinien verlorenen Falkland-Konflikt mit Großbritannien (vgl. Bünstorf 1982) und der in Argentinien erfolgten Demokratisierung die Gefahr einer kriegerischen Auseinandersetzung gebannt, geblieben ist in Chile aber das Interesse an seinem Großen Süden. 1982 wurde nach vierjähriger Bauzeit die sog. Carretera Presidente Pinochet von Puerto Montt nach Coihaique eingeweiht, eine Straße, die nach dem Willen ihrer Erbauer Aisén in eine bessere Zukunft führen soll.

1.3. AUFBAU UND METHODE DER UNTERSUCHUNG

Wie noch zu zeigen ist, liegt die Región Aisén nicht nur peripher zum wirtschaftlichen Kernraum Chiles, sie erfüllt in vielen Punkten auch die Charakteristika einer Exklave von Mittelchile. Neuere allgemein zugängliche Literatur über die Gebiete südlich des 42. Breitenkreises existiert daher kaum. Weischet (1970, S. 513–527) hat Aisén im Rahmen seiner umfassenden Länderkunde dargestellt, Bähr/Golte (1976) behandelten schwerpunktmäßig die Kulturlandschaftsentwicklung. Allerdings existieren eine Anzahl von *estudios preliminares* oder *planes regionales* im Zusammenhang mit der Regionalisierung des Landes, die in hektographischer Form zumeist für den inner- und interministriellen Gebrauch bestimmt waren. Im Rahmen einer Ist-Analyse soll daher in einem ersten Schritt dieses Material in Verbindung mit der vorhandenen wissenschaftlichen Literatur und eigenen Feldstudien so aufbereitet werden, daß ein umfassender landeskundlicher Überblick für das gesamte Untersuchungsgebiet gegeben werden kann. Dabei ist es zum besseren Verständnis notwendig, auch die vorkoloniale Besiedlung und die bisherige Erschließungsgeschichte kurz darzustellen. Im Hinblick auf den 2. Arbeitsschritt sollen die thematischen Schwerpunkte jedoch auf die Analyse der natürlichen Ressourcen sowie der vorhandenen Infrastruktur gelegt werden.

Dieser Teil der Arbeit versteht sich als Ergänzung der für einige Teilräume Chiles (Frontera, Seengebiet, Mittelchile, Großer Norden) bereits vorliegenden landeskundlichen Einzeldarstellungen. Da mit der Región Aisén einer der bislang kaum erschlossenen Pionierräume Chiles vorgestellt wird, erschien es reizvoll, im Vorgriff auf spätere detailliertere Evaluierungen ein erste grobe Einschätzung des Nutzungspotentials zu geben. Hierzu wurde ein Raumbewertungsverfahren entwickelt, das sich zunächst an den wenigen bekannten Strukturdaten zu orientieren hatte, die über das Gebiet vorliegen oder zu ermitteln waren. Es sind dies Daten zu Relief, Klima, Boden und Vegetation, die bestehende landwirtschaftliche Nutzung und die bisherige Ausweisung von Schutzzonen.

Die Raumbewertung wird auf der Basis von Rasterquadraten durchgeführt, wobei für jede Raumeinheit Schutzbedürftigkeit und Nutzwürdigkeit der Flächen getrennt bewertet werden. Das Ergebnis versteht sich als Vorschlag für eine ökologisch vertretbare und ökonomisch vernünftige Nutzungsstruktur des Gebietes. Das Raumbewertungsverfahren orientiert sich an Methoden, die v.a. in der Bundesrepublik Deutschland erprobt wurden, wobei insbesondere die von Dornier-System entwickelte Systematik herangezogen wird (Umweltbundesamt 1981).

Ein Bewertungsverfahren, das auf einer so geringen Anzahl von Indikatoren aufbaut, kann selbstverständlich nur eine erste Orientierung für die Regionalplanung geben und muß später, sobald weitere Indikatoren ermittelt werden können, detailliert werden. Trotz der möglichen Kritik an diesem Vorgehen wurde dieser Arbeitsschritt doch gewagt, um in einer Zeit, in der sich in Chile große Hoffnungen an das

1.3. Aufbau und Methode der Untersuchung

vermeintliche Kolonisationspotential der Zone knüpfen, vor allzu optimistischen und in Unkenntnis der ökologischen Risiken entworfenen Planungen zu warnen. Dabei muß in Kauf genommen werden, daß einerseits das Raster sehr grob und die Faktorenanzahl relativ gering ist.

Um die Rezeption der Ergebnisse in Chile nicht zu gefährden, wurde auf die Auswertung von Satelliten- und Luftbildern verzichtet. Luftaufnahmen aus grenznahen Gebieten wurden 1978 wegen des Konfliktes mit Argentinien für den nichtmilitärischen Gebrauch in Chile gesperrt und bis heute nicht freigegeben. Eine Einbeziehung der außerhalb Chiles durchaus zugänglichen Aufnahmen in die Untersuchung erschien dem Verf. jedoch wegen der dann nicht möglichen Verbreitung des Untersuchungsergebnisses in Chile als nicht opportun.

Gerade wegen der Umsetzung der Ergebnisse in die Praxis war es notwendig, auch die heutige Regionalplanungsstrategie zu diskutieren, die wiederum im Kontext früherer Konzeptionen und der entwicklungstheoretischen Diskussion in Lateinamerika gesehen werden muß. In einem dritten Teil der Darstellung werden daher der entwicklungstheoretische Rahmen vorgestellt und die Regionalplanungsstrategien der letzten Regierungen Chiles diskutiert.

2. DAS UNTERSUCHUNGSGEBIET

2.1. LAGE, FLÄCHE, POLITISCHE UND NATÜRRÄUMLICHE GLIEDERUNG

Mit 108 338 km^2 erreicht die Region Aisén die Fläche von Baden-Württemberg und Bayern zusammen (106 299 km^2) oder knapp die Fläche der Benelux-Staaten und Dänemarks (117 012 km^2). Das Untersuchungsgebiet liegt zwischen dem 44. und dem 49. südlichen Breitenkreis und zwischen 72°40' und 75°40' westl. Länge. Auf der Südhalbkugel entspricht dieser Breitenlage etwa die Südinsel von Neuseeland, auf der Nordhalbkugel liegen in einem entsprechenden Gürtel Portland und Vancouver, Montreal und Boston, Mailand und Stuttgart, die Mandschurei und Hokkaido.

Die Region wurde 1974 durch Gesetz als 11. Region aus Teilen der früheren Provinzen Chiloe Continental und Aisén unter dem Namen *Región Aisén del Gral. Carlos Ibañez del Campo* gebildet mit den Provinzen Aisén, Gral. Carrera und Capitan Prát.

Bei diesem Neuordnungsversuch wurde Coihaique Hauptstadt der Region; Puerto Aisén, Chile Chico und Cochrane wurden zu Provinzhauptstädten erklärt. 1979 allerdings wurde diese innerregionale Gliederung korrigiert (Conara 1979), indem der bisherige Distrikt Coihaique von Aisén abgetrennt und als Provinz selbständig wurde. An der Fläche und Zuordnung von Gral. Carrera und Cap. Prat änderte sich dabei nichts (Tab. 1, Karte 1).

Ihrer Fläche nach entsprechen die Provinzen in etwa deutschen Regierungsbezirken, die Comunas deutschen Kreisen. Die Einwohnerzahlen aber machen deutlich, daß die gesamte Region überaus dünn besiedelt ist. In der ganzen Provinz Capitán Prat leben z.B. keine 3 000 Menschen. Nur in den Comunen Coihaique und Aisén werden fünfstellige Bevölkerungszahlen erreicht und auch diese nur, weil sich hier die beiden größeren Siedlungen befinden: Coihaique mit 21 674 E. (1978) und Puerto Aisén mit 7 479 E. (1978). Alle weiteren Ortschaften sind ungeachtet der chilenischen Zuordnung zu *Städten* als zwischen Stadt und Land stehende Siedlungen anzusprechen, allenfalls kommt ihnen die Bezeichnung ‚Viehzüchtermittelpunktsiedlungen' zu. Die Bevölkerungsdichte ist mit 0,6 E/km^2 sehr gering und erreicht nur in der Provinz der Hauptstadt 5,4 E/km^2.

Die geringe Bevölkerungsdichte hat historische und naturräumliche Ursachen. Bis vor wenigen Jahren war das Untersuchungsgebiet vom übrigen Staatsterritorium Chiles inselhaft isoliert. Eine Straßenverbindung bestand nur über argentinisches Territorium, während sonst nur der wöchentlich verkehrende Küstendampfer den Austausch mit Mittelchile ermöglichte. Auch nach Süden ist Aisén abgeschnitten: hier sind es die Gletscher des südlichen Inlandeises, die einerseits das Meer, andererseits Argentinien erreichen und keine Landverbindung nach Magallanes zulassen. Im Norden dagegen ist es mehr die Unzugänglichkeit des dichten Naturwaldes in einem

2.1. Lage, Fläche, politische und naturräumliche Gliederung

Tab. 1: Región Aisén: Fläche und politische Gliederung

Provinz	Fläche in km²	Comuna	Fläche in km²	Distrikt
Aisén	58.684,4	Cisnes	18.334,5	Puerto Cisnes Lago Rosselot Lago Verde Río Cisnes
		Aisén	33.895,5	Puerto Aisén Manihuales Farellones Valle Los Lagos San Rafael Las Huichas Puerto Chacabuco
Coihaique	6.454,5	Coihaique	6.454,5	Coihaique Mano Negra Ñirehuao Lago Pollux Balmaceda Lago Elizalde Río Simpson
Gral. Carrera	12.406,5	Río Ibañez	3.134,0	Puerto Ibañez Las Minas Lago Lapparent Cerro Cajón
		Chile Chico	4.893,1	Chile Chico Murta
		Guadal	4.379,4	Guadal El León
Capitán Prat	34.247,2	Cochrane	8.252,3	Río Chacabuco Lago Cochrane Baker
		Tortel	20.036,1	Caleta Tortel
		O'Higgins	8.950,8	Río Mayer Lago O'Higgins
Región	108.338,2		108.338,2	

Quellen: Conara 1974, Minvu 1978, Atlas Escolar de Chile 1980

überaus steilen, durch die pleistozäne Vergletscherung (Auer 1956) geformten Relief, die den Wegebau erschwerte. Auch der Verkehr an der Küste wird durch die teilweise offenen Meeresbuchten (Golfo de Penas, zu deutsch: Golf der Leiden) behindert und ließ infolge langer, verbindungsloser Kanäle (Fjordo Elefantes) einzelne Gebiete in den absoluten Verkehrsschatten geraten, so etwa das 1932 erbaute, aber nie wirklich in Betrieb genommene Hotel am Lago San Rafael, wo einst ein Kanalbau über den Isthmus von Ofqui geplant war.

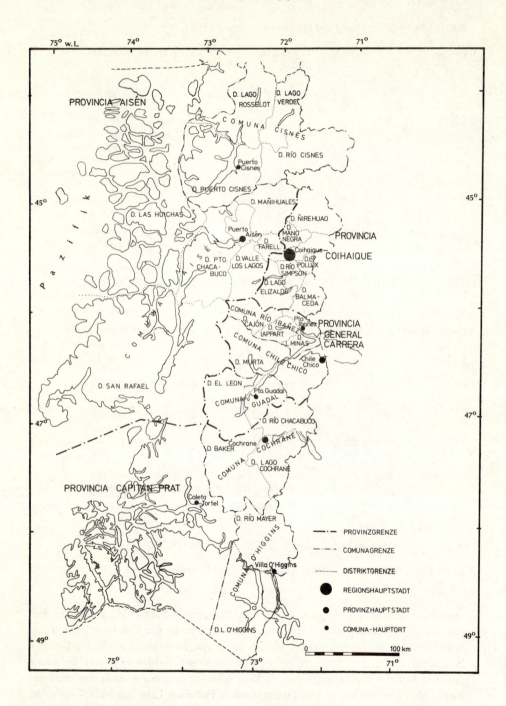

Karte 1: Administrative Gliederung des Untersuchungsgebietes

2.1. Lage, Fläche, politische und naturräumliche Gliederung

Tab. 2: Región Aisén: Bevölkerungsentwicklung nach Provinzen 1952–1980

Provinz	Bevölkerung 1970	1980	Bevölkerungswachstum/J. 1952–70 %	1970–80
Aisén / Coihaique	40.845	54.609	3,6	3,4
Gral. Carrera	7.012	7.625	1,5	0,9
Capitán Prat	2.058	2.702	4,2	3,1
Región	49.915	64.936	3,3	3,0

Quellen: Conara 1974, Atlas Escolar de Chile 1980

Der Bau einer Überlandstraße erschien bis in die siebziger Jahre auch kaum als lohnend, weil die Landesnatur für den an Kälte und Dauerniederschlag nicht gewöhnten Chilenen wenig verlockend erschien. Der Hauptort Coihaique liegt immerhin 1350 km Luftlinie von Santiago de Chile entfernt, weitere 840 km Luftlinie trennen ihn dann noch einmal von der Hauptstadt der Nachbarregion Magallanes, Punta Arenas. Aisén selbst mißt in der Nord-Süd-Erstreckung zwischen dem Lago Palena und dem Cerro Fitz Roy 612 km. An der breitesten Stelle erreicht Aisén 306 km (zwischen Kap Mifford und dem Cerro Tilo Alto bei Chile Chico), während zwischen Küste und argentinischer Grenze im schmalsten Fall nur 62 km liegen (Luftlinie Puyuhuapi–Cerro Steffen).

Aisén ist Teil des Großen Südens von Chile, der in der geographischen Literatur auch als *patagonisches Urwaldchile* angesprochen wird. Diese Benennung verweist auf die Zugehörigkeit zu dem in seiner Gesamtheit als *Patagonien* bezeichneten Südzipfel Südamerikas. Der gebirgige Westteil mit dem östlichen Gebirgsvorland, der Patagonischen Kordillere und der vorgelagerten Inselwelt wird zur Unterscheidung von der eintönigen, tafelartig angeordneten Kältesteppe Ostpatagoniens auch zusammenfassend *Westpatagonien* genannt, eine Formel die treffender erscheint als die in Chile auch geläufige von der *Kanalzone* (Zona de los Canales). Dabei wird ein räumlicher Aspekt, das Vorhandensein schiffbarer Meereskanäle zu stark betont. In der vorliegenden Arbeit werden die Begriffe Westpatagonien und Großer Süden synonym für das Gebiet südlich von 42° s.Br. ohne die Insel Chiloe bis zum Kap Hoorn und von der Pazifikküste zur chilenisch-argentinischen Grenze gebracht. Dieser Raum setzt sich politisch aus der Provinz Palena und den Regionen Aisén und Magallanes zusammen.

Aisén liegt klimatisch unter dem dominanten Einfluß kräftiger Westwinde, die den hohen Mittelbreiten der Südhalbkugel unter Seeleuten auch den Namen *roaring forties* (Weischet 1970, S. 181) eingetragen haben. Die über dem Meer mit Feuchtigkeit angereicherte Luft regnet sich als Steigungsniederschlag an der Luvseite der Kordillere ab und gelangt als trockener Fallwind auf die Leeseite, die nur noch wenig Feuchtigkeit erhält. Die bis über 4000 m aufragenden patagonischen Anden bilden somit eine der markantesten Klimascheiden der Welt: auf nur 80 km

26 2. Das Untersuchungsgebiet

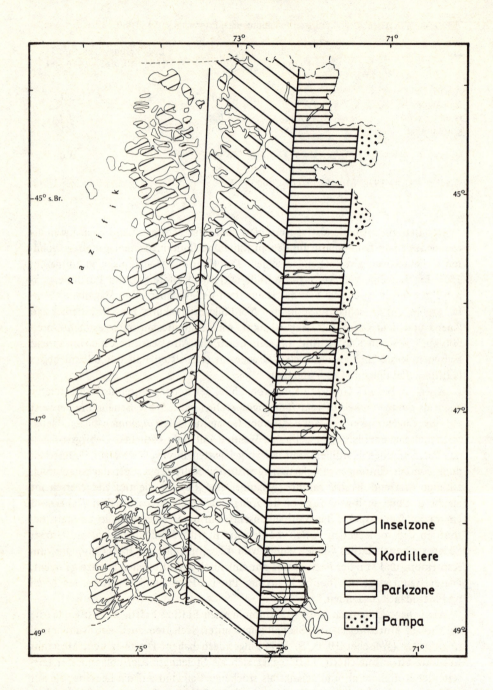

Karte 2: Naturräumliche Großgliederung
(nach A. Grosse 1955, verändert)

Horizontaldistanz, z.B. zwischen Puerto Aisén und Balmaceda sinken die Jahresniederschläge von 2870 mm auf nur 559 mm.

Naturräumlich läßt sich das Untersuchungsgebiet daher sehr eindrucksvoll in Meridionalstreifen gliedern, die parallel zum Gebirgsscheitel angeordnet sind (Karte 2). Im W liegt die immerfeuchte Zone der Inseln und Kanäle vor der aus Tiefengesteinen aufgebauten Patagonischen Kordillere mit ihren Inlandeisfeldern. Östlich des Gebirges folgt eine Parkzone mit lichten, laubwerfenden Südbuchenwäldern auf tafelberg- und landterrassenartigen orographischen Strukturen, die schließlich in die trockene Kältesteppe der patagonischen Pampa auf glazigenen Depositen übergeht, an der Aisén aber nur einen kleinen Anteil von ca. 6.000 km^2 besitzt.

Die klimatische Differenzierung ist daher für jede Eignungsanalyse des Untersuchungsgebietes ein besonders wichtiger Faktor. Da sie jedoch wegen der überaus starken Reliefierung wiederum die großen Oberflächenformen nachzeichnet und diese durch tektonische Kräfte und Gesteinsstrukturen vorgeformt sind, sollen diese in der in Kap. 3 folgenden Ist-Analyse zuerst vorgestellt werden.

2.2. DIE URBEVÖLKERUNG

Die indianische Inwertsetzung des Großen Südens gehört der Geschichte an. Bis auf wenige Alacaluf- und Yámana-Familien ist die Urbevölkerung ausgerottet. Nicht mehr als etwa 100 Indianer leben noch in den beiden Reservaten, die ihnen eingeräumt wurden, Angehörige zweier Stämme, die um 1850 noch 6.500 Menschen zählten. Die indianische Gesamtbevölkerung aller sechs südpatagonischen Völker mag sich zu diesem Zeitpunkt auf knapp 15.000 Personen summiert haben. Seit den ersten ausführlicheren Berichten über diese Ureinwohner Patagoniens teilt man sie in zwei Hauptgruppen ein: die Land- (oder Fuß-) Indianer (Tehuelche, Ona, Haush) und die Meer- (oder Kanu-) Indianer (Chonos, Alacalufes, Yámana).

Drei indianische Völker besiedelten das heutige Aisén. Die zahlenmäßig bedeutendste Gruppe waren die Tehuelches, die als kriegerische Jäger die patagonische Steppe durchzogen, ihre Jagdgründe später mit dem Aufkommen der Weißen aber auch in die Parkzone verlegten. Aufgrund eines Pfeilspitzenfundes im Gebiet von Aisén wissen wir, daß bereits vor 11.000 Jahren Menschen in die patagonische Steppe kamen. Aus einer späteren Epoche sind die Höhlen und Felszeichnungen überkommen, die Bird (1938) zuerst beschrieb (vgl. auch Bate Petersen 1979). Sie stammen aus dem 6. bis 3. Jahrtausend vor der Zeitrechnung. Entgegen früheren Annahmen (Butland 1957, S. 39) belegen die Grabungsfunde eindeutig, daß bereits diese frühen Jäger Kontakte mit der Pazifikküste unterhielten.

Erst um das Jahr 1000 entstand der patagonische Menschenschlag, dessen angeblich so große Füße (*patagones*) — es waren Spuren ihrer Fußbekleidung, die die Portugiesen unter Magellan fanden— bei den ersten Entdeckern lebhaftes Interesse auslösten. Die Einwanderung neuer Stämme, die ihre dem Griechischen ähnliche ornamentale Kunst mitbrachten und sich mit der autochthonen Bevölkerung mischten, führte zur Ausbildung eines Volkes, das ihre araukanischen Nachbarn als widerborstig (tehuel) kennzeichneten. Sie selbst nannten sich Gününa këna (in Chubut,

Arg.) oder Chewache këna (am Kordillerenfuß) oder auch Aónikenk (Südleute). Ein Teilstamm der Aónikenk, der sich durch seinen besonderen Dialekt (téushen) auszeichnete, besiedelte die Aiséniner Park- und Pampazone. Aus ihrer Sprache stammen viele heute noch gültige Orts- und Landschaftsnamen, darunter Aisén (von áichirn: gekrümmt) und Coihaique (Koy: See, Aike: Landstrich). Das vermittelnde *h* im heutigen Stadtnamen hat nachweislich erst H. Steffen hinzugefügt.

Wie die erhaltenen Fotografien zeigen (z.B. bei Martinic 1979, S. 53–56), waren die Tehuelche eine kräftige, gesunde und schöne Rasse, den Rothäuten Nordamerikas in Physiognomie und Körpergröße (mittlere Größe der Männer: 1,80 m) sehr ähnlich. Auch Charakter und Lebensweise unterschieden sich kaum von ihren roten Brüdern im nördlichen Subkontinent. Ihr letzter Häuptling Mulato wurde von einem Salesianer-Pater als guter, arbeitsamer, liebenswerter und sympathischer Mensch beschrieben, der einem Patriarchen des Alten Testaments glich (Martinic 1979, S. 35). Zu dieser günstigen Beurteilung wird beigetragen haben, daß Mulato absolut abstinent lebte und als außerordentlich gastfreundlich galt. Zweimal im Jahr kam Mulato noch um die Jahrhundertwende nach Punta Arenas, um dort Felle und Kräuter einzutauschen. Doch auch die Friedensliebe eines Mulato konnte sein Volk nicht vor dem Genozid retten, das durch die grausamen Indianerjagden des General Roca zur Zeit der argentinischen *Conquista del Desierto* (um 1870) herbeigeführt wurde und von verheerenden Windpocken-, Masern- und Tbc-Epidemien begleitet wurde. Unter den ersten Siedlern in Aisén waren auch Abkömmlinge der Tehuelche, die westlich der argentinischen Grenze Ruhe vor Verfolgung fanden.

Auf der anderen Seite des Gebirges lebten die Kanuindianer, die *Nomaden des Meeres*, wie sie der französische Ethnologe Emperaire (1963) nannte. Sie gehörten drei Völkern an, die sich zwar in Dialekt und Brauchtum, nicht aber in Lebensweise und Rasse unterschieden. Südlich des Beagle-Kanals gingen die Yámanas auf Fischfang (andere Bezeichnungen, die sich an ihrer Sprache *Yahgan* orientieren: Jagan, Yanganas). Die Inselwelt des heutigen Aisén teilten zwei Stämme unter sich auf: die Alacalufes (oder Kaweskar, Quwashqar), sie saßen auf den Inseln der Magellanstraße bis an den Golfo des Penas, und die Chonos (oder Waitekas), deren Lebensraum die Inseln, Kanäle und Fjorde nördlich der Taitao-Halbinsel bis zu den Guaiteca-Inseln war. Der Golfo de Penas bildete wegen seiner heftigen Stürme ein fast unpassierbares Hindernis und damit eine natürliche Grenze zwischen den Fanggründen beider Stämme.

Dank einer Ausgrabung am Seno Otway wissen wir, daß die ersten Kanuindianer nicht wesentlich später in Südpatagonien erschienen als ihre Nachbarn in der Pampa. Es ist wahrscheinlich, daß sich die Lebensgewohnheiten in diesem Raum seit dem ersten Auftreten des Menschen nicht sehr verändert haben (Bate Petersen 1978, S. 11). Die Kanuindianer lebten von der Jagd auf Meerestieren, vom Fischfang und Einsammeln der Schaltiere. Ihre Nahrungsversorgung wurde durch gelegentlich erlegte Wildvögel und Huemules ergänzt, ferner durch das Sammeln von Beeren und Früchten in den Küstenwäldern. Einziges Transportmittel war das Kanu. Butland (1957) sieht in der Südwanderung dieser Völker einen Verdrängungswettbewerb aus besseren Lebensräumen und führt die geringe Weiterentwicklung der südpatago-

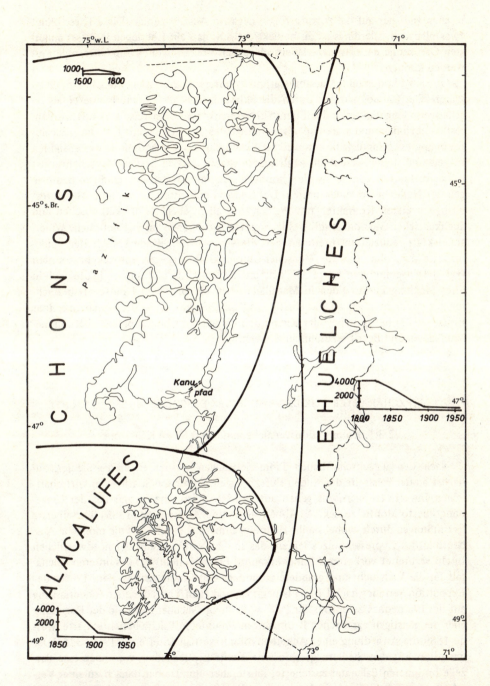

Karte 3: Lebensräume und Bevölkerungsentwicklung der westpatagonischen Indianer in Aisén (nach G. J. Butland 1959, verändert)

nischen Indianer auf die zuvor erfolgte negative Auslese zurück. Diese These klingt zwar plausibel, allerdings ist zu berücksichtigen, daß ein Überleben in dieser äußersten Grenzzone der Ökumene lebensschwachen Völkern wohl kaum hätte zugetraut werden können.

Ob sich Chonos und Alacalufes ethnisch unterschieden, ist heute kaum noch zu klären. Die Chonos wurden durch die Sklavenjagden des 17. Jahrhunderts, als sie scharweise eingefangen und auf dem Sklavenmarkt von Valparaiso verkauft wurden, restlos dezimiert und waren spätestens Mitte des 19. Jh. ausgerottet. Den Alacalufes erging es geringfügig besser, weil die Sklavenjäger nur ungern noch weiter südlich fuhren und dieser wesentlich zahlreichere Stamm (Karte 3) den Menschenverlust besser verkraften konnte als die Chonos, die schon zuvor unter ständigen Beutezügen der Huilliche zu leiden hatten. Der Genozid erreichte aber auch die Alacalufes: nach den ersten Kontakten mit Weißen, vor allem aber, als die katholischen und anglikanischen Missionare mit wohlgemeinten Kleiderspenden ihre natürliche Widerstandskraft reduzierten, breiteten sich die europäischen Kinderkrankheiten epidemieartig aus, ohne daß die Menschen Immunkräfte dagegen entwickeln konnten (vgl. die Diagramme in Karte 3). Nicht mehr als 40 Alacalufes leben heute noch in ihrer Siedlung Puerto Edén in Magallanes. Nur die Orts- und Landschaftsbezeichnungen erinnern noch an die einstige indianische Präsenz in der Kanalzone. Ibar Bruce (1973) hat in liebevoller Kleinarbeit die aus der Chono-Sprache überkommenen Namen und Begriffe zusammengetragen.

2.3. KURZCHARAKTERISTIK DER BISHERIGEN ERSCHLIESSUNGSGESCHICHTE

2.3.1. Kolonisationsversuche in der Insel- und Kanalzone

Nach den wissenschaftlichen Pionierleistungen versuchten einige Siedler, zunächst an der Westseite der Anden Fuß zu fassen. Die ersten Schritte der wirtschaftlichen Inwertsetzung Aiséns gehen auf deutsch-chilenische Siedler aus der Umgebung Puerto Montts zurück. A. Abbé (1883) und A. Emhardt (1885) führten erste Erkundungen durch, wobei sie ihr Hauptaugenmerk allerdings auf die mögliche Ausbeutung des Zypressenholzes legten, das in den Naturwäldern der nordwestlichen Inseln verbreitet vorkommt. Dabei erkannte Emhardt den Wert des unteren Palenatals für die Viehzucht und gründete zusammen mit Charles Burns, dem Lotsen der Expedition Serranos nach Ultima Esperanza, und Juan Yates die erste Niederlassung auf der Isla Leones gegenüber der Palena-Mündung. Nachdem Serrano der Regierung über die günstigen agrarischen Bedingungen am unteren Palena berichtet hatte, wurde 1889 die Ansiedlung einer Ackerbaukolonie verfügt (Steffen 1919, S. 325). Der daraufhin mit den Siedlern geschlossene Kontrakt, der jedem von ihnen eine Parzelle im inneren Palenatal zusicherte, führte aber unmittelbar danach zu einer Verschärfung des Konflikts mit Argentinien, das seinerseits sofort zur Sicherung seiner vermeintlichen Rechte eine eigene Expedition ausrüstete. Chile verlor infolge dieser

Ereignisse schnell das Interesse an seiner neuen Siedlung, die auf sich allein gestellten Kolonisten verließen ihre Häuser um 1900[1].

Nach diesem Fehlschlag erlosch vorläufig das Interesse an der landwirtschaftlichen Erschließung der Küstenlandstriche überhaupt. Die heute hier existierenden Ortschaften gehen auf späte Gründungen zurück, wie Puerto Puyuhuapi, Puerto Cisnes, Puerto Aguirre und Melinka.

Die Küste diente nicht einmal als Einfallstor für die Kolonisation der transandinen Regionen und wurde lediglich durch die Einrichtung des Hafens Puerto Aisén für die Schafzuchtgesellschaften der Parkzone aufgewertet.

2.3.2. Spontane Landnahme in den transandinen Gebieten

Etwa gleichzeitig mit den Versuchen, am unteren Palena eine Ackerbaukolonie zu gründen, erschienen die ersten chilenischen Pobladores auf der transandinen Seite, um dort seßhaft zu werden. Diese Bewegung, deren Beginn nicht exakt ermittelt werden kann, steht im Zusammenhang mit der endgültigen Befriedung der Araukaner im südlichen Mittelchile um 1880 und dem Ende des Pazifikkrieges 1881, als viele ehemalige Soldaten auf Landsuche gingen. Über den Lonquimay-Paß gelangten damals viele Chilenen durch das Gebirge und ließen sich in Neuquén und Chubut auf der argentinischen Seite nieder (Butland 1957, S. 77). Diese Siedlungspioniere nahmen in einer langsamen Südbewegung auch die Talungen des Futaleufú, Palena, Lago Verde, Simpson, Lago Buenos Aires (später Gral. Carrera), Baker und Mayer in Besitz. Diese chilenische Infiltration veranlaßte seinerseits die Argentinier zur Anlage eigener Kolonien in den umstrittenen Gebieten.

Mit dem 1902 erfolgten Schiedsspruch in der Grenzfrage zeigte sich jedoch, daß die meisten Chilenen nun argentinisch gewordenes Terrain okkupiert hatten. Zum Zeitpunkt der Grenzvermarkung lebten erst 40 Familien mit 197 Personen im Gebiet des heutigen Aisén. Nun aber kam es zu einer regelrechten Zuwanderungswelle nach Aisén. Die in dem argentinischen Teil seßhaft gewordenen Chilenen hatten die Wahl, entweder die argentinische Staatsbürgerschaft anzunehmen oder ihre Ländereien zu räumen (Iren 1966, S. 59), teilweise wurden sie auch im Zuge staatlicher Aufsiedlung der argentinischen Regierung vertrieben (Colonia Nahuel Huapi, Colonia Maipú, vgl. Eriksen 1970).

Die ungelenkt erfolgende Landnahme erstreckte sich außer in die bereits genannten Teile der Pampa und Parkzone auch in das mittlere Simpsontal (Pomar 1923). Etwa gleichzeitig wurde der chilenischen Regierung aufgrund der Forschungsergebnisse H. Steffens auch klar, daß das Simpsontal einen guten Zugang zu den transandinen Räumen bot, so daß dort zwischen 1900 und 1904 der Hafen Puerto Aisén in der Mündung des Río Aisén in den gleichnamigen Fjord angelegt wurde.

---

1 Eine zweite Siedlungsgründung, von der Butland (1957, S. 75) berichtet, hat mit Sicherheit nicht stattgefunden. 1894 war die Kolonie bereits in recht verwahrlostem Zustand (Steffen 1919, S. 326).

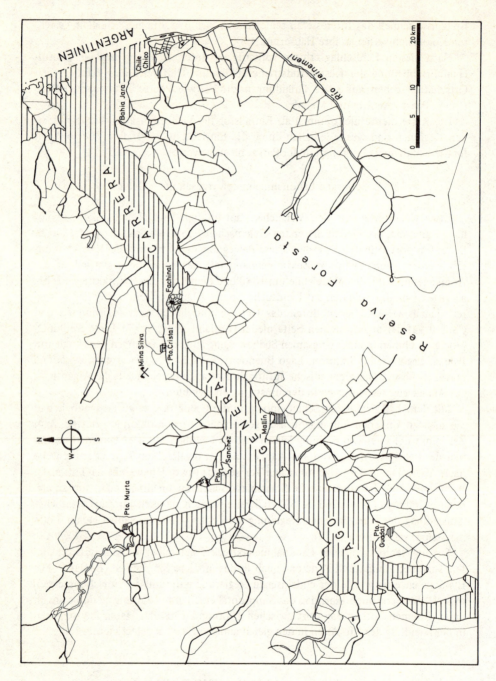

Karte 4: Flurkarte der Umrandung des Lago General Carrera
(nach Unterlagen des Ministerio de Tierras y Colonización)

2.3. Kurzcharakteristik der bisherigen Erschließungsgeschichte 33

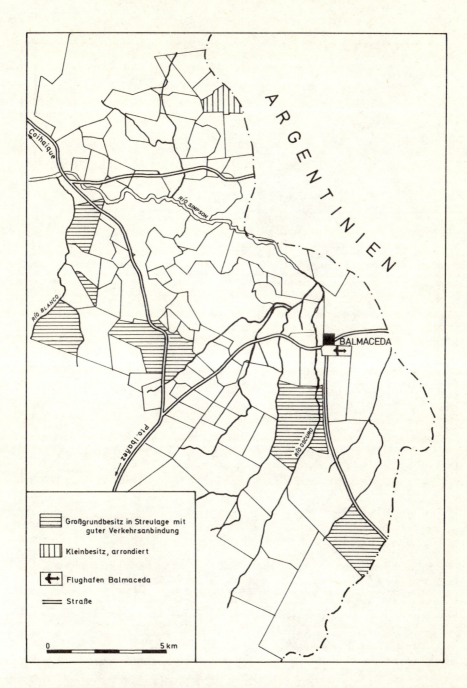

Karte 5: Flurkarte der Umgebung von Balmaceda
(nach Unterlagen des Ministerio de Tierras y Colonización)

2. Das Untersuchungsgebiet

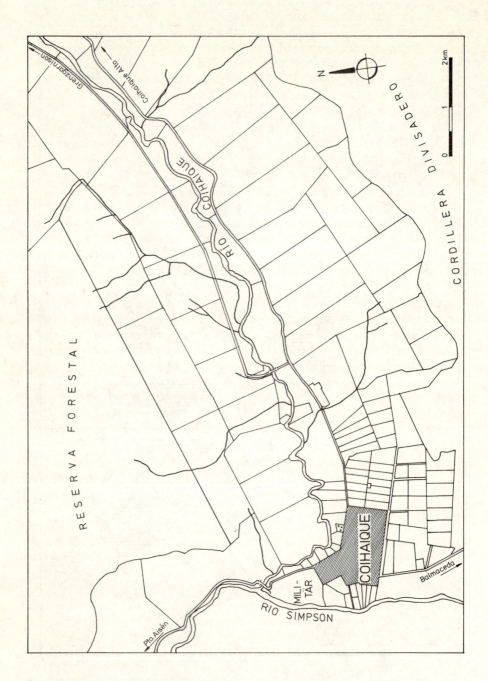

Karte 6: Flurkarte der Umgebung von Coihaique
(nach Unterlagen des Ministerio de Tierras y Colonización)

Dennoch zeigt sich, daß auch nach der Grenzziehung Herkunftsgebiet (Südmittelchile) und Wanderungsweg (über den Lonquimaypaß und Argentinien) der Zuwanderer gleichblieben und Puerto Aisén mehr eine Funktion als Versorgungsmittelpunkt und später auch Ausfuhrhafen denn als Einfallstor zukam. In der Zeit des I. Weltkriegs erreichte die ungelenkte Landnahme ihren Höhepunkt (Bähr/Golte 1976, S. 97), damals entstanden die ersten Ortschaften jenseits des Gebirges: Chile Chico 1914, Balmaceda 1917 (Araya Uribe 1978, S. 16).

Die Siedlungspioniere bevorzugten die Uferlagen der Seen und die Flußtäler, so daß bis 1920 vor allem die Ufer des Carrera-Sees, das Simpson-/Coihaiquetal und die Umgebung Balmacedas mit Besitzparzellen kleiner bis mittlerer Größe (600-1200 ha) aufgesiedelt wurden (vgl. Karten 4—6).

Die spontane Kolonisation erfolgte ohne jede staatliche Unterstützung. Man muß sich vor Augen halten, welche Strapazen die ersten Aiséniner Pioniere auf sich nahmen. Meist wurden die Männer voraus geschickt, die auf tagelangen Ritten durch die wasserleere Pampa den Andenrand erreichten, sich Wege durch den Urwald schlugen, um zukünftige Siedlungsplätze zu finden. War der Platz ermittelt, wurden in wochenlanger Arbeit die Familien, der Hausrat und das Vieh herangeführt und mit dem Bau der Unterkunft begonnen. Viele Kolonisten, deren Vieh die Wanderung überstanden hatte, verloren es doch noch im ersten, ungewohnt harten Winter. Andere mußten das mühsam erschlossene Land nach ausweglosen Rechtsstreitereien mit den großen Schafzuchtestanzien wieder verlassen oder wichen der nackten Gewalt, als ihre Häuser von den Handlangern dieser Gesellschaften niedergebrannt wurden. Ibar Bruce (1973, S. 12—18) hat die Erinnerungen eines solchen Pioniers, José Delfín Jara, aufgezeichnet, der mit dem legendären Foizich und anderen das Gebiet *Tres Valles* und *Lago Pollux* im oberen Simpson erschlossen hat. Die ungelenkte Agrarkolonisation in Form der spontanen Besitzergreifung dokumentiert sich darin, daß noch 1979 ca. 35 % der Landeigentümer keine eingetragenen Bodenansprüche besaßen und die Außenstelle des Ministerio de Tierras y Colonización immer noch an der katastermäßigen Erfassung der Besitzparzellen arbeitete.

2.3.3. Erschließung durch Schafzuchtgesellschaften

Der chilenischen Regierung schien die spontane Kolonisation nicht im Widerspruch zur Vergabe großer Landkonzessionen an kapitalkräftige Gesellschaften zu stehen, die die Regierung des Präsidenten Riesco — wie schon zuvor in Magallanes — ab 1903 auch in Aisén vergab. Chile versprach sich von diesen Gesellschaften eine rasche ökonomische Aufwertung der Zone, eine sichtbare Inwertsetzung des Grenzgebiets gegenüber Argentinien, das diese Region in ähnlicher Weise erschloß (Liss 1979) und — mittels der Auflagen, die den Gesellschaften gemacht wurden — auch eine langsame mittelbäuerliche Erschließung nach dem Muster des 50 Jahre zuvor begonnenen Kolonisationswerks deutscher Siedler im Kleinen Süden (vgl. Golte 1973, Borsdorf 1976). 100 ausländische Familien *de raza sajona* sollten angesiedelt werden, ferner verpflichtete sich der Konzessionär zur Einrichtung einer Schiffs-

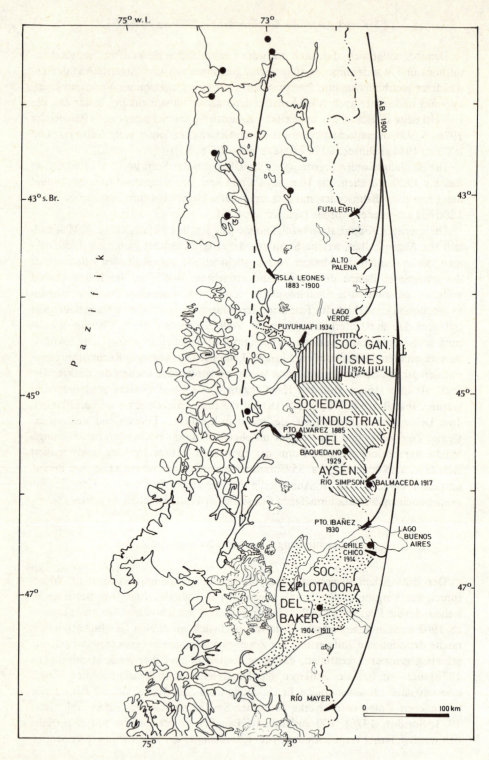

Karte 7: Landnahme und Erschließungsrichtungen in Aisén
(nach R. L. Ovalle 1954, G. J. Butland 1959 und J. Bähr/Golte 1976)

2.3. Kurzcharakteristik der bisherigen Erschließungsgeschichte

verbindung nach Puerto Montt und zu Verbesserungen im Wert von 50.000 Pesos (Martinic 1979, S. 37). Dies entsprach einem Geldwert von 5.000 britischen Pfund.

Unter diesen Bedingungen entstand 1903 die Sociedad Industrial del Aisén (SIA) mit 826.900 ha im Herzen der Region, am Simpson, Ñirehuao und Mañihuales. Unter ähnlichen Konditionen wurde ein Jahr später die Sociedad Explotadora del Baker ins Leben gerufen, deren Territorien am Río Baker und Lago Cochrane lagen, und schließlich 1924 noch die Sociedad Ganadera Cisnes am oberen Cisnes. Sie war mit rund 150.000 ha zu Beginn ihrer Tätigkeit die kleinste der drei Landgesellschaften (vgl. Karte 7). Ferner wurden auch an Einzelpersonen größere Landstücke vergeben. Auf diese Weise entstanden 18 durchschnittlich 5.000–10.000 ha große Estanzien (Ovalle 1958, S. 49), die in ihrer Fluraufteilung, Bewirtschaftung und der Struktur der Wirtschafts- und Wohngebäude durchaus den Estanzien der Gesellschaften oder den Viehzuchtbetrieben der argentinischen Seite entsprachen (vgl. Wilhelmy/Rohmeder 1963, Eriksen 1970, Liss 1979). Die Karten 8 und 9 zeigen die Cascos der Estancias Ñirehuao und Cisnes der SIA bzw. SGC, Karte 23 gibt die Struktur der Estancia Baño Nuevo (früher SIA) nach ihrer Umwandlung in einen Asentamiento (landwirtschaftliche Produktionsgenossenschaft) wider.

Die Sociedades waren Aktiengesellschaften. Das Kapital der SIA betrug bei der Einschreibung z.B. 2 Mio. Pesos (= 200.000 Pfund Stirling), für die 20.000 Aktien ausgegeben wurden (Ibar Bruce 1973, S. 9, Martinic 1979, S. 38). Verwalter (administrator general) der Gesellschaft wurde John Dun[1], sein Stellvertreter August Max Feldt.

Die SIA erfüllte ihre Verpflichtungen nur zum Teil. Sie trassierte den Verbindungsweg nach Puerto Aisén, der aber erst unter dem Intendenten von Aisén, Marchant, voll ausgebaut wurde (Marchant 1979). Damit war die wichtigste Verkehrsader Aisén geschaffen, eine Verbindung von der Küste zur argentinischen Grenze. Bis 1980 band dieser Weg gut 80 % des gesamten Straßenverkehrsaufkommens der Region.

Zur Anwerbung ausländischer Kolonisten unternahm die SIA überhaupt keine Anstrengungen, ebensowenig wie es die Baker-Gesellschaft tat, die für 40 ausländische Kolonistenfamilien aufkommen sollte. 1914 wurde der Kontrakt mit der SIA dahingehend geändert, daß nun 200 chilenische Familien angesiedelt werden sollten. Diese Auflage erfüllte die SIA zum Teil, in dem sie am unteren Simpson Parzellen von 600–800 ha absteckte und an Siedler vergab. Da die Besitzstücke auf der feuchten Gebirgsseite selbst für Subsistenzwirtschaft zu klein waren, zogen es die meisten Kolonisten vor, als *peones* bei der Gesellschaft zu arbeiten.

Die ersten 50 Arbeiter der SIA wurden von John Dun auf Chiloe angeworben, von dort sollten auch in späteren Jahren immer wieder Arbeiter, Ovejeros und die Schafschurkolonnen kommen, Verwalterfamilien für ihre Estanzien fand die Gesellschaft vor allem in Großbritannien. Die Herrenhäuser wurden wie die Salons britischer Schiffe geführt (Junge 1938, S. 179f.). Die SIA begann mit 1.140 Schafen und 4.439 Rindern (Ovalle 1958). Nach anfänglichen Erfolgen mit der Mastvieh-

---

1 Schreibweise bei Bähr/Golte (1976): Juan Durén

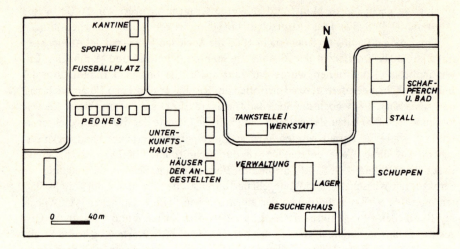

Karte 8: Casco de Estancia Cisnes
(nach J. Bähr/W. Golte 1976, verändert)

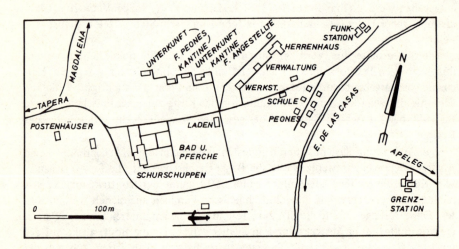

Karte 9: Casco der Estancia Ñirehuao

haltung wurde der Großviehbestand bis 1910 auf über 11.000 Stück angehoben. Aufgrund der chilenisch-argentinischen Zollbestimmungen, die den Fleischexport mit hohen Steuern belegten, erwies sich dieser Wirtschaftszweig auf die Dauer jedoch als unwirtschaftlich. 1920 fiel der Rinderbestand der Gesellschaft auf unter 2.000. Dagegen wurde der Schafbestand kontinuierlich erhöht, so daß 1905 schon 138.282 und 1941 gar 177.870 Schafe von der SIA umgetrieben wurden. Wegen

2.3. Kurzcharakteristik der bisherigen Erschließungsgeschichte

der Zölle wurde nur noch Dörrfleisch und Wolle produziert, die auch über Puerto Aisén ausgeführt werden konnten.

2.3.4. Konflikte zwischen Kolonisten und Gesellschaften

Statt ihren Kolonisationsauftrag ernst zu nehmen, provozierten die Gesellschaften immer wieder Auseinandersetzungen mit den teilweise schon ansässigen, teilweise noch später auf gesellschaftseigene Territorien einsickernden Kolonisten (*intrusos*). Nicht mit allen konnten sich die Sociedades so schnell einigen wie mit Ciriaco Alvárez, der sich um 1885 an der Aisén-Mündung niedergelassen hatte und von dort aus Zypresseneinschlag betrieb. Alvárez verkaufte seinen rechtlich völlig ungesicherten Titel an die SIA, An ihn erinnert noch der Name einer Seitenbucht des Aisénfjords.

Einen offenen Konflikt gab es im oberen Simpsontal. Mit der Verpflichtung zur Ansiedlung von 200 Familien 1914 hatte die Gesellschaft die Konzession für das gesamte Simpsontal erhalten. Anstatt die dort schon ansässigen Kolonisten (etwa 75 Familien) zu fördern, verlangte die SIA die unverzügliche Räumung des Geländes. Der Widerstand der Kolonisten (Foizich, Jara u.a.) wurde auf schriftliche (Ibar Bruce 1973, S. 10) wie auch sehr handgreifliche Weise manifest: die Siedler gründeten die *Fuerzas Colonizadoras del Sur de Chile* unter dem als *Géneralisimo* agierenden Gründer von Balmaceda, José Silva Ormeño. Diesmal obsiegten die kleinen Siedler über die große Gesellschaft: 1919 tauschte die SIA ihre Simpson-Ansprüche gegen die Konzession am Mañihuales. Aus den Briefen von John Dun wissen wir von weiteren Konflikten der Pionierzeit in Aisén (z.B. Dun 1979).

Daß die Gründung der Selbsthilfe-Kampftruppe keine übertriebene Reaktion der Kolonisten war, zeigte sich am Río Baker. Dort wurden 20 Familien von der Compañía vertrieben, ihre Häuser verbrannt und ihr Vieh getötet.

Diese Konflikte, die periphere Verkehrslage und die schwierigen klimatischen Bedingungen am Baker führten jedoch 1911, sieben Jahre nach ihrer Gründung, zur Auflösung der Sociedad Explotadora del Río Baker (Butland 1957, S. 80). Auch ihre Nachfolgegesellschaft, die Sociedad Ganadera Valle Chacabuco gab nach drei Jahren auf (Iren 1966, S. 58) und wurde erst 1942 als kleinere Gesellschaft wiedergegründet. Lediglich die SIA und die erste 1924 gegründete Sociedad Ganadera Cisnes hatten bis 1967 bzw. 1970 Bestand.

2.3.5. Europäische Ansiedlungen und chilenische Binnenkolonisation

1920 betrug die Gesamtbevölkerung im Distrito Simpson des Departamento Llanquihue 1.660 Personen, seit 1907 hatte sich die Bevölkerung fast verneunfacht (1907: 197 E.). 251 lebten in der Comuna Aisén, 438 in Chile Chico und 971 in Coihaique. 350 Familien siedelten damals schon im oberen Simpsontal und der Pampazone, 300 Personen waren Arbeiter und Angestellte der beiden großen Estanzien der SIA. Der Schafbestand war auf 250.000 Stück gestiegen.

Am 28.1.1928 wurde mit dem Dekret No. 8582 die Gründung eines eigenständigen Territoriums Aisén verfügt, der binnen Jahresfrist die Erhebung zur Provinz folgte (26.1.29). Die Aufwertung von Aisén geht auf Carlos Ibañez del Campo zurück, unter dessen Präsidentschaft ein besonderer Impetus auf die Entwicklung der Peripherieregionen gelegt wurde. Den bisher rechtlosen Intrusos, die in der ökonomischen Konkurrenz und in juristischen Auseinandersetzungen mit den Gesellschaften hoffnungslos unterlegen waren, wurden nun Besitztitel in der Größenordnung von 600 bis 1.200 ha zugesprochen. Andererseits wurden die den Gesellschaften erteilten Konzessionen eingeschränkt, um auf diese Weise Ländereien für die weitere Kolonisation zu gewinnen. Das Areal der SIA wurde dabei auf 200.000 ha reduziert. Zwischen 1937 und 1950 wurden insgesamt 1291 Besitztitel über zusammen 538.000 ha Land vergeben (Bähr/Golte 1976, S. 99). Das entspricht einer Durchschnittsgröße von 417 ha. Allerdings erhielten 50 Staatsbedienstete davon allein 40.000 ha (Mansilla 1946).

Das 1917 von einem Kolonisten (Ormeño) gegründete Balmaceda wurde als Kolonisationsschwerpunkt in der Pampa ausgebaut, Puerto Ibañez am Carrera See (1930) und Baquedano (später: Coihaique) 1929 in der *Pampa del Corral* formell gegründet. Zur Anwerbung von Kolonisten wurden 600 ha für den Mann und 50 ha für jeden Sohn kostenlos vergeben, bei Übernahme von administrativen Tätigkeiten (z.B. meteorologischen Messungen, Postdienst o.ä.) konnte sich der Besitztitel auf 1.000 ha erhöhen. Die Durchschnittsgröße der neu entstandenen Kolonistenparzellen pendelte sich bei rund 800 ha ein, die für die Haltung von 600–2.000 Schafen oder 200–600 Rindern ausreichten (Karte 5).

In der Umgebung Coihaiques waren die Parzellen kleiner dimensioniert. Dort wurden 1930–36 insgesamt 66 Titel über zusammen 23.193,5 ha vergeben, dies entspricht einer durchschnittlichen Besitzgröße von 351,5 ha. Die um Balmaceda eingetragenen Besitzrechte (28 Titel auf 16.800 ha) erhielten aber schon die gesetzlich vorgesehene Größe von 600 ha. Entgegen der restriktiven Politik gegenüber der SIA wurde die Landkonzession an die peripher gelegene Cisnes-Kompanie in vollem Umfang bestätigt, weil von dieser Gesellschaft ähnliche Pionierleistungen erhofft wurden, wie sie zuvor die SIA mehr schlecht als recht erbracht hatte.

1930 war die Provinzbevölkerung auf 8.261 Personen angestiegen, ein Wachstum, das aber auch auf die Investitur der staatlichen Verwaltung zurückging (Mansilla 1946). Zehn Jahre später war der Erfolg der Peuplierungsaktivitäten an der nun erreichten Bevölkerungszahl von 26.262 E. abzulesen (Abb. 3). Als späte Anerkennung um die Verdienste des Präsidenten Ibañez erhielt die 1974 geschaffene Región den Namen Aisén del General Carlos Ibañez del Campo.

Ibañez, der persönlich von der Aufbauleistung der deutschstämmigen Siedler im Kleinen Süden sehr beeindruckt war, versuchte auch, mitteleuropäische Siedler für die Provinz Aisen anzuwerben. Diesem Vorhaben war ein kleiner Erfolg beschieden, als 1934 ein Teppichfabrikant aus Rossbach/Sudentenland (O. Übel) nach Puerto Montt gelangte und sich von Augusto Grosse als bestem Landeskenner an den Puyuhuapi-Fjord führen ließ. Der kleinen Expedition schloß sich E. Ludwig aus Puerto Montt an, der nach Expansionsmöglichkeiten suchte. Übel blieb in Puyuhuapi und holte seinen leitenden Angestellten W. Hopperdietzel nach, dem wiederum 1947 sein Bruder und seine Eltern folgten. Schon 1937 war Ernesto Ludwig zugezogen, der unverzüglich ein Sägewerk einrichtete. Die Kolonisten begannen mit der gemeinschaftlich betriebenen Landwirtschaft auf den ihnen zugeteilten Ländereien und verdienten sich das in den Anfangsjahren nötige Zubrot durch Verkauf der aus der alten Heimat importierten Teppiche. Später wurde nach dem Eigenbau von Handwebstühlen mit der Erzeugung feiner handgewebter Anzugstoffe begonnen und diese Produktion 1956 nach einem Feuer in der kleinen Manufaktur (1954) auf die Teppichweberei nach heimischen Mustern umgestellt.

Diese Tätigkeit verhalf in den besten Zeiten 35 Beschäftigten zu einer Arbeit unter Dach und Fach, was angesichts der Niederschlagsverhältnisse im Puyuhuapi-Fjord von den Arbeiterinnen und Arbeitern sehr geschätzt wurde. Die sog. *Leutehäuser* ihrer Land- und Fabrikarbeiter bauten die Kolonisten als zweistöckige Einfamilienhäuser mit Mansardendach, die noch heute dem Kern der Siedlung sein Gesicht geben. Bis 1976 entwickelte sich der Teppichverkauf gut, bis infolge der liberalistischen Wirtschaftspolitik auch diese Kleinindustrie mit den billigen Importwaren nicht mehr Schritt halten konnte.

Dafür verantwortlich waren auch die unwirtschaftlichen Zwischenwege der Halb- und Fertigprodukte. Die Wolle stammt aus Alto Palena, sie wird in Santiago gewaschen und versponnen, in Puyuhuapi gefärbt und zu Teppichen verwoben und verknüpft und schließlich wieder in Puerto Montt oder Santiago verkauft.

Die Idee vom einfachen Leben, die auch bei den ersten, noch von der deutschen Jugendbewegung beeindruckten Kolonisten manche Entbehrung vergessen ließ, führte auch in der Nachkriegszeit noch des öfteren junge Leute nach Puyuhuapi, alle sind aber angesichts der Unbilden der Witterung inzwischen weitergezogen. Auch die Kinder der Pioniergeneration leben nicht mehr in Puyuhuapi, und es ist fraglich, ob sie zurückkehren.

Dennoch hat sich Puyuhuapi zu einer kleinen dörflichen Siedlung von ca. 700 E. gemausert, die allerdings nicht ohne Probleme existiert. Der Fundo, der nach wie vor gemeinschaftlich geführt wird, hat 2.281 ha mit ca. 100 landwirtschaftlichen Arbeitern. Nach dem Tode von O. Übel und H. Hopperdietzel steckt er auch wegen der für die Agrarerzeugung ungünstigen Konjunktur in einer schweren Krise. Das von E. Ludwig betriebene Sägewerk mußte 1972 aus politischen Gründen schließen und wurde in Puerto Ibañez in einer nahezu waldfreien Zone (!) wieder aufgebaut. **Die Teppichproduktion steckt in einer tiefen Strukturkrise, aus der nur zwei Wege herausführen: die endgültige Aufgabe oder eine gründliche Modernisierung**, der allerdings – da die Siedlung keine Stromversorgung hat – große Hindernisse im Wege stehen.

Die 1969 begonnene Entwicklungshilfe einer deutschen kirchlichen Stelle (Volumen 1969–1979 ca. 600.000 US-Dollar) läßt hoffen: ein Flugplatz wurde angelegt, ein Weg zur Landepiste gebaut und die Verbindung nach Las Juntas/Alto Palena hergestellt. Ein Comité Pro-Adelante Puyuhuapi hat sich gebildet.

In dieser Form wird die Kolonisierung der Westküste wohl einmalig bleiben, doch zeigt das benachbarte Puerto Cisnes nahe der Cisnes-Mündung eine ähnliche

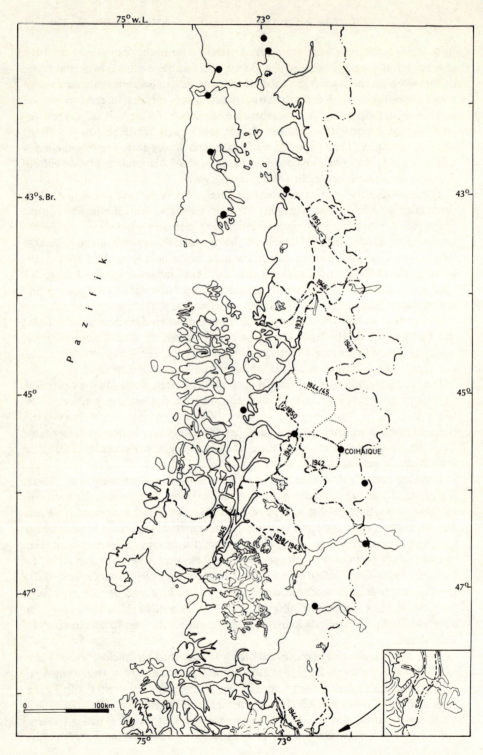

Karte 10: Wegerkundungen von A. Grosse in Aisén
(eig. Entwurf nach Unterlagen von A. Grosse)

Entwicklung, für die allerdings auch ein gewisser Idealismus verantwortlich ist, der durchaus der Puyuhuapi-Idee vergleichbar ist.

Auch Puerto Cisnes wurde von A. Grosse entdeckt. Nach einer von ihm initiierten, auf Dauer aber erfolglosen Sägewerksanlage gab es mehrer Ansiedlungsversuche von Colonos. Das erste feste Haus erbaute Raúl Becker 1952.

Unter der zweiten Präsidentschaft Gral. Ibañez' begann 1953 eine planvollere Siedlungstätigkeit. Der Ort wurde vermessen, das Straßennetz ausgelegt und nach der Gattin des Präsidenten *Puerto Graciela* benannt. Aufschwung nahm das entstehende Städtchen, als 1957 die legendäre Eugenia de Godoy, eine Chilenin italienischer Abstammung, mit dem Wasserflugzeug nach Cisnes kam und die Geschicke der Ortschaft in ihre Hände nahm. Ihre Verbindung zu der katholischen Kongregation Padre Guanella gab Puerto Cisnes einen kräftigen Impuls. 1958/59 wurde eine Internatsschule mit 100 (später 130) Plätzen gebaut, eine Landwirtschaftsschule kam hinzu, eine Kirche mit gotischen Fenstern und ein modernes Rathaus mit Ausstellungshalle erbaut und schließlich erhielt Puerto Cisnes eine moderne Klinik, so daß dieser Ort angesichts seiner doch noch relativ geringen Bevölkerung von 857 E. (1978) und seines geringen Umlandes zentralörtlich schon stark überausgestattet ist. Sra. Eugenia behilft sich, indem die Schüler ihrer privaten Konfessionsschule (es handelt sich um eine reine Jungenschule) in der Hauptsache aus Puerto Montt kommen.

An der neuerwachten Siedlungstätigkeit hatten auch die Aktivitäten des Kolonisationsministeriums (Min. de Tierras y Colonización) ihren Anteil, die mit dem Ziel erfolgten, die Infrastruktur der Provinz durch Wegebau zu verbessern und neue Ansiedlungsmöglichkeiten zu erkunden. 1936 gab es erst einen ganzjährig befahrbaren Weg (Pto. Aisén-Baquedano/Coihaique). Auf diesem wurde im selben Jahr ein Passagierdienst eingerichtet, dem später eine Telefonleitung zwischen dem Hafenort, Coihaique und Balmaceda folgte.

Das Kolonisationsministerium gab 1942 A. Grosse den Auftrag, den Südosten von Puerto Aisén zu erkunden, um dort Verbindungswege zum Gral.-Carrera-See zu suchen (Grosse 1955). Eine Vielzahl von Explorationen dieses Pioniers im Aiséniner Urwald folgte (Karte 10), darunter auch die wichtige Erforschung des Weges über den Lago Yulton nach Puerto Cisnes (1950), in deren Folge die Kolonisation der Talflanken des Puyuhuapi-Fjords beginnen konnte.

2.3.6. Die Entwicklung bis heute

Die Entwicklung, die Aisén nach den Impulsen nahm, die jeweils von den Präsidentschaften Carlos Ibañez ausgingen, lassen sich am Bevölkerungswachstum der beiden Südregionen ablesen (Abb. 3). Die Bevölkerung stieg dabei von 26.262 E. (1952) auf heute immerhin 63.390 Menschen. Unter Ibañez' zweiter Amtsperiode (1952–58) erlitten die beiden erhaltenen Schafzuchtgesellschaften weitere Gebietseinbußen. Ihnen verblieben je ca. 50.000 ha, während die abgetretenen Ländereien wiederum als Kolonisationslose vergeben wurden. In der folgenden Entwicklung stellen die Regierungsperioden von E. Frei (1964–70) und S. Allende (1970–

73) weitere Abschnitte dar. 1967 lief die Landkonzession der SIA aus, 1970 die der SGC. Die Estanzien beider Gesellschaften wurden in Asentamientos (Kolchosen, Karte 23) oder später unter dem Präsidenten Allende in Centros de la Reforma Agraria (Sowchosen) umgewandelt (zur Agrarreform in Chile: Rother 1973, 1974, Weischet 1974). In dieser letzten Periode der Agrarreform wurden 1972 weitere 48 Betriebe verstaatlicht, und zwar nicht nur Großbetriebe. Die Durchschnittsgröße der enteigneten Besitzparzellen lag bei 963 ha (Bähr/Golte 1976, S. 102).

Wie Abb. 3 zeigt, läßt sich die Bevölkerungsentwicklung Aiséns durchaus mit der seiner südlichen Nachbarregion Magallanes vergleichen, nur daß Aisén etwa 25 Jahre zurückliegt. Für diese zeitliche Verspätung ist die spätere Erschließung Aiséns, aber auch seine Landesnatur verantwortlich. In Aisén begann die Inwertsetzung der Weideflächen erst, als in Magallanes das *Schaffieber* bereits am Abklingen war. Dort waren die Verkehrsbedingungen zu Anfang unseres Jahrhunderts, als die aufkommende Dampfschiffahrt das Kap Hoorn meiden konnte und bis zur Öffnung des Panamakanals (1914) die Magellanstraße benutzte, für Magallanes ideal, da es an einer Hauptschiffahrtslinie des Weltverkehrs lag. Aber auch heute sind die Entwicklungschancen des erdölhöffigen und mineralreichen Südpatagoniens höher einzuschätzen als die des abseitig gelegenen, rein agrarisch strukturierten Nordwestpatagoniens. Es ist daher mit Recht zu fragen, ob nicht das agrarische Nutzungsoptimum bereits erreicht oder gar überschritten wurde und jede weitere Bevölkerungsvermehrung ohne agrartechnische und agrarökonomische Veränderung oder aber die Schaffung nicht-agrarischer Arbeitsplätze in Aisén Übervölkerungssymptome hervorrufen muß. Zur Beantwortung dieser Frage muß jedoch das natürliche Potential dieser Region untersucht werden.

3. DAS NATÜRLICHE POTENTIAL

3.1. RELIEF, GEOLOGISCHER AUFBAU UND LAGERSTÄTTEN

Im Golf von Reloncaví bei Puerto Montt sinkt das für Mittelchile so bedeutende zentrale Längstal unter den Meeresspiegel ab und setzt sich in der Folge als Meereskanal fort. Die vorwiegend aus paläozoischen Schiefern aufgebaute Küstenkordillere setzt sich in der Insel Chiloe fort und bildet den Grundstock der südlich folgenden Inselwelt, bis südlich von Taitao auch diese Struktur nicht mehr an die Oberfläche gelangt. Die meist aus Glimmerschiefern aufgebauten Erhebungen weisen Rumpfflächen auf verschiedenen Niveaus auf.

Die Andenkordillere bildet gleichsam das Rückgrat der gesamten Region. Wegen ihrer relativen Höhe über dem Meer von bis zu 4038 m (San Valentín) ist sie bis heute stark vergletschert, wobei auf dem 47. und dem 49. Breitenkreis zwei Inlandeisfelder von jeweils 4.400 und 13.200 km^2 Oberfläche erhalten geblieben sind. Der Terminus *Inlandeis* ist für die patagonische Kordillere umstritten. Während Weischet (1970, S. 248) von Inlandvereisung spricht, hat Czajka (1957, S. 642) den Begriff *Rahmenvereisung* vorgeschlagen, da die patagonischen Eisfelder von Gebirgen umrahmt seien. In diesen hochgelegenen Becken fallen bis zu 7.000 mm Jahresniederschlag als Schnee (Westermanns ... 1969, S. 775).

Die heutige Schneegrenze liegt auf 48° s.Br. zwischen 1.400 und 1.500 m (ermittelt aus dem vorliegenden Kartenmaterial). Die Plateauvergletscherung verweist auf die im Pleistozän wesentlich ausgedehntere Eisbedeckung. Die Schneegrenzdepression betrug damals bis zu 400 m. Nach Auer (1941, 1956) lassen sich vier Glaziale feststellen. Unter den eiszeitlichen Bedingungen schürften die Vorlandgletscher tiefe Exarationskanäle aus, die nach dem postglazialen eustatischen Meeresspiegelanstieg (Auer 1957) vom Meer überflutet und zu einer grandiosen Fjordlandschaft umgestaltet wurden. Ähnlich der norwegischen Küste fallen die geschliffenen Trogwände teilweise senkrecht zum wassererfüllten Boden ab, der im Inneren übertieft ist, am Eingang jedoch oft seichtes Wasser über Schwellen des Meeresbodens aufweist (Weischet 1970, S. 250). Von der Westküste Skandinaviens oder Islands unterscheidet sich die patagonische Fjordlandschaft südlich von 44° s.Br. aber durch eine Vielzahl von Querkanälen und Inseln. Dies ist eine Folge des andersartigen tektonischen und petrographischen Aufbaus der patagonischen Kordillere, deren Faltengebirgscharakter südlich des 44. Breitenkreises infolge der dort anstehenden kretazischen und jurassischen Sedimentgesteine gegenüber der plutonischen nördlicheren Gebirgsregion stärker in Erscheinung tritt. Darauf hat schon Steffen (1919) hingewiesen. In Chiloe Continental (heute: Provinz Palena) zeigt daher auch die Küstengestalt größere Ähnlichkeit mit der skandinavischen, die durch die glazigene Überprägung eines alten Rumpfes entstand.

Auch die heute eisfreien Gebirgsteile werden durch rezente alpinotype Formen mit scharfen Graten, Spitzen, Karen, Trogtälern, Zungenbeckenseen, Denudationswänden und Schutthalden gekennzeichnet. Unterhalb der Felsschuttzone sind bis zur Waldgrenze (800 m) Deflation und Solifluktion die wichtigsten geomorphologischen Agentien (Weischet 1970, S. 248). Die feineren Gesteinsfraktionen sind durch den heftigen Wind ausgeblasen worden und ließen an den windexponierten Stellen ein kahles Steinpflaster zurück, während sich hinter windbrechenden Vorsprüngen und im Krummholzgürtel Sandwehen oder -schleppen finden. Wo sich in windgeschützten Lagen tonige Bestandteile haben halten können, sind auf der Ostabdachung des Gebirges oberhalb 700 m Solifluktionsformen (Streifenböden, Rasenterrassen) ausgebildet (Weischet 1970, S. 248f).

Im Inneren wird die Patagonische Kordillere von glazigenen Exaraktionsformen, im Vorland dagegen von Akkumulationsformen beherrscht. Zur ostpatagonischen Seite hin hobelten die Vorlandgletscher riesige Zungenbecken aus, die von Moränenwällen umgeben sind und sich nach dem Abschmelzen des Eises als Andenrandseen erhalten haben. Der größte derartige See, der Lago General Carrera (arg.: Lago Buenos Aires), mißt auf der chilenischen Seite allein 978 km^2, insgesamt erreicht er eine Oberfläche von 1.671 km^2 und ist damit der zweitgrößte natürliche See Südamerikas. Das Tafelland Ostpatagoniens wurde mit terrassierten fluvioglazialen Aufschüttungsfeldern überzogen. Formenbesonderheiten sind einerseits die hochgelegenen Strandterrassen postglazialer Eisrandstauseen in verschiedenen Niveaus, die sich zwischen den noch von Eis verstopften Abflüssen zur Kanalzone und orographischen Hindernissen im Osten ausbildeten (Caldenius 1932, Weischet 1970, S. 250), andererseits auch Uferterrassen an der Küste, weil sich das Festland Aiséns nach den Glazialzeiten noch gehoben hat.

Die glazigenen Deposite füllen am Andenrand vorwiegend die Täler aus. Das Anstehende wird im Norden der Region von kretazischen bis alttertiären Sedimenten und vulkanischen Decken gebildet, die schollenartig zur Kordillere hin angehoben und z.T. schräggestellt sind. Sie bilden teilweise großartige Schichtstufen- und Tafelberglandschaften. Der Lago General Carrera liegt an der Südgrenze dieser Formation (Karte 11), polwärts bestimmen metamorphe und plutonische Gesteine den Untergrund, die zum größeren Teil glazial überprägt wurden, zum anderen Teil gerundete und eingeebnete Formen besitzen.

Östlich der Parkzone geht das Relief in große Ebenheiten über, die von ungefalteten Gesteinspaketen kretazischen und tertiären Alters, oftmals auch von ausgedehnten Basaltdecken gebildet werden und großenteils von mächtigen fluvioglazialen Schottern bedeckt sind (Mesetas). Czajka (1957) hat in Übereinstimmung mit Auer (1956) nachgewiesen, daß die mächtigen aus *patagonischem Geröll* gebildeten Deckschichten auch von einem extraandinen Vereisungszentrum stammen. Diese ostpatagonischen Ebenen waren die bevorzugten Räume der ersten weißen Kolonisten. Hier entstand am 1.1.1917 auch als erste städtische Siedlung Aiséns Balmaceda. Schließlich bietet dieser Raum die einzige Möglichkeit zur Anlage von für den Jetverkehr geeigneten Flughäfen. Die Betonpiste von Balmaceda erfüllt heute diese Funktion für die Gesamtregion.

3.1. Relief, geologischer Aufbau und Lagerstätten

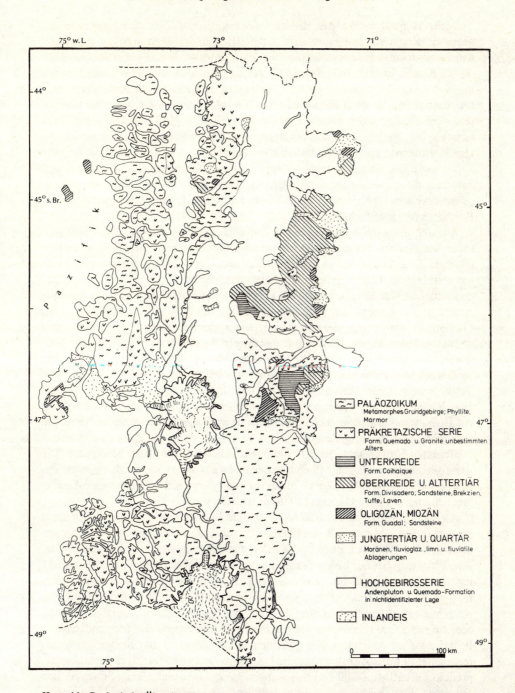

Karte 11: Geologische Übersichtskarte von Aisén
(eig. Entwurf nach Detailkarten von H. R. Katz 1961 und Iren 1966)

Schon H. Steffen erkannte, daß die Anden im Raum Aisén sich in geologischer, geomorphologischer und biogeographischer Hinsicht von dem nördlich angrenzenden Gebirgsraum unterscheiden (Steffen 1919, S. 404). Vor allem in der Nordhälfte der Region ist der Andenbatholith, der hauptsächlich im Kernteil des Hochgebirges zu Tage tritt, von einer Serie metamorpher Gesteine aus dem oberen Pliozän überlagert, die auch im südöstlichen Teil der Region zwischen dem Carrera- und dem O'Higgins-See anstehen. Diese Formation zeigt eine große petrographische Vielfalt, die vom Marmor, der südwestlich des Carrera-Sees ansteht, über Quarzite, Phyllite bis hin zum Glimmerschiefer reicht.

Teilweise liegt diesem Sockel auch eine Serie von vulkanischen Gesteinen aus dem Jura auf, die im wesentlichen aus Rhyoliten und Porphyren besteht. Aus der sog. *Quemado-Formation* (Iren 1967, S. 6) ist der größte Teil des Gebirgsscheitels der Kordillere Aiséns aufgebaut.

Aus der unteren Kreide stammt die Coihaique-Formation. Sie wird in der Hauptsache aus marinen Sedimentpaketen gebildet und liegt mit einer 40 m mächtigen lehmigen Schicht den oberen roten Brekzien des Quemado auf. Fuenzalida (1935) hat erstmals die Fossilien dieser Formation systematisiert. Die obere, eher sandig-quarzitische Folge ist unterschiedlich mächtig und erreicht nördlich von Coihaique Alto über 300 m, nahe der Stadt Coihaique aber nur 50–80 m. In diesem Teil der Formation finden sich größere Mengen, teilweise karbonifizierter Vegetationsreste.

Während der oberen Kreide und des älteren Tertiärs kam es zu einer Neubelebung des Vulkanismus, auf den die Divisadero-Formation, benannt nach einem Berg südlich des Río Coihaique, zurückgeht. Lithographisch setzt sie sich aus Lavagestein, Tuffen und Brekzien zusammen. Ihre Dazite, Rhyolithe, Liparite, Andesite und Basalte bilden die Härtlingskappen der Berge bei Ñirehuao und Coihaique. Ebenfalls zur Divisadero-Formation gehören Bändertone aus Lagunen der einstigen Küste und fossilreiche marine Ablagerungen.

Rezenter Vulkanismus ist auf die Westflanke der Kordillere beschränkt. Die wichtigsten Zentren liegen östlich der Berge Macá und Cay und an der Südseite des Aisén-Fjords. Dort ist 1973 der Vulkan Hudson Norte (auch: Vn. Huemules) ausgebrochen und von Cevo Guzmán (1978) untersucht worden.

Aus der geologischen Analyse folgt, daß die Bodenschätze der Region vor allem aus Gangerzen des nahen Andenbatholithen und Anreicherungen in der metamorphen Serie, sowie aus Kalken und Kohlen der Quemado-Formation bestehen können. Die wenigsten der bisher bekannten Vorkommen besitzen jedoch auch ökonomischen Wert als mögliche Abbaustätten. Derzeit sind acht Molybdän-, zwölf Kupfer-, elf Blei- und Zink-, fünf Kalk- und zwei Kohlevorkommen entdeckt worden. Ausgebeutet werden aber erst die Blei-/Zinkmine *Silva* bei Puerto Cristal am Carrera-See, die mit 3.000 t Jahresproduktion immerhin nahezu den gesamten chilenischen Bedarf an Zink und mit 1.600 t jährlich den größten Teil des Bleibedarfs deckt; ferner die 12 km südwestlich gelegene Kupfermine Las Chivas. Ihre Jahreskupferproduktion beträgt 1.200 t, ferner werden 7,2 kg Gold und 360 kg Silber jährlich gewonnen. Fünf Kilometer weiter östlich liegt die Mine Lago Negro. Lediglich sieben Monate wurde im Jahr 1958 die Kupfermine Escondida bei Puerto Guadal ausgebeutet, bis sich herausstellte, daß die Erzmenge für die Weiterförderung nicht ausreichte.

Kalk ist für Chile ein wichtiger Bodenschatz, da das paläozoische Küstengebirge und die jungvulkanische Andenkordillere Mittel- und Nordchiles keine Kalkgesteine besitzen. Die für die Zementherstellung notwendigen Rohstoffe stammen aus Kalksteinbrüchen aus der magellanischen Geosynklinale, die auf Inseln der Magellanstraße gebrochen werden und per Schiff in die Zentralzone gelangen. Aisén besitzt fünf bisher bekannte Kalkvorkommen, von denen mit primitiven Mitteln bislang nur zwei abgebaut werden. Zwar schätzt man die Reserven auf bis zu 250.000 t, doch beträgt die Mächtigkeit der Kalkhorizonte nur ein bis vier Meter. Lignitkohle steht nahe Chile Chico und bei Puerto Sanchez am Carrera-See an, beide Vorkommen haben jedoch keinen ökonomischen Wert, da sie nur geringe Reserven besitzen, von ähnlich geringer Qualität sind wie die magellanische Kohle und zudem verkehrsfern gelegen sind (Lahsen/Oyarzún 1966).

3.2. HYDROGEOGRAPHISCHE VORAUSSETZUNGEN

Die pleistozänen Gletscher, die in der Patagonischen Kordillere große West-Ost-gerichtete Quertäler ausschürften, haben die Einzugsbereiche der westpatagonischen Flüsse bis weit in das transandine Gebiet verlängert. Auf diese morphographische Eigenart der Südanden gehen die großen Probleme der endgültigen Grenzziehung zwischen Argentinien und Chile zurück (S. 18).

Die Gletschermassen der Inlandvereisung behindern zwar über viele Zehnerkilometer den ost-westlichen Abfluß, dennoch entwässern auch die ostwärts gerichteten Eisloben über die Quertäler in den Pazifik. Die Folge ist, daß die Flüsse im Osten der Anden über sehr große Einzugsbereiche verfügen. Bei dem dort herrschenden geringen Gefälle auf etwa 400 bis 700 m Meeresniveau sind oft große Seen zwischengeschaltet, die die Wasserführung ausgleichen und den glazialen Abflußtyp des Oberlaufs in den Retentionstyp des Mittel- und Unterlaufs verwandeln. Beim Durchbruch durch den Gebirgsscheitel verengen sich die Täler zu schmalen Felsentälern mit großem Gefälle und häufigen Stromschnellen und Wasserfällen, in denen das hydraulische Potential gebündelt auftritt (Weischet 1970, S. 233).

Das Abflußregime wird im Oberlauf durch die semiariden Klimacharakteristika und den Temperaturgang beeinflußt. In der sommerlichen Trockenperiode unmittelbar nach der Schneeschmelze und während der winterlichen Schneefälle im Gebirge trocknen die Flußläufe nahezu aus, um im Frühjahr und Spätherbst zu reißenden Stömen anzuschwellen. Dies kann eindrucksvoll im Mittellauf des Baker, Simpson oder Palena beobachtet werden. Im Unterlauf dagegen haben die Flüsse oftmals nur noch geringe periodische Wasserstandsschwankungen, da die Kordillerenwestseite auch im Sommer stark beregnet wird und für viele Flüsse auch die im Oberlauf gelegenen Seen abflußregulierend wirken.

Infolge der anthropogenen Vegetationszerstörung im Oberlauf und Mittellauf hat sich die Erosionsleistung der Flüsse Palena und Aisén derart vervielfacht, daß heute im Unterlauf mächtige Schotterpakete den freien Abfluß behindern. Der einstige Hafen von Puerto Aisén ist völlig versandet und unbrauchbar geworden.

Die Region besitzt sechs große, transandine hydrographische Systeme. Die Vorfluter sind die Ríos Palena, Aisén, Baker, Bravo und Pascua (Tab. 3).

Tab. 3: Hydrogeographische Systeme in der Región Aisén

Vorfluter und wichtigste Nebenflüsse	Länge km	größte mittl. mon. Wasserf. m³/sek.	schiffbar im Umlauf km	Abflußregime	Einzugsbereich (in Klamm. chil. Anteil) km²
1. Palena	300	700		Arid –	13.530 (7.370)
Figueroa	46			Nival –	
Frío				Pluvial	
Tranquilo					
Claro					
2. Cisnes	175	460	12	Nival –	3.920
Cáceres				Pluvial	
Las Torres					
Picacho					
3. Aisén	26/180	515		Nival –	11.460
Mañihuales	62	210		Retention	
Ñirehuao					
Emp. Guillermo					
Picoflor					
Simpson	88	85			
Claro					
Pollux					
Coihaique	60				
Baguales					
Blanco	55	220			
4. Baker/Gral. Carrera	165	1.500	70	Arid –	27.680 (21.480)
Ibañez	85			Retention –	
Murta	53			Nival –	
Jeinemeni	49			Pluvial	
Chacabuco	62				
Cochrane	20				
Salto	53				
Ñadis	51				
Nef					
Colonia					
5. Bravo	92	160		Retention –	1.725
Desplayes				Nival –	
Pililos				Pluvial	
Tranques					
6. Pascua	56	700		Nival –	1.013
Mayer	96			Pluvial	

Quellen: Iren 1966, Minvu 1978 und eig. Beobachtung

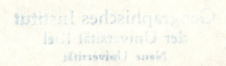

3.2. Hydrogeographische Voraussetzungen

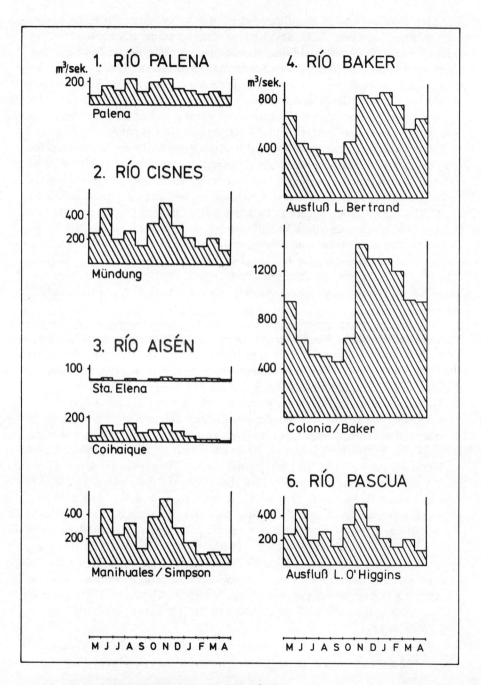

Abb. 1: Abflußregime ausgewählter hydrographischer Systeme in Aisén
(die Ziffern beziehen sich auf Tab. 3)

Unter allen Becken ist das Baker-System das bedeutendste. Es umfaßt einen Einzugsbereich von fast 28.000 km² und entwässert etwa die Hälfte des nördlichen Inlandeises, den Cochrane- und Chacabuco-See und vor allem den großen Lago Gral. Carrera mit seiner 1.671 km² großen Seeoberfläche. Bereits am Ausfluß aus der südlichen Fortsetzung dieses Sees, dem Lago Bertrand, werden 590 m³/Sek.[1] Wasserdurchlauf gemessen. Nach der Aufnahme mehrerer großer Flüsse, darunter des Cochrane, des Ñadis und der Flüsse Nef und Colonia liefert der Baker bei seiner Mündung in den Baker-Fjord bei Tortel 1.500 m³/Sek. Wasser (Abb. 1)[1].

Bald nach der Vereinigung mit dem Río Ñadis durchbricht der Río Baker einen quer zur Laufrichtung streichenden, aus Tiefengestein gebildeten Gebirgssporn. Diese Talenge ist klammartig ausgebildet. Das zuvor etwa 400 m breite Kastental verengt sich auf zunächst 30 m, erweitert sich noch einmal beckenartig, um schließlich die gewaltigen Wassermassen auf 20 m zusammenzuschnüren. Der Baker hat hier eine mittlere Durchflußmenge von 1.100 m³/Sek.[1] Im ganzen wird vom Eintritt in den Cañon bis zum Austritt aus dem Felsentor nur ein Niveauunterschied von 5 m überwunden, die Linearerstreckung beträgt etwa 1.000 m. Von hier bis zur Mündung sind es noch ca. 70 km, die durchweg schiffbar sind und den Anstoß zu einem kleinen Flußhafen Puerto San Carlos gegeben haben, der aber keine Verkehrsbedeutung besitzt.

Bei der Beurteilung der wirtschaftlichen Eignung dieser Flußsysteme sind die Faktoren Schiffbarkeit, Elektrizitätsgewinnung und Bewässerungseignung zu analysieren. Schiffbar sind nur die Unterläufe von Río Cisnes (12 km) und Río Baker (70 km), alle anderen Täler sind versandet oder weisen auch nahe der Mündung Stromschnellen oder andere Untiefen auf. Auch der Cisnes ist heute schon so weit versandet, daß er nur von kleineren Booten befahren werden kann.

Katarakte besitzen alle westpatagonischen Flüsse, die die Kordilleren queren, in ihren Mittellauf. Dort verengen sich die Täler zu Cañons. Sie sind meist wesentlich länger als der beschriebene Saltón des Baker und zeigen oft auch ein größeres Gefälle. Besonders eindrucksvoll ist die Garganta am Río Cisnes, eine insgesamt 15 km lange Cañonstrecke, auf der sich der Fluß über 100 m tief in die ehemalige Talsohle eingeschnitten hat (Steffen 1919, S. 448f.). Allerdings ist von Fall zu Fall zu berücksichtigen, daß auch im Unterlauf der patagonischen Flüsse noch stark unterschiedliche Wasserführungen auftreten können, wenn bei zu geringem „Seepuffer" im Oberlauf oder noch zu starkem Zulauf von Gletscherbächen das glaziale Abflußregime seinen Einfluß behalten kann. Dies gilt in besonderem Maße für den Río Baker, der mit den Ríos Nef und Colonia zwei wichtige vom Inlandeis abkommende Zuflüsse erhält, die schon unterhalb der Seen direkt in den Fluß münden. Im Januar und Februar werden daher alljährlich ca. 10.000 ha im Unterlauf des Baker überschwemmt (Iren 1966, S. 52).

---

[1] Bei diesen Angaben handelt es sich um die größte Wasserführung im Mittel des wasserreichsten Monats (vgl. Abb. 1).

Schon H. Steffen mußte die Erfahrung machen, daß auch der Unterlauf des Cisnes im Januar stark überschwemmt wird, so daß ein in beträchtlicher Höhe im Uferwald auf Schaluppen angelegtes Depot seiner Expedition nur durch den Umstand einer soliden Befestigung mit Tauen an stabilen Stämmen gerettet werden konnte (Steffen 1919, S. 390). Auch der Río Aisén, gebildet aus dem Río Simpson und dem Río Blanco mit seinem nivalpluvialen Abflußregime, überschwemmt sein Tal periodisch, so daß bei Hochwasser auch die Stadt Puerto Aisén in Mitleidenschaft gezogen wird. 1965 z.B. stieg der Flußpegel bis ca. 6 m über sein Normalniveau, so daß die Stadt ca. 30 cm unter Wasser lag. Cevo (1979) hat daher den Vorschlag gemacht, den Río Blanco in seinem Mittellauf in den Wasserfall *El Salto* abzuleiten. Die unterschiedliche Wasserführung kann also im Unterlauf die energiewirtschaftliche Nutzung des hydroelektrischen Potentials erschweren.

Die Zahlen in Tab. 3 müssen daher vorsichtig interpretiert werden. Scheinbar besitzen Baker, Palena, Pascua und Aisén bei stärkster mittlerer Wasserführung die größte energiewirtschaftliche Eignung. Der Río Aisén ist selbst aber nur 12 km lang und wird aus dem Zusammenfluß von Simpson und Blanco gebildet. Der Río Blanco führt dem Aisén allein 40 % seiner Wassermenge zu, die oberhalb Fluß-km 12 nicht zur Verfügung stehen. Auch der Palena scheidet wegen seiner starken Versandung für eine problemlose Nutzung aus. Dagegen sind Baker, Pascua und Cisnes zur hydroelektrischen Energieerzeugung sehr geeignet. Alle drei Systeme besitzen auch Engstellen mit wasserfallähnlichen Strukturen. Zu beachten ist jedoch, daß Baker und Pascua in denselben Fjord entwässern, allerdings in zwei ca. 46 km voneinander entfernten Buchten.

Gravierender noch wirkt die jahreszeitliche Abflußschwankung in den semiaridnival geprägten Flußoberläufen. Eine einfache Ableitung des Flußwassers für Bewässerungszwecke während der trockenen Jahreszeit kommt oberhalb der Andenrandseen nicht in Frage. Diese Flußtäler könnten erst nach Anlage von großen Rückhaltebecken am Kordillerenrand genutzt werden.

3.3. KLIMATISCHE DIFFERENZIERUNG

Neben dem Relief wird die klimatische Zonierung von Aisén durch seine Breitenlage und die dadurch gegebene Strahlungsintensität, durch die Süderstreckung über fünf Breitengrade, durch einen ausgeprägten west-östlichen Klimawandel im Sinne einer Zunahme kontinentaler Eigenschaften und durch die Lage in den Windgürteln der Erde mit hier ganzjährigen starken Westwinden, den *roaring forties* geprägt. In der Köppenschen Klimaklassifikation ist Aisén daher durch eine große Klimavariabilität gekennzeichnet: fünf sich mit der Höhe bzw. west-östlich verändernde Zonen sind auszumachen. Im Westen ist das Klima südlich der Taitao-Halbinsel immerfeucht kühl-gemäßigt (Cfs), nördlich davon maritim geprägt kühl-gemäßigt mit Niederschlagsrückgang im Sommer (Cfb). Die Gipfel und das Inlandeisfeld der Patagonischen Kordillere haben nivales Höhenklima (EFH). Östlich des Gebirgsscheitels wird das Klima kontinental geprägt kühl-gemäßigt (Cfb) in einer hier eigenartigen transandinen Ausprägung. Zur Unterscheidung zu der luvseitig gelegenen Klimazone

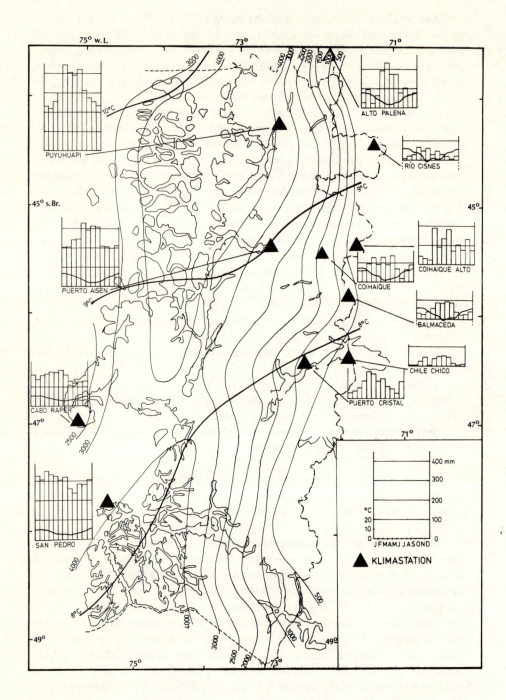

Karte 12: Mittlere Jahressumme der Niederschläge und Klimadiagramme in der Región Aisén

mit gleicher Köppenscher Kennzeichnung wird es im folgenden als *transandines Klima* bezeichnet und in Ergänzung der Köppenschen Systematik erhält die cisandine oder maritimere bzw. die transandine oder kontinentalere Variante des Cfb-Klimas den Zusatz *c* bzw. *t*. An die Cfb$_t$-Zone schließt sich endlich östlich noch ein winterkaltes Steppenklima (BSk') an (Karte 13).

Die Jahresdurchschnittstemperaturen verändern sich von N nach S wenig. Auf der Guafoinsel z.B. werden 9,7°C erreicht, drei Breitengrade südlich, am Kap Raper noch 8,8°C. Die Klimagrenzen sind in Westpatagonien nicht breitenparallel, sondern meridional angelegt. Dies gilt für die Isothermen ebenso wie für die Isohyeten (Karte 12). Dabei erweist sich der schon angedeutete, scharfe Klimascheidencharakter der Anden. In Puyuhuapi auf der Westflanke des Gebirges werden im Mittel 3.745 mm Jahresniederschlag bei einer Jahresdurchschnittstemperatur von ca. 9°C gemessen, 103 km östlich in Río Cisnes fallen nur noch 389 mm Regen im Jahr, die Durchschnittstemperatur beträgt lediglich 5,9°C. Dabei sind die jährlichen Schwankungen der Beregnung nicht zu vernachlässigen: Puyuhuapi erhält in trockenen Jahren „nur" 3000 mm, in feuchten Jahren aber bis über 4.400 mm Niederschlag (Tab. 4).

Tab. 4: Schwankungen der Jahresniederschläge, Station Puyuhuapi 1951−78

Jahr	N/Jahr	Jahr	N/Jahr	Jahr	N/Jahr
1951	3.988,8	1961	3.064,8	1971	3.581,2
1952	3.033,5	1962	2.773,4	1972	?
1953	4.353,7	1963	3.594,8	1973	3.147,6
1954	3.348,5	1964	3.612,1	1974	3.636,1
1955	3.032,0	1965	4.448,8	1975	4.360,7
1956	3.154,0	1966	3.393,3	1976	3.461,0
1957	3.536,2	1967	3.721,9	1977	4.413,3
1958	3.774,9	1968	3.725,9	1978	3.581,8
1959	3.316,2	1969	3.741,9		
1960	3.335,4	1970	3.859,8		

Quelle: Station Puyuhuapi, offizielle Meßdaten

Auch der Temperaturgang unterscheidet sich auf der Ost- und Westseite der Anden. Puerto Aisén hat eine Jahresdurchschnittstemperatur von 9°C, bei Schwankungen der mittleren Monatstemperatur von 4,4° (Juli) bis 13,7°C (Januar). Die Jahresamplitude der durchschnittlichen monatlichen Höchst- und Tiefsttemperaturen beträgt 16,2°C. Bei noch stärkerer Maritimität, etwa in Cabo Raper, sinkt die Jahresamplitude auf 10,6°C. Dagegen ist die Ostseite der Kordillere im Durchschnitt kühler, hat aber über das Jahr wesentlich höhere Temperaturschwankungen. Río Cisnes bei 5,9°C Jahresdurchschnitt mittlere Monatstemperaturen von 11,8° (Januar) bis −1,6°C (Juni). Die Amplitude der mittleren monatlichen Höchst- und Tiefsttemperaturen beträgt 22,6°C. In fünf Monaten (Mai bis September) besteht Frostgefahr.

Wegen der außerordentlich großen Höhenunterschiede wechseln die Durchschnittstemperaturen auf engstem Raum. Während in keiner Küstenstation des Großen Südens die mittleren monatlichen Temperaturwerte unter den Gefrierpunkt fallen, sind wenige Kilometer östlich davon große Zonen ewigen Eises vorhanden, die ihre Gletscherzungen bis zur Küste herabsenden und am Gletscher San Rafael auf 46°45' den äquatornächsten, das Meer erreichenden Gletscher der Welt besitzen. In Europa liegen Lausanne, Meran und der Plattensee auf entsprechender Breite! Diese enge Nachbarschaft grundverschiedener Klimabereiche führt zu dem oft beschriebenen Phänomen, daß die Gletscherzungen der patagonischen Eisfelder einen immergrünen, hygromorphen Laubwald durchbrechen, in dem bei ganzjährigem Blütenreichtum Papageien und Kolibris leben. M. Junge hat eines seiner Bücher daher auch *Papageien und Eisberge* genannt, um diesen Gegensatz plakativ herauszustellen.

Die Klimacharakteristika sind in Tab. 5 überblickhaft zusammengefaßt, genauere Informationen geben Tab. 6 und Karte 13.

Bei der Analyse der Klimadaten in Tab. 5 fällt zunächst der überaus ausgeglichene Temperaturgang der C-Klimate auf. Die antarktische Komponente des Klimas macht sich in den Durchschnittstemperaturen nur durch eine Depression der sommerlichen Temperaturwerte bemerkbar, sie zeigt sich darüberhinaus (was die Tab.

Tab. 5: Überblick über die Charakteristika der Klimazonen Aiséns

Klimazonen	Kürzel	mittl. Jahrestemp. °C	Amplitude d. mittl. monatl. Extremtemp. °C	Jahresniederschlag mm	Tage < 2/10 Bewölkung/ Jahr	Bemerkungen
kühl-gem./ marit. Var.	Cfb$_c$	8–10	10–17	3.000– 4.500	< 25	
kühl-gem./ immerfeucht	Cfs	8–10	11–12	1.900– 5.000	9–25	trockene Mon. > 1/3 Niederschl. der feuchten Monate
transandines Klima (kühl-gem./ kont. Variante)	Cfb$_t$	8–10	19	900– 1.350	35–60	trockene Mon. < 1/3 Niederschl. der feuchten Monate
winterkaltes Steppenklima	BSk'	< 8	20–23	300– 650	50–75	
nivales Klima	EFH	< 5 wärmster Monat: 10	?	bis 7.000	?	

Quelle: ermittelt aus den Daten in Tab. 6.

3.3. Klimatische Differenzierung

Tabelle 6: Klimageographische Daten repräsentativer Stationen in Westpatagonien[1]

Klima-typ	Station	Beob. zeit-raum	Klima-element	I	II	III	IV	V	VI	VII	VIII	IX	X	XI	XII	mon. ∅	Jahr
Cfb$_c$	Puerto Aisén 45°24'S 72°42'W 10 m ü.M.	34	N	203,2	204,2	245,3	246,6	329,7	282,3	332,7	315,1	210,5	208,8	199,7	211,8	249,1	2.987,9
		25	T	13,7	13,4	11,2	9,1	6,7	4,6	4,4	4,9	6,8	9,6	11,0	13,0	9,0	
		21	T$_x$	18,1	17,1	15,4	12,8	9,6	7,5	7,1	8,3	10,9	13,4	15,2	17,0	12,7	
		24	T$_N$	9,9	9,3	7,2	5,9	4,0	2,2	1,9	2,0	3,3	5,3	6,9	8,4	5,6	
		23	W	SW 2	SW 2	SW 2	SW 2	CO	CO	CO	CO	SW 2	SW 2	SW 2	SW 3	SW 2	
		23	W$_x$	SW 7	SW 7	N 8	NW11	SW 9	SW 7	NE 7	SW 8	SW 8	SW 7	SW 7	SW 8	–	–
		20	B	2,8	2,6	2,3	1,9	1,6	1,6	1,7	2,4	2,1	2,7	2,4	2,1	–	23,5
Cfb$_c$	Puerto Puyuhuapi 44°20'S 72°35'W 5 m ü.M.	25	N	230,7	218,2	256,2	296,2	448,8	408,1	391,6	423,1	312,6	273,6	255,0	231,3	312,1	3.745,4
Cfb$_c$	Isla Guafo 43°34'S 74°45'W	30	N	59,2	72,7	93,5	119,6	149,3	139,5	145,0	140,8	100,3	85,5	88,1	85,9	106,6	1.279,4
		30	T	12,5	12,7	11,7	10,4	9,0	8,0	7,4	7,3	7,6	8,6	9,6	11,1	9,7	
		30	T$_x$	14,8	15,0	14,0	12,5	11,0	9,8	9,3	9,2	9,6	11,0	11,8	13,3	11,8	
		30	T$_N$	10,2	10,5	9,6	8,3	7,1	6,0	6,5	5,4	5,5	6,3	7,4	8,7	7,5	
		30	B	0,7	1,1	1,3	0,9	0,8	1,1	0,6	1,0	0,8	0,9	0,6	0,6	0,9	10,5
Cfs	Cabo Raper 46°50'S 75°35'W 46 m ü.M.	46	N	161,6	139,6	160,8	167,6	177,3	174,9	183,4	161,2	130,1	145,6	154,8	155,3	159,4	1.913,3
		28	T	11,3	11,5	10,8	9,7	8,3	7,1	6,5	6,4	7,0	7,7	9,1	10,3	8,8	
		18	T$_x$	14,3	14,4	13,8	12,6	10,9	9,6	8,9	8,9	9,8	10,5	11,9	13,2	11,6	
		19	T$_N$	8,3	8,3	7,6	6,8	5,5	4,4	3,8	3,8	4,2	4,9	6,1	7,2	5,9	
		31	W	N 4	N 4	N 4	N 4	N 4	N 4	N 4	N 5	N 4	N 4	N 4	N 4	N 4	
		31	W$_x$	N 10	N 10	N 10	N 10	N 11	N 10	N 11	N 10	N 10	N 10	N 10	N 9		
		31	B	0,3	0,3	0,5	0,6	1,0	1,6	1,1	1,1	1,0	0,8	0,7	0,3		8,7
Cfs	San Pedro 47°43'S 74°55'W 22 m ü.M.	30	N	333,6	312,4	351,0	337,1	326,1	309,8	324,0	263,1	243,5	287,8	283,2	309,6	306,8	3.681,2
		18	T	11,1	11,1	10,6	8,6	6,9	5,8	5,7	5,2	6,4	7,3	9,1	10,4	8,2	
		12	T$_x$	14,3	14,5	12,9	11,5	9,6	8,5	7,6	7,8	9,3	10,7	11,9	13,4	10,9	
		16	T$_N$	7,8	8,1	6,6	5,8	4,4	3,0	3,4	3,1	3,6	4,7	5,9	7,2	5,3	
		33	W	W 3	NW 4	W 3	N 4	N 5	N 5	N 5	N 5	NW 4	NW 4	NW 4	NW 4	NW 4	
		33	W$_x$	N 11	N 9	N 10	W 10	N 10	N 10	N 10	N 10	W 10	N 9	NW10	N 10		
		24	B	1,2	1,2	1,6	1,3	1,8	2,8	1,9	2,6	1,9	1,7	1,3	1,2		20,2

57

3. Das natürliche Potential

Klima-typ	Station	Beob. zeit-raum	Klima-element	I	II	III	IV	V	VI	VII	VIII	IX	X	XI	XII	mon. ø	Jahr
Cfb$_t$	Alto Palena 43°33'S 71°50'W 300 m ü.M.	2	N	27,3	97,8	23,4	78,1	188,6	231,5	175,3	175,1	77,6	104,2	69,3	84,1	111,0	1.332,3
		3	T	15,3	15,5	12,6	9,0	7,1	3,9	4,0	5,4	7,4	11,4	13,2	15,0	9,7	9,7
		3	T$_x$	21,7	23,2	18,1	14,0	10,6	6,9	7,6	8,9	11,6	17,8	16,3	20,3	14,8	
		3	T$_N$	9,1	8,5	8,0	5,2	4,1	2,1	0,7	2,3	1,9	4,8	7,3	9,2	5,3	
		3	W	W 4	W 4	W 4	W 3	W 3	W 4	W 3	W 3	W 3	W 3	W 4	SW 5	W 4	
		3	W$_x$	W 8	W 9	W 10	W 8	SW 7	W 8	W 8	W 8	SW 7	SW10	SW 9	SW10		
		3	B	5	7	6	6	0	2	1	0	1	4	4	3		39
Cfb$_t$	Coihaique 45°34'S 72°04' 270 m ü.M.	8	N	56,5	58,7	97,9	127,5	89,8	162,5	89,4	169,1	67,8	20,2	66,0	91,8	91,4	1.097,2
		2	T	14,5	14,2	10,4	7,8	5,9	2,1	3,3	4,1	5,1	10,1	12,2	13,1	8,6	8,6
		2	T$_x$	18,9	19,7	15,7	12,5	9,2	4,9	6,1	7,5	9,3	15,7	17,0	17,4	12,8	
		2	T$_N$	10,9	9,4	5,8	4,3	3,8	0,5	1,8	1,7	1,6	5,7	7,9	9,2	5,2	
		2	W	W 3	W 3	SW 3	SW 6	N 7	S 5	S 5	N 7	W 6	W 2	S 3	W 7	—	
		2	W$_x$	W 8	W 6	W 7							W 6	SW 5			
		2	B	4,0	9,5	5,5	2,0	1,0	2,0	1,5	3,5	6,5	11,0	4,0	3,0		58,5
Cfb$_t$	Puerto Cristal 46°38'S 72°22'W ca. 200 m. ü.M.	4	N	29,8	39,4	56,7	92,6	139,8	128,9	90,6	103,4	66,8	51,7	31,2	91,9	76,9	922,8
Cfb$_t$	Coihaique Alto 45°25'S 71°40'W 730 m ü.M.	?	N	46,0	32,0	26,0	190,0	91,0	137,0	191,0	70,0	103,0	75,0	132,0	73,0	96,3	1.156,0
BSK'	Río Cisnes 44°32'S 71°24'W 1000 mü.M.	2	N	9,3	20,4	29,0	67,5	47,2	62,9	28,2	47,4	30,0	19,0	5,5	22,8	32,4	389,2
		2	T	11,8	10,8	7,8	7,5	3,4	-1,6	1,8	0,5	1,4	7,5	8,3	11,5	5,9	5,9
		2	T$_x$	18,7	18,6	14,3	11,1	8,0	2,9	4,5	5,6	8,2	14,6	15,0	17,4	11,6	
		2	T$_N$	4,4	4,1	2,3	2,4	0,1	-3,9	-2,9	-2,3	-2,1	0,8	0,7	6,8	0,8	
		2	W	SW 3	SW 3	SW 3	NW 7	—	—	SW 3	—	SW 3	SW 3	—	SW 3	SW 2	
		2	W$_x$	NW 8	NW 6	SW 7	NW 7	NW 5	W 5	W 4	NW 4	W 6	WNW6	W 8	W 8		
		2	B	5,5	8,5	7,5	3,0	2,5	2,0	3,0	3,5	7,5	6,0	2,5	4,5		56,0

3.3. Klimatische Differenzierung

Klima-typ	Station	Beob. zeit-raum	Klima-element	I	II	III	IV	V	VI	VII	VIII	IX	X	XI	XII	mon. ∅	Jahr
BSK'	Balmaceda 45°24'S 71°43'W	10 2 2 2 2 2 2	N T T_x T_N W W_x B	33,4 12,9 17,8 6,6 W 26 W 10 2,0	26,7 11,9 17,7 5,8 W 6 W 10 9,5	37,5 8,5 14,4 3,4 W 6 W 9 5,5	58,7 5,8 11,0 1,9 W 5 W 10 3,0	85,9 4,2 7,7 1,6 W 5 W 9 1,5	79,8 -0,1 3,1 -2,8 W 4 W 7 3,0	92,2 0,3 2,9 -2,0 W 5 W 8 2,5	85,2 2,0 3,7 -0,9 W 5 W 8 4,0	37,8 2,5 7,6 -3,4 W 5 W 8 5,0	24,0 8,1 14,3 2,2 W 5 W 8 8,0	26,1 9,7 15,4 3,8 W 5 W 9 3,0	41,8 11,3 16,4 6,1 W 6 W 10 3,0	52,4 6,3 11,7 1,8 W 5	629,1 6,3 50,0
BSK'	Chile Chico 46°36'S 71°43'W	2 2 2 2	N W W_x B	5,5 NW 4 NW 8 5,0	5,5 NW 3 NW 7 8,5	25,5 NW 3 NW10 7,5	47,5 NW 4 NW 7 3,5	4,0 — NW 8 5,5	40,0 — NW 6 8,0	54,0 NW 6 NW 6 4,5	58,5 — NW 9 4,0	48,5 NW 9 NW 7 5,5	17,5 NW 7 NW 7 11,0	6,5 NW NW 8 5,5	12,5 NW 4 NW 9 7,0	27,1	325,5 75,0

[1] Die Stationen Isla Guafo und Alto Palena liegen außerhalb der Región Aisén, nahe der Nordgrenze.

Legende: N = mittlerer Monatsniederschlag in mm
T = mittlere Monatstemperatur in °C
T_x = mittlere monatliche Höchsttemperatur in °C
T_N = mittlere monatliche Tiefsttemperatur in °C
W = Hauptwindrichtung und Stärke auf der Beaufort-Skala
W_x = Richtung des stärksten Windes und Stärke auf der Beaufort-Skala
B = Tage mit weniger als 2/10 Bewölkung

Quelle: Almeyda 1956, Iren 1966, Weischet 1970, Minvu 1978 und eigene Berechnungen.

nicht widergeben kann) in den ohne Unterbrechung ständig im Abstand weniger Tage eintretenden Temperaturstürzen. Fröste treten allerdings nur im Winter und auf der Ostseite des Gebirges auf und sind als Frostperioden auf das BS-Klime beschränkt. Für das Wirtschaftsleben ist dies insofern vorteilhaft, weil somit der ganzjährige Weidegang der Schafherden in der Pampa bzw. von Rindern und Pferden in der Parkzone möglich ist. Die Menschen müssen zwar während des ganzen Jahres ihre Wohnungen heizen, es genügt aber selbst im Winter der offene Kamin (Weischet 1970, S. 183), der im Sommer in der Regel nur frühmorgens und abends angezündet wird. Schließlich bewirkt der antarktische Einfluß auch die hohen Windgeschwindigkeiten (Weischet 1968; Weischet 1978, S. 271).

Bei der näheren Analyse der Daten sind vor allem die Angaben über die mittleren Tiefsttemperaturen, die jahreszeitlichen Schwankungen der Beregnung und der Jahresgang der Windgeschwindigkeiten zu beachten. Fröste beeinträchtigen vor allem die im winterkalten Steppenklima gelegenen Regionen, wo sie über Monate hinweg sporadisch auftreten und die Vegetationsperiode dort erheblich verkürzen. Neben der ganzjährigen Trockenheit sind daher auch die winterlichen Temperaturen unter dem Gefrierpunkt ökologische Negativfaktoren in dieser Zone, die die wirtschaftliche Tätigkeit des Menschen nach Osten zu immer stärker behindern. Leider sind für Chile Chico keine Temperaturdaten bekannt. Dort würde sich nämlich zeigen, daß die großen Seen temperaturausgleichend wirken und die Frostzeiten abkürzen können. Das Klima von Chile Chico steht als Beispiel für derartige Seeufersäume. Zu beachten ist, daß dort im Winter bei Windstille mehr als die Hälfte des Jahresniederschlags fällt. Im Sommer dagegen würde die Ackerkrume ohne Schutzmaßnahmen des Menschen austrocknen und ausgeblasen werden, eine Folge der sommerlichen Trockenheit und der starken Nordwestwinde.

Es zeigt sich, daß dem Wind besondere Aufmerksamkeit zu schenken ist. Weischet hat bereits 1957 am Beispiel von Ultima Esperanza in der Región Magallanes darauf hingewiesen, daß der Wind als ökologischer Faktor auch abseits der direkten Auswirkung großer Wasserflächen in der kühl gemäßigten Zone Südamerikas wesentlich wirksamer ist als in den nordhemisphärischen hohen Mittelbreiten. 1978 konnte Weischet nachweisen, daß nicht allein dem Wärmemangel — wie früher angenommen — sondern dem Wind eine limitierende Funktion für das Pflanzenwachstum zukommt. Weischet belegte, daß die Vegetationsperiode (mit einer Tagesmitteltemperatur über 6°C) in den hohen Mittelbreiten der Südhalbkugel nicht kürzer ist als in nordhemisphärischen vergleichbaren geographischen Breiten. Da es jedoch während der Vegetationsperiode keine witterungsstabilen Wärmeperioden längerer Dauer gibt, erreicht das Pflanzenwachstum nie den optimalen physiologischen Wirkungsbereich. Die ohne jahreszeitliche oder witterungsperiodische Unterbrechung im Abstand weniger Tage eintretenden Temperaturstürze bis in das Niveau von 6°C drosseln vielmehr Photosynthese und Produktionsablauf der Pflanzen erheblich. Daraus resultiert eine bedeutend niedrigere Bruttoassimilation als auf gleicher Breite auf der Nordhalbkugel.

Es erwies sich aber auch, daß die Hauptwachstumszeit der Pflanzen gleichzeitig diejenige maximaler Windbewegung ist und Windstärken erreicht werden, die weit

3.3. Klimatische Differenzierung

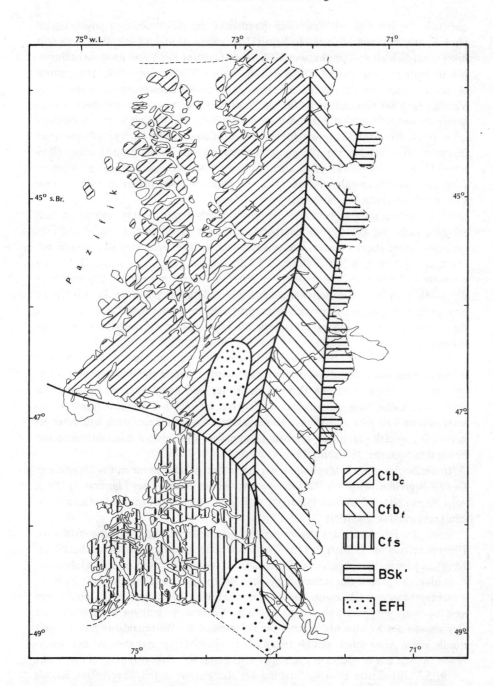

Karte 13: Klimatypen von Aisén
(eig. Entwurf nach Iren 1966)

oberhalb der von den windhärtesten Baumarten der Nordhalbkugel physiologisch ohne Syntheseeinbuße tolerierten liegen. Die Assimilation wird vor allem auch dort noch zusätzlich eingeschränkt, wo die Wasserversorgung der Vegetation nicht durchgehend optimal gesichert ist. Die durch die hohen Windgeschwindigkeiten angeregte Transpiration der Pflanzen führt dann zu Spaltöffnungsverengungen und einer Verringerung des Gasaustauschs für die Photosynthese, wenn aus dem Boden nicht genug Wasser nachgeführt wird. Aus dieser Tatsache erklärt sich auch der ökologische Anreiz zur Ausbildung winddefensiver Wuchsformen im Übergangsbereich der laubwerfenden Wälder zur patagonischen Steppe und in der Steppe selbst (Weischet 1978, S. 264–265). Aber auch im immerfeuchten Küstengebiet ist in erster Linie nur dort bescheidener Ackerbau mit Hafer und Kartoffeln möglich, wo ein gewisser Windschutz erreicht wird.

Diese Schutzanlagen besitzen die nord-südlich-ausgerichteten Fjorde, daraus erklären sich die günstigeren landwirtschaftlichen Bedingungen von Puyuhuapi gegenüber etwa Puerto Cisnes. Puerto Aisén liegt weniger geschützt als das im Windschatten einer Insel gelegene Puerto Chacabuco, das sich – wie schon H. Steffen erkannte – daher auch besser als Hafen eignet. In ähnlicher Lage wie Puyuhuapi ist gleichfalls dem in einem Seitenarm des Fiordo Elefantes gelegenen Puerto Grosse eine potentiell günstige Entwicklung zu prophezeien, zumal hier fluviovulkanische Böden auch unter pedogeographischem Blickwinkel eine aussichtsreiche Zukunft versprechen.

Die Lage in Lee der Hauptwindrichtung erweist sich auch in der Parkzone mit ihrem transandinen Klima und in der patagonischen Steppe als Gunstfaktor. Coihaique hat eine lange windfreie Periode im Winter und kennt auch im Sommer nur selten stürmische Tage. Alto Palena ist dagegen den Winden weitaus stärker ausgesetzt, die im Frühjahr und Herbst als gefürchtete Pampastürme, auch *williwaws* genannt, Orkanstärke erreichen können. Das mittlere Windgeschwindigkeitsmaximum beträgt im Sommer 35 km/h.

In der Nachbarregion Magallanes, wo die antarktischen Stürme mit noch größerer Gewalt angreifen, wird der Wert der Schutzlage am Beispiel der Llanuras de Diana nahe Puerto Natales, wo sich Waldreste in Tallage weit in die Pampa hinausschieben, eindrucksvoll dokumentiert.

Auch der Jahresgang der Beregnung entscheidet über Gunst- und Ungunsträume. Die immerfeuchten Gebiete des Cfs-Klimas scheiden für die landwirtschaftliche Nutzung aus klimageographischen Gründen aus, da sie mit bis zu 5.000 mm Jahresniederschlag, der Monat für Monat in gleicher Menge niedergeht, bereits außerhalb der Feuchtegrenze der Ökumene liegen. (Die Stationen Isla Guafo und Cabo Raper sind insofern untypisch, als sie als westliche Vorposten noch vor der eigentlichen Regenwand des Kontinents liegen.) Die Polargrenze des Weizenanbaus verläuft weit nördlich von Aisén durch den Mittelteil der Insel Chiloe, springt aber auf der Ostseite der Anden um ca. 300 km nach Süden bis in das Río Baker-Gebiet vor (Weischet 1970, S. 179). Unter Berücksichtigung des glazigen geprägten, übersteilten Reliefs ist selbst die forstwirtschaftliche Nutzung in Frage gestellt.

Etwas günstiger erscheinen die Cfb_c-Gebiete, wo im Sommer die Niederschläge

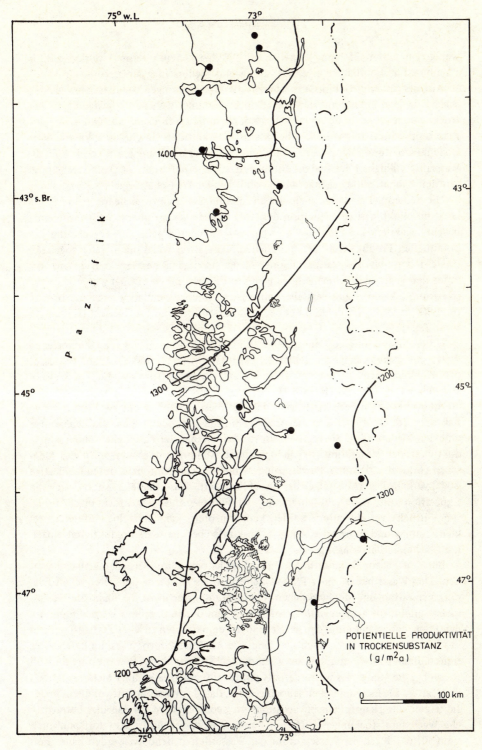

Karte 14: Verteilung der mittleren Minimumswerte der Jahressumme der potentiellen Produktivität in Trockensubstanz in Abhängigkeit von Lufttemperatur und Niederschlagssumme in Aisén
(nach A. Huber 1975)

wenigstens unter 250 mm/Monat fallen. In trockeneren Jahren werden z.B. in Puyuhuapi im Februar auch weniger als 70 mm Niederschlag gemessen.

Auf der anderen Gebirgsseite können die relativ geringen sommerlichen Niederschläge in Verbindung mit den vor allem im Sommer wehenden, beständigen, austrocknenden Winden zu einer empfindlichen Bodentrockenheit führen, die die Pflanzenproduktivität vor allem bei Nicht-Dauerkulturen einschränken kann. Durch Bodenbearbeitung, Windschutz oder/und Bewässerung kann der Mensch hier die Wasserhaltefähigkeit des Bodens erhöhen, das Wasserdefizit in der Hauptwachstumszeit der Anbaufrüchte verringern und damit bessere Wirtschaftsergebnisse erzielen.

Die reinen Klimadaten allein geben allerdings nur unzureichende Information über die ökoklimatische Situation des Großen Südens. A. Huber (1975) hat in einer beachtenswerten Leistung die wenigen vorhandenen Daten zur Berechnung der potentiellen Produktivität der natürlichen Vegetation von Chile herangezogen. Er versteht darunter die Bestimmung der Menge an organischer Trockensubstanz, die unter den gegebenen Klimabedingungen pro Flächeneinheit erzeugt werden können (Nettoproduktion). Dies versteht sich als die durch Assimilation erzeugte Bruttoproduktion abzüglich der Summe als Atmungsverlust und Stoffverlust (Absterben toter Teile).

Unter Anwendung der Methode Lieth (1962, 1974) zeigt sich, daß die höchsten Werte im Großen Süden im Gebiet der Seen Gral. Carrera und Cochrane sowie auf den Guaitecas erreicht werden. Dort beträgt die potentiell erzeugte Trockensubstanz über 1.300 gr/m^2 a (Karte 14).

Allerdings ist zu berücksichtigen, daß mit dieser Methode nur zwei limitierende Faktoren des Ökosystems in die Analyse Eingang gefunden haben: die Temperatur und der Niederschlag. Sie ergeben ein treffendes Bild der natürlichen Maximalproduktivität der Vegetation, die jedoch durch Meliorisationsmaßnahmen des Menschen (Bodenbearbeitung, Bewässerung, Windschutz) erhöht, bzw. durch ungünstige Bodenverhältnisse (Mineralgehalt, Durchlässigkeit, Wasserhaltekapazität) oder die Exposition zum Wind (Einschränkung der Photosynthese, Austrocknung, Ausblasung, Bruch) verschlechtert werden kann. Insofern kann nur eine differenzierte, kleinräumige und integrative Analyse Auskunft über die reale Produktivität einzelner Flächen in Patagonien geben.

Für den Faktor Bewässerung können hier jedoch schon Aussagen gemacht werden. Den Wasserbedarf einer Pflanze kann man als Differenz der potentiellen Evapotranspiration und der wirklichen Verdunstung errechnen, die dann die Wassermenge ergibt, die als *maximale Bewässerung* dem Boden zugeführt werden muß, um den Pflanzenbestand unter den herrschenden Temperaturen zu jeder Zeit ausreichend mit Wasser zu versorgen. Auch hier zeigt die Analyse, daß vor allem im Bereich des transandinen Cfb$_t$-Klimas und des winterkalten Steppenklimas Bewässerung sinnvoll ist, wobei die Menge des Wasserdefizits mit 0–100 mm/J. allerdings nicht allzu hoch ist (Karte 15). Es wurde oben jedoch gezeigt, daß das Wasserdefizit vor allem in der Jahreszeit des Hauptpflanzenwachstums zu beobachten ist, so daß hier beträchtliche Wachstumsstockungen auftreten können. Bewässerung ist also dort punktuell sinnvoll, wo durch die Wasserzufuhr das Wasserdefizit behoben werden kann. Fer-

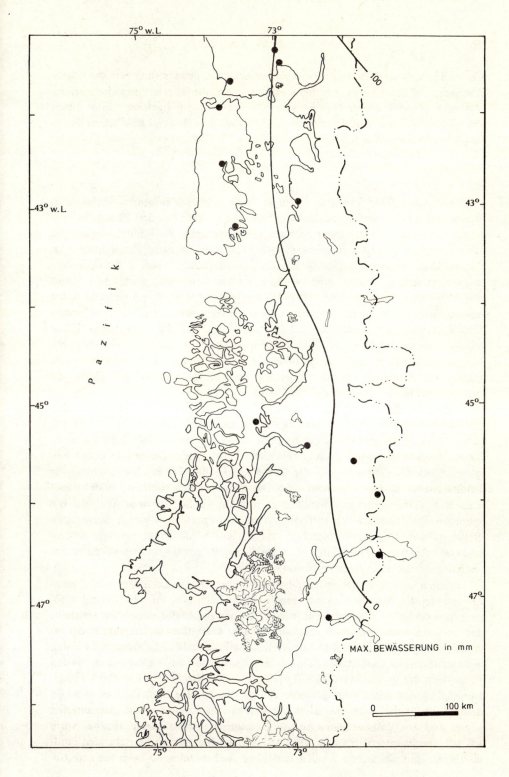

Karte 15: Verteilung der mittleren Jahressumme der maximalen Bewässerung in Aisén (nach A. Huber 1975)

ner stellen sich weitere positive Folgewirkungen der Bewässerung ein: die Bodenfrostgefahr in den Übergangszeiten wird gemindert, die Vegetationsperiode verlängert und schließlich eine (bescheidene) Grusdüngung durchgeführt. Unter diesen Prämissen zeigt sich, daß Bewässerung auf Flächen im Cfb_t- und BSk'-Klima durchaus Erfolge bringen kann.

3.4. DIE BÖDEN

Wie Pisano (1974, S. 75) zu Recht feststellt, gibt es über keinen Geofaktor in Westpatagonien so wenig gesicherte Informationen wie über den Boden. In Weischets Länderkunde fehlt daher auch ein bodengeographisches Kapitel, obwohl von Wright (1958) und Roberts/Diaz (1960) erste überblickhafte Darstellungen für Gesamt-Chile vorlagen. Regionale Studien aus der Región Aisén, in denen Bodenproben vorgestellt werden, gibt es dagegen noch nicht. Eine Studie von Wright (1963) ist leider nur maschinenschriftlich vervielfältigt worden und war dem Autor nur aus dritter Quelle zugänglich (Iren 1966). Etcheveherre (1972) legte bei seinen Untersuchungen den räumlichen Schwerpunkt auf den Süden Patagoniens. Daher stützen sich die folgenden Ausführungen im wesentlichen auf die Bodenbeschreibungen in Iren (1966), auf die pedologischen Ausführungen in Pisano (1974) und Pisano/Dimitri (1973), vor allem aber auf eigene Beobachtungen im Gelände und interviewmäßige Befragungen der Landwirte.

In ganz Nordwestpatagonien steht die Entwicklung der Böden unter dem Einfluß des kühlen Klimas. Die beständig kühlen, aber nicht kalten Temperaturen bilden gleichsam die Konstante in der Bodenbildungsfunktion. Veränderliche Variablen stellen dagegen die regional unterschiedliche Feuchtigkeit, die verschiedenen Neigungswinkel des Geländes und die Gesteinsdecke dar. Da der Niederschlag, wie bereits gezeigt wurde, von West nach Ost kontinuierlich abnimmt, bildet dieser Parameter eine regionale Bodenvariation in Nord-Süd-Streifen aus. Auch die Böschungswinkel sind ähnlich differenziert, da natürgemäß im glazial überprägten Relief größere Neigungen auftreten. Auf die durch Steilhänge geprägte Küsten- und Gebirgsregion folgt im Osten ein ebenfalls meridional angeordneter Streifen mit überwiegend flacheren Neigungswinkeln.

Lediglich im mineralischen Ausgangssubstrat würde man nach Alter und Zusammensetzung des Anstehenden eine azonale Komponente in der Verteilung der Bodentypen vermuten. Es überrascht jedoch, wenn man bei Bodenanalysen feststellt, daß auch das mineralische Ausgangssubstrat sehr einheitlich ist und ihm in der regionalen Ausprägung der Böden eine ähnlich stabilisierende Rolle zukommt wie den Temperaturen. Es handelt sich nämlich im wesentlichen um Vulkanaschen aus den Eruptionen der im nordwestlichen Teil der Aiséniner Kordillere gelegenen Vulkane. Der südlich des Aisénfjords gelegene Hudson-Norte bildet den südlichsten Kegel dieser Vulkanreihe, innerhalb derer die Vulkane Macá und Cay die markantesten Gipfel sind. Die Vulkane waren bis in die historische Zeit aktiv, der Hudson Norte hat sich überhaupt erst im Jahr 1973 neu gebildet. Bei den vorherrschenden nordwestlichen und westlichen Winden sind diese Aschen teilweise noch vor dem Gebirgsscheitel hinweggeweht worden und haben als äolisches Sediment die Ebenheiten und Talterassen der transandinen Regionen bedeckt. Teilweise wurden sie durch die fluviatile Erosion und Akkumulation umgelagert und finden sich daher auch in den Alluvionen der Talsysteme wieder. Nur in der Provinz Cap. Prat südlich des Carrera-Sees sind diese Sedimente weniger flächendeckend vertreten und finden sich nur noch in einzelnen Schutzlagen des Reliefs. Dort bildet das Anstehende aus dem Paläozoikum ein relativ mineralarmes Ausgangssubstrat, auf dem sich nur karge Böden ausbilden konnten.

Der Mantel aus vulkanischen Aschen ist ein Segen für die Region. Dort, wo er durch menschliches Verschulden, durch Bodenerosion oder äolische Abtragung verschwunden ist, sind die Böden, falls nicht schon der nackte Fels die Oberfläche bildet, verarmt, ist die Bodenkrume dünn und ohne wirtschaftliche Bedeutung (Iren 1966, S. 157). Dort, wo die Asche erhalten ist, wachsen dagegen fette Weiden oder ist eine dichte Vegetationsdecke aus Wald oder Gebüsch entstanden. Der Vulkanstaub ist auch in den Torfschichten der Sümpfe erhalten, so daß es möglich wäre, die einzelnen Eruptionsphasen zeitlich genau zu bestimmen.

Nach Osten zu bilden weniger vulkanogen-äolisch verfrachtete Sedimente als vielmehr die Verwitterungsböden der anstehenden vulkanischen Decken der patagonischen Meseten den Untergrund. Sie entsprechen in der Mineralzusammensetzung im großen und ganzen den Ascheböden, obwohl sie unter dem Einfluß großer edaphischer (und dort auch klimatischer) Trockenheit stehen. Oft wird die Grenze dieser Gesteinsformation durch das erste Auftreten von Steppengräsern aus der Festuca-Gattung markiert.

Niederschlag und Relief sind die differenzierenden Faktoren der Bodenbildung in Aisén. Die Bodentypen folgen in ihrer räumlichen Anordnung daher den Leitlinien der Niederschlagsverteilung und der Landoberfläche. Die Bodentypen sollen im folgenden von W nach O kurz vorgestellt werden. Die Systematik folgt Iren (1966), da diese besser überzeugt als der Ordnungsversuch von Etcheverre (1972).

In der stark beregneten West- und Zentralregion der Aiséniner Kordillere herrschen die starken Böschungswinkel vor. Wo der Naturwald unverändert blieb, werden die Böden nach wie vor, selbst bei starkem Gefälle, aus den tiefgründigen Aschen (0,8–2 m) gebildet. Wo aber der Naturwald verbrannt ist, wurde diese Schicht abgetragen, so daß heute auf 90 % der Steilhänge der nackte Fels zutagetritt.

Da der ursprüngliche Boden nicht als Verwitterungshorizont des Anstehenden ausgebildet wurde, sondern seine Entstehung allochthonen Vulkanaschen verdankt, ist dieser Prozeß irreversibel. Eine erneute Bodenbildung findet nicht statt, deshalb kann sich auch die alte Vegetation nicht wieder einstellen. Unter ungestörten Verhältnissen sind die Böden tiefgründig, mittel- bis stark verwittert und reich an Allophanen in der Tonfraktion. Sie haben eine dunkle bis mittlere rotbraune Färbung und Korngrößen von Schluff bis Sand. Der Boden ist krümelig und gut drainiert.

Auf gering geneigten Böschungen (bis 25 %) sind diese Böden für die Landwirtschaft mit Dauerkulturen geeignet. Auf Steilhängen über 30 % besitzen sie keinen agrarischen Nutzwert mehr, da sie nach Entfernung der natürlichen Vegetationsdecke rasch erodieren.

Diese Böden sind unter einem kontinuierlich humiden Klima mit niedrigen Bodentemperaturen, aber nur geringen Bodenfrösten entstanden. Sie liefern einen Teil der Nährstoffzufuhr für den auf ihnen stockenden Wald, obwohl die Auswaschung der Minerale bei der starken Beregnung und der Anreicherung des Bodenwassers mit Huminsäuren eine nicht zu unterschätzende Rolle spielt. Die Böden sind daher z.T. auch podsolig strukturiert. Der Nährstoffverlust wird jedoch unter Naturwald durch die Humusbildung aus Biomasse ausgeglichen, so daß hier ein stabiles, allerdings leicht verwundbares Ökosystem entstanden ist. Daher besitzen die Böden auch den höchsten Nährstoffgehalt in der Humusschicht, während die mittleren und unteren Schichten durch Auswaschung vergleichsweise verarmt sind. Hinzu kommt, daß die Allophane die Fruchtbarkeit verringern, weil sie die durchaus vorhandenen Phosphate binden und aufgrund ihrer hohen Anionenaustauschkapazität den Pflanzen nicht aufschließen können[1].

Potentiell ist die Landwirtschaft demnach auf die Flußterrassen und gering geneigte Flächen beschränkt, wobei den Kulturen Phosphate, Kalk und Stickstoff zugeführt werden müssen. Dauergrünland oder Feldgraswirtschaft mit Kartoffeln und Hafer sind die ökologisch vertretbaren Anbauformen. Bei Feldgraswirtschaft können nach starker Phosphordüngung gute Kleeaussaten gemacht werden, die anschließend bei Einarbeitung in die Humusschicht (Gründüngung) die Bodenfruchtbarkeit so weit erhöhen, daß verschiedene Ackerfrüchte gute Erträge liefern. Im folgenden soll dieser Boden als *Aiséntyp* bezeichnet werden.

Vom Beginn der Durchbruchstrecken der Flüsse ändert sich der Boden. Das Relief ist hier meist übersteilt, Terrassen wurden kaum noch ausgebildet. Großenteils ist die Bodendecke durch das Abbrennen der Wälder völlig zerstört. Nur dort, wo der hier schon laubwerfende Wald erhalten blieb, läßt sich das ursprüngliche Bodenprofil noch studieren: dunkelbraune bis dunkelgelb/ockerfarbige Waldböden von fein- bis grobsandiger Struktur bauen es auf. Gerade diese Böden sind aber in ganz besonderem Maße anfällig für alle Abtragungsarten, von der Winderosion zur Abspülung und Solifluktion. Die Böden werden, wenn sie auf Sedimentgestein ausgebildet sind *Cordillerano*, wenn sie auf Andesit lagern *Mano Negra* genannt (Iren 1966, S. 161).

Mit der Höhe nimmt die Auswaschung der Böden zu, so daß oberhalb der Waldgrenze nur noch nährstoffarme Podsole anzutreffen sind, die den Böden der alpinen Mattenzone vergleichbar sind. Darüber finden sich nur noch Lithosole (Pisano/Dimitri 1973, S. 221).

Auf dem flacheren Gelände der Parkzone, wo die Durchfeuchtung auch wesentlich geringer ist, gibt es ein Mosaik von Böden, das sich zwar in seinen Farbtönen

---

1 Die starke Adsorption der Phosphatanionen hat zwar den Vorteil, daß diese kaum ausgewaschen werden, sie schränkt aber andererseits ihre Verfügbarkeit für die Pflanze ein. Die Anionen Nitrat und Chlorid werden dagegen kaum adsorbiert und leicht ausgewaschen (Scheffer/ Schachtschabel 1982, S. 97). Auf der anderen Seite ist die Kationenaustauschkapazität allophanreicher Böden im pH-Bereich 5–6 relativ gering (10 bis ca. 40 mval/100 gr.; vgl. Scheffer/Schachtschabel 1982, S. 83–86).

von braun über Ocker bis grau oder gar schwarz verändert, aber in seiner Struktur und Mineralzusammensetzung sehr ähnlich ist. Es handelt sich um fein- bis grobsandige Wald- bis Steppenböden, tiefgründig, krümelig und gut drainiert. Sie sind in der Regel noch tiefgründiger als auf der Ostseite der Anden und erreichen oft eine Mächtigkeit von zwei Metern und mehr. In diesem Boden ist die Mineralauswaschung weit weniger fortgeschritten als auf der Andenwestseite, so daß sie gute Nährstoffreserven auch im Unterboden haben, die sich mit dem Fortschreiten der Verwitterung langsam aufschließen. Obwohl diese Böden aufgrund ihrer Struktur eigentlich ideale Voraussetzungen für die Landwirtschaft bieten müßten, gibt es doch nur wenige landwirtschaftliche Parzellen mit guter Produktivität. Der Grund liegt auch hier in dem hohen Allophananteil, der den Phosphatgehalt bindet. Aber selbst nach regelmäßiger Phosphatdüngung sind nicht in jedem Fall regelmäßige Erträge zu beobachten. Neben den Allophanen mit ihrer problematischen Anionen- und Kationenaustauschkapazität, die eine nachhaltige Düngung unmöglich macht, ist u.U. ein Mangel an Spurenelementen oder auch nur der Wassermangel zur Hauptwachstumsperiode hierfür mitverantwortlich zu machen. Daher ist es vernünftig, auf Ackerbau in dieser Zone ganz zu verzichten, auch wenn Weizenanbau klimatisch noch möglich ist, und stattdessen Viehwirtschaft auf Dauergrünlandbasis zu betreiben. Um die Bodenstruktur zu verbessern, haben einige Landwirte in der Umgebung von Coihaique gute Erfahrungen mit einem leichten Eggen der Böden und anschließender Neuaussaat der ursprünglichen Grassorten gemacht. Auf diese Weise konnte die manchmal zur Zementierung neigende oberste Bodenschicht durchlüftet werden, ohne daß aber durch eine Offenlegung des Bodens die Gefahr der Winderosion zu groß geworden wäre.

In ähnlicher Weise nimmt auch die bereits betriebene Feldgraswirtschaft mit sporadischem Weizenanbau auf die ökologischen Verhältnisse der Zone Rücksicht, allerdings ist hier nach dem Pflügen und während der Weizenaussaat die Ausblasungsgefahr über einige Monate hinweg doch recht groß. Die Böden der Parkzone werden im folgenden als *Coihaique-Typ* bezeichnet.

In der Pampazone finden sich leichte, oft grobsandige oder kiesige, dunkel- bis graubraune Steppenböden, die nur oberflächlich leicht ausgewaschen sind, aber über eine hohe Nährstoffreserve verfügen. Sie sollen im folgenden als *Pampa-Böden* bezeichnet werden. Von Eriksen (1971) liegen Analysewerte von Böden östlich des Nahuel-Huapi-Sees (Argentinische Schweiz) vor, die möglicherweise auch für die Verhältnisse der Pampazone von Aisén repräsentativ sind (Tab. 7). Insbesondere sind der geringe Auswaschungsgrad und der Kalkmangel zu beachten.

Leider ist in den Bodenproben nicht der Gehalt an Tonmineralien ermittelt worden. Auch diese Böden sind in ihrer Produktivität durch den Mangel an aufgeschlossenem Phosphat gekennzeichnet, wobei die sommerliche Trockenheit und die winterliche Kühle das potentielle Pflanzenwachstum weiter einschränken. Die natürliche Vegetation besteht dann auch nur aus Festuca- und Büschelgräsern. Eine Bodenverbesserung ließe sich u.U. durch Kleezusaat erzielen, doch ist zu beachten, daß auch das Ökosystem der winterkalten Steppenlandschaft sehr labil ist und bei Überweidung sehr schnell dauerhaft geschädigt werden kann. Eriksen (1970 und 1971) hat

Tab. 7: Bodenarten in der Steppe östlich des Lago Nahuel Huapi

Profil	I		II	
Korngröße	Grobsand – Grobsand		Feinsand – Grobsand	
Geländelage	untere Hänge, N-Exp.		obere Hänge, S.-Exp.	
Tiefe (cm)	0–20	20–40	0–12	20–40
Humus-Gehalt (%)	1,22	1,33	2,57	2,62
CaCO$_3$ (%)	0	0	0	0
pH-Wert	7,2	7,3	7,0	7,0
Wasserkapazität (mm)	13,3	13,3	15,75	16,5
Lösliche Salze	Spuren	Spuren	Spuren	Spuren

Quelle: Eriksen 1971, S. 59, Maßeinheiten ergänzt

auf die bereits existierenden Dünenfelder in der ostpatagonischen Pampa ausdrücklich und warnend verwiesen.

In den vier genannten pedographischen Meridionalstreifen (Aisén-, Cordillerano-/Mano Negro-, Coihaique- und Pampabodenzone) ist ein Bodentyp quasi azonal verbreitet: der sog. *Mallín-Boden*. Es handelt sich um teils schwere, teils torfreiche, schlecht drainierte Böden mit geringem Nährstoffgehalt (Defizit an Phosphor, Stickstoff und Kalk), die oft in Depressionen oder Flußtälern anzutreffen sind. Sie sind nur schwer zu bearbeiten und müßten drainiert werden, wobei allerdings auf der Andenostseite sich das sommerliche Feuchtigkeitsdefizit nach Drainage der Böden sehr negativ auswirken kann.

Tab. 8: Bodengüteklassen in Teilen von Aisén Continental 1973

Klasse	ha	%	Charakteristik	entspricht Bodentyp
III R	1.150,0	0,22	Bewässerungsfeldbau	Coihaique
IV	27.480,8	0,40	Trockenfeldbau	Coihaique
V	86.324,6	1,27	Grünland	Coihaique, Aisen, Pampa
VI	333.534,3	4,90	Grünland	Aisen, Pampa
VII	961.770,8	14,13	Grünland	Aisen, Pampa
VIII	5.063.248,7	74,38	nicht nutzbar	Aisen, Codillerano, Pampa
–	334.092,1	4,90	Gewässer und überbaute Fläche	–
Erhobene Fläche	6.807.601,3	100,00		

Quelle: Iren 1973.

3.4. Die Böden

In Chile werden die Böden nach ihrer Produktivität und Bearbeitbarkeit in verschiedene Bodengüteklassen eingeteilt. In einem Teil Aiséns (vorwiegend Aisén Continental) hat Iren (1973) eine solche Bodenwertschätzung durchgeführt (Tab. 8). Demnach sind die hervorragenden Böden der Klassen I und II in Aisén naturgemäß nicht vorhanden. Lediglich ein sehr kleiner Anteil von 1.150 ha gehört nach dieser Bodenschätzung zur Klasse III R, d.h. zu den noch bewässerbaren Böden mittlerer Güte. Es handelt sich dabei um Böden des Coihaique-Typs, die in der Nähe der großen Seen bewässert werden können. Der Agrozensus von 1975/76 zeigt jedoch, daß das Gesamtpotential dieser Böden mehr als doppelt so groß ist und in der Región Aisén insgesamt 2.672 ha (0,27 % der LNF) bewässert werden (Tab. 9). Die größten Bewässerungsländereien befinden sich nach dieser Aufstellung an den Ufern des Carrera-Sees um Chile Chico (1.311,9 ha), Río Ibañez (381,2 ha) und Guadal (68,0 ha), im Umkreis von Coihaique am Río Simpson (778,3 ha) und am Cochransee (118,0 ha). Auch am Río Bravo werden lt. Agrozensus noch 12,1 ha bewässert, während in Aisén, Cisnes und Tortel auf der Luvseite der Anden keine Notwendigkeit zur Bewässerung besteht. Aus offiziellen Zähldaten geht auch hervor, daß die gesamte Landwirtschaftliche Nutzfläche nur 20,72 % der Provinzfläche ausmacht. Mehr als die Hälfte dieser Nutzfläche weist Böden der schlechtesten Klasse VII auf (Tab. 8).

Tab. 9: Bewässerte Flächen in Aisén nach Comunas

Provinz	Comuna	Landwirtsch. Nutzfläche ha	Bewässerte Fläche ha	Anteil %
	Aisén	108.309,9	1,0	0,0
	Cisnes	206.894,4	1,5	0,0
Aisén		315.204,3	2,5	0,0
Coihaique	Coihaique	297.162,8	778,3	0,26
	Chile Chico	87.857,4	1.311,9	1,49
	Guadal	41.303,1	68,0	0,16
	Río Ibañez	48.197,6	381,2	0,79
Gral. Carrera		177.358,1	1.761,1	0,99
	Cochrane	133.696,4	118,0	0,09
	O'Higgins	41.049,9	12,1	0,03
	Tortel	27.719,1	–	0,0
Cap. Prat		202,465,4	130,1	0,06
Región		992.190,6	2.672,0	0,27

ermittelt aus 5. Censo Nacional Agropecuario 1975/76.

3.5. NATÜRLICHE VEGETATION UND FAUNA

Die Böden Nordwestpatagoniens sind auf allochthonem Material (Vulkanasche) aufgebaut und durch klimatische Faktoren, vor allem den andauernden Niederschlag im Westen oder den ständigen Wind im Osten sowie das übersteilte Relief im Bereich der Inseln und des Gebirges stark abtragungsgefährdet. Nur die Vegetationsdecke kann die Böden auf den erosionsanfälligen Flächen vor Abspülung schützen. Die natürliche Vegetation muß auf den erosionsgefährdeten Arealen daher unbedingt erhalten bleiben.

Als schutzwürdig wurden schon 1966 ca. 71 % der Regionsfläche angesehen (Iren 1966). Wie noch zu zeigen sein wird, ist diese erste Schätzung noch zu niedrig angesetzt. Etwa drei Viertel der Region wurde ursprünglich von Wald eingenommen. Die vor 1910 waldfreien Flächen beschränkten sich auf die Höhenregionen oberhalb der Waldgrenze, die Oberflächen der Seen und Flüsse und die Steppen Ostpatagoniens, die östlich in die Region eingreifen. Bereits die ersten Kolonisten haben sich von der dichten Vegetationsdecke auf tiefgründigen Böden, die hohe Fruchtbarkeit versprachen, täuschen lassen und Feuer gelegt, um durch Waldrodung Weide- und Ackerfläche zu gewinnen. Meist gerieten die Brände außer Kontrolle und erfaßten auch den Wald auf den Hängen. Damit war die Initialzündung für eine verheerende Bodenerosion im Hangbereich gegeben, deren Akkumulationsmassen bald die zur Beweidung vorzüglich geeigneten Flußauen und -terrassen bedeckten. Das Niederschlagswasser, das nun nicht mehr im Boden gehalten werden kann, fließt heute vielfach ungebremst den Vorflutern zu, die während der Regenperiode Flußauen und sogar Niederterrassen überschwemmen und Mensch und Tier gefährden. Wo der Naturwald erhalten blieb, muß heute sehr genau überlegt werden, ob die noch geschützten Böden eine holzwirtschaftliche Nutzung oder gar eine Rodung zu Weidezwecken vertragen.

Relief- und klimabedingt hat der Wald in Aisén zwei Grenzen: die Waldobergrenze in der Kordillere, die auf 48° s.Br. luvseitig bei ca. 1.000 m ü.M., leeseitig um 100 m tiefer liegt und nach Süden zu leicht absinkt, und die Trockengrenze, die knapp um dem 42. Längenkreis schwankt. Wegen der kontinuierlichen Abnahme von Feuchtigkeit und Temperatur in östlicher Richtung und der klimatischen Höhenstufung haben sich in Aisén sechs Waldtypen ausgebildet, die im folgenden kurz vorgestellt werden sollen.

3.5.1. Der Coihue-/Tepa-Wald

Die wichtigsten Baumarten des immergrünen Coihue/Tepa-Waldes sind die kleinblättrige, immergrüne Südbuche (*Nothofagus dombeyi* und *Nothofagus nitida*) und der lederblättrige Lorbeerbaum Tepa (*Laurelia philippiana*). Der Wald ist artenreich und weist neben den namengebenden Bäumen noch den eibenartigen Nadelbaum Mañio (*Saxagothea conspicua*), den magnolienblättrigen immergrünen Canelo (*Drymis winterii*) und den lorbeerartigen Ciruelillo (*Embotrium coccineum*), einige Myrtaceen, u.a. Luma (*Amomyrtus luma*) und Meli (*Amomyrtus meli*) und den wertvollen Ciprés des las Guaitecas (*Austrocedrus uvifera*) auf. Ferner wachsen der Temi (*Blepharocalyx divaricata*), Tiaca (*Caldcluvia paniculata*) und der Teniu (*Weinmannia trichosperma*) in diesem Wald. Nach dem Teniu (oder Tineo), der aber nur 4,3 % der Baumindividuen stellt, hat Oberdorfer (1960) diesen Waldtyp auch Teniu-Wald genannt.

Der Coihue-/Tepa-Wald ist dicht, auch im Unterholz, reich an Lianen und Epiphyten. Große Dickichte werden von dem Bambusgehölz Quila (*Chusquea quila, quila*) gebildet. Auf den Hektar kommen etwa 426 hochstämmige Bäume, zu gleichen Teilen (je 38 %) sind die namengebenden Arten Coihue und Tepa vertreten.

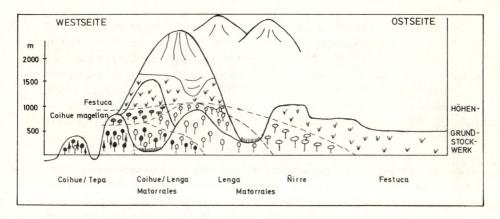

Abb. 2: Die Differenzierung der Vegetation im west-östlichen und hypsometrischen Formenwandel

Der Coihue-/Tepa-Wald bedeckt die Zone der Inseln und Kanäle und teilweise noch die Kordillerentäler. Er wird in Aisén auch *Puyuhuapi-Wald* genannt. Seine Höhengrenze beträgt etwa 700 m ü.M. Begehrt ist vor allem das Zypressenholz. An leicht erreichbaren Stellen wird aber auch Coihue, Tepa, Mañio und Ciruelillo eingeschlagen, aus denen Schwellenholz, Bauholz, Furnierholz, Zaun- und Rebpfosten gewonnen werden. Glücklicherweise haben das unwirtliche Klima und die schwierigen Reliefverhältnisse die Kolonisation und den großflächigen Holzeinschlag bisher verhindert, so daß dieser Wald noch weitgehend erhalten ist. Er bedeckt heute auf dem Kontinent ca. 700.000 ha, darüberhinaus alle nicht vermoorten Inseln vor der Küste.

3.5.2. Der Coihue-/Lenga-Wald

Die mittleren Kordillerentäler waren ursprünglich von einem artenarmen Wald bestanden, der aus Coihue und der laubwerfenden Südbuche Lenga (Nothofagus pumilio) gebildet wurde. Leider ist dieser Wald weitgehend durch die großen Brände, denen im ersten Drittel des 20. Jh. riesige Baumbestände zum Opfer fielen, zerstört worden und bedeckt heute nur noch 184.000 ha. Wo er erhalten ist, muß dieser Wald unbedingt geschützt werden, da er meist auf den steilen Hängen der Trogtäler fußt und schon geringe Rodungen die Bodenerosion in Gang setzen können. Die Bäume stehen ohnehin lichter als im Coihue-Tepa-Wald. Auf den Hektar kommen durchschnittlich 353 Stämme. Der Anteil der immergrünen Coihue nimmt von West nach Ost kontinuierlich ab: ihr Anteil trägt in den westlichen Beständen noch etwa zwei Drittel, verringert sich jedoch immer mehr, bis der Wald in einen reinen Lenga-Wald im Osten übergeht.

3.5.3. Der Lenga-Wald

Die laubwerfende Südbuche Lenga (*Nothofagus pumilio*) bildet im Kordillereninneren und in dem benachbarten östlichen Vorland reine Baumbestände, die bis in die obere Baumgrenze reichen. Dort baut die Lenga die Krummholzregion auf. Weil der Lenga-Wald auch die klimatisch begünstigteren Areale mit geringem Niederschlag und guten Böden bestockte, hat auch dieser Waldtyp unter Rodungen und Bränden große Teile seiner ursprünglichen Fläche verloren. Auch wird das Lenga-Holz als Bau- und Furnierholz sehr geschätzt. In den 60er Jahren betrug die Jahresproduktion 25.000 m^3/Jahr, derzeit dürfte der Holzeinschlag allerdings auf weniger als die Hälfte gesunken sein.

Der Lenga-Wald bedeckt heute noch etwa 664.000 ha. Er ist einschichtig aufgebaut, ca. 10–20 m hoch und noch lichter als der Coihue-/Lenga-Wald und auch frei von Unterholz, Lianen und Epiphyten. Stattdessen wächst auf dem Waldboden eine reiche Flora sommergrüner Gräser und Kräuter. 348 Baumindividuen stehen im Durchschnitt auf dem Hektar.

Der Lenga-Wald besitzt als einziger Wald wirtschaftliche Bedeutung, weil er unter ökonomischen wie ökologischen Gesichtspunkten auf geeigneten Flächen für eine Ausbeutung in Frage kommt. Man kann diese Voraussetzungen wie folgt zusammenfassen:

1. Lenga besitzt eine hohe natürliche Regenerationsfähigkeit (rasche und große Samenproduktion).
2. Ihr Wachstum ist relativ schnell.
3. Das Lenga-Holz ist ein wertvolles Pfosten-, Bau- und Furnierholz. Auf dem europäischen Markt ist es dabei, sich unter dem Namen „patagonische Kirsche" einen Anteil zu erobern, da es in der Maserung dem vor allem in Frankreich begehrten Kirschbaumholz ähnelt.

Auch der Krummholzgürtel der Ostseite der patagonischen Anden besteht aus *Nothofagus pumilio*. Untersuchungen von Eskuche (1973) haben gezeigt, daß Wasser-, Luft- und Wärmehaushalt nicht für die Bildung des Krummholzes verantwortlich sind. Die Latschenform kommt vielmehr durch den Zug des sackenden Schnees während der Tauperiode zustande. Auf denselben Vorgang führt der Autor auch die charakteristische Hakenform der Lenga-Stämme in den der Waldgrenze benachbarten Wäldern zurück.

3.5.4. Der Coihue magellanica-Wald

Auf der Westseite der Kordillere besetzt ein immergrüner Wald aus Coihue de Magallanes oder Ouchpaya (*Nothofagus betuloides*) das Höhenstockwerk der Anden (Abb. 2). Seine Untergrenze liegt bei 700 m, wo die ersten Exemplare dieser Coihue noch mit Bäumen des Coihue-/Tepa-Waldes vergesellschaftet sind (z.B. Canelo, Mañio, Guaitecas-Ciprés, Tepa und Ciruelillo). Er bildet aber in größeren Höhen einen artenreinen, lichten Wald aus, der bei etwa 1.000 m in die Krummholzregion übergeht. Der Coihue magellanica-Wald ist auf 275.000 ha erhalten und bisher von Rodungen kaum betroffen. *Nothofagus betuloides* erreicht bestenfalls noch eine Höhe von 10–12 m und wächst wegen des Widerstandes, den seine kleinen immergrünen Blätter dem Wind entgegensetzen, in exponierten Lagen und in der Nähe der Waldgrenze krüppelförmig. Von wirtschaftlichem Wert ist dieser Wald kaum, da die Baumindividuen kurzschäftig und von knorrig verstauchtem Wuchs sind.

3.5.5. Der Ñirre-Wald

Die zierliche Ñirre (*Nothofagus antarctica*), eine ebenfalls laubwerfende Südbuche, bildet vielfach den Grenztyp der patagonischen Wälder. Oberdorfer (1960) und Schmithüsen (1956) wollen sie auch als Knieholz im oberen Stockwerk des Bergwaldes wahrgenommen haben. Tatsächlich bildet die Ñirre die Krummholzzone der Wälder nördlich von 43° s.Br. Nach eigenen Beobachtungen ist sie in Aisén aber ausschließlich auf den Grenzsaum zur Steppenzone beschränkt, wo sie sich allerdings nur in Nischen und peripheren Standorten hat erhalten können, sonst aber den Bränden und der Brennholzgewinnung zum Opfer gefallen ist. Nur noch etwa 4.000 ha sind heute mit Ñirre-Wald bestockt.

3.5.6. Die Matorrales

Die feuchten, anmoorigen Böden der Niederungen sind von Tepú (*Tepualia stipularis*) und verschiedenen Myrtaceen und Berberitzen bewachsen. Auch an der Trockengrenze spielen Berberitzen, darunter der bekannte Calafate (Schreiber 1928), eine große Rolle. Dieser Buschwald bedeckt immerhin 72.000 ha. Er nimmt auch einen Teil der abgebrannten sog. *Geisterwälder* ein, wo sein Grün in lebhaftem Kontrast zu den ausgebleichten grauen Baumruinen steht.

3.5.7. Die Grasfluren Westpatagoniens

Auf den Höhen oberhalb der Knieholzzone wachsen Gräser (*Festuca subandina, Phleum alpinum*), Zwergsträucher und Polster (z.B. *Pernettya pumilia, Bolax glebaria*).

Ist in der Patagonischen Kordillere die mit der Höhe sinkende Temperatur der das Baumwachstum limitierende Faktor, so sind es in der Pampaformation die geringen Niederschläge von nur 300–400 mm/Jahr. Die sich dort ausbildende Strauchsteppe wird aus Gramineen, Compositen, Rosaceen und Umbelliferen physiognomisch geprägt. Gestrüpp aus *Chiliotrichium diffusum* (Mata verde), *Berberis emptrifolia* (Zarsilla) und *Berberis microphylla* (Calafate) ist durchsetzt von Azorella- und Boraxpolstern und verschiedenen Grassorten, darunter vor allem Festuca graciliana.

3.5.8 Die Fauna Westpatagoniens

Die Gebirgsregion ist der Lebensraum des Huemuls oder Andenhirsches (*Hippocamelus bisulcus artisiensis*). Das Huemul ist neben dem Condor, der hier ebenfalls noch auftritt, das zweite chilenische Wappentier. Seine Abbildung im Wappen ist freilich seinem tatsächlichen Habitus nur entfernt ähnlich. Es war ursprünglich an der Waldgrenze und in der Rasenzone der gesamten mittel- und südchilenischen Kordillere zu Haus, wird aber heute nur noch an den Vulkanen von Chillán (Zentralchile) und in Aisén angetroffen. Die derzeitige Population beträgt 350–1.000 Stück. Diese geringe Zahl führt sich auf Jagd, Kolonisation und Waldzerstörung zurück, wodurch auch der Lebensraum der Tiere immer stärker eingeengt wurde. Die Huemules sind außerordentlich scheu und meiden jeden Kontakt mit Mensch, Hund und Haustier. Aisén ist aber wegen seiner geringen Erschließung, wie Hernández/Rosas (1979) meinen, ein *Paradies für die Huemules*. Dies mag dahingestellt bleiben, doch bildet Aisén sicher das letzte Refugium für diese bedrohte Tierart.

Der Andenhirsch wird 110–115 cm groß und besitzt ein Gehörn von ca. 30 cm Länge. Er lebt von Blättern und Stengeln des Chilco (*Fuchsia magellanica*), der in Aisén meterhoch wächst, der Zarzaparilla, Lenga, Coihue, zuweilen auch von Gräsern der Hochgebirgs- oder Parkregion. Das Huemul lebt auf der Knieholz und Mattenstufe der Anden, aber auch in den Matorrales der Parkzone und bevorzugt wind- und sonnengeschützte Nordhänge in der Nähe von Krummholz oder Matorrales, wo es Nahrung bis zur Höhe von 1 m aufnehmen kann. Überall dort, wo Menschen, Vieh oder Hunde auftraten, wich das Huemul, so daß es auch im Huemules-Tal, dem A. Grosse einst diesen Namen wegen der dort häufig zu beobachtenden Andenhirsche gab, heute nicht mehr heimisch ist (Grosse 1974, S. 63ff. und 1979, S. 13).

Guanakos, die in Magallanes zahlreich auftreten, sind in Aisén fast verschwunden, dagegen wird die Pampa durchaus von Ñandu-Straußen (Avestruz; *Pterodemia pemeatu*) bevölkert, auch das Gürteltier ist dort zu Haus.

Der Wald ist die Heimat des Pumas. Dort leben auch die grünen Papageien und die kleinen Picaflores (eine Kolibriart), die sich von den Blüten des Regenwaldes ernähren. Die Gewässer werden von zahlreichen wilden Enten, von Reihern und Wildgänsen bevölkert, Leittiere dieses Lebensraumes sind die schönen patagonischen Schwarzhalsschwäne.

4. BEVÖLKERUNG, INFRASTRUKTUR UND GEGENWÄRTIGES WIRTSCHAFTSSYSTEM

4.1. BEVÖLKERUNGSGEOGRAPHISCHE GRUNDSTRUKTUREN

Zur Beurteilung von Entwicklungsmöglichkeiten in einer Region ist neben dem natürlichen auch das humane Potential zu berücksichtigen, d.h. die Bevölkerung nach Dichte, Struktur und Verteilung, die Gesellschaft und die vom Menschen bereits geschaffenen Einrichtungen. Diese menschlichen Faktoren stehen natürlich nicht beziehungslos im Raum, sie zeigen eine spezifische Form der Anpassung an die regionalen Gegebenheiten und sind im Laufe einer Entwicklung entstanden, die in Kap. 2.3. schon kurz dargestellt wurde. Allerdings muß die derzeitige Anpassung an das Ökosystem nicht unbedingt auch schon eine optimale menschliche Inwertsetzung des Raums darstellen, so daß nach der Analyse der heutigen Nutzungsstruktur die Frage nach anderen möglichen Lebensformen des Menschen in dieser Region zu stellen ist.

Die Kurve der Bevölkerungszunahme (Abb. 3) zeigt ein akzeleriertes Wachstum. Es wurde bereits dargestellt (S. 30ff.), welches die historischen Ursachen dieser Entwicklung sind. Betrachtet man nun die räumliche Komponente der Bevölkerungsentwicklung, ist unschwer festzustellen, daß sich die Menschen der Region sehr ungleich verteilen. Faßt man Aisén als bipolares, aus den Subsystemen Stadt und Land bestehendes System auf, wird deutlich, daß heute mehr als zwei Drittel der Aiséni-

Tab. 10: Städte und ihre Bevölkerung in Aisén 1978

Rang	Name	Einwohner
1	Coihaique	21.674
2	Puerto Aisén	9.479
3	Pto. Aguirre/Caleta Andrade	2.314
4	Chile Chico	1.923
5	Balmaceda	1.360
6	Puerto Chacabuco	989
7	Cochrane	913
8	Puerto Cisnes	857
9	Puerto Ibañez	703
10	Guadal	537

Städtische Bevölkerung	40.749
Ländliche Bevölkerung	19.914
Gesamtbevölkerung	60.663

Quelle: ermittelt nach Minvu 1979

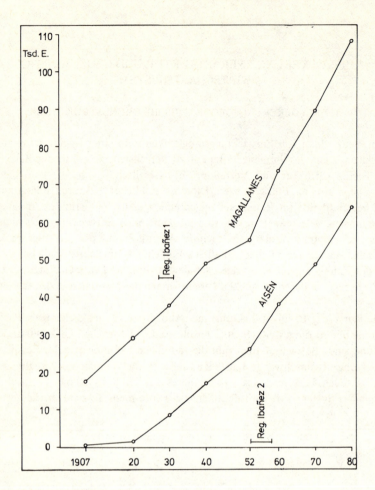

Abb. 3: Bevölkerungszunahme in Aisén und Magallanes

ner zur städtischen Bevölkerung rechnen[1]. Allein in Coihaique lebten 1978 21.674 der 60.666 Einwohner der Region, in Puerto Aisén 9.471 Einwohner (Tab. 10).

Eine Besonderheit der Aiséniner Raumstruktur ist das Vorhandensein *paraurbaner* Zentren, deren Struktur nicht unbedingt mehr dörflich ist, aber wegen des Fehlens grundlegender Ausstattungsmerkmale auch noch nicht städtisch genannt werden kann. Zu diesen paraurbanen Siedlungen gehört auch das schon beschriebene Puyuhuapi. Die meisten Ortschaften dieses Typs sind aus ehemaligen Estanzien, aus Sägewerkstandorten, Anlegestellen der Küstenschiffahrt, Grenzorten, Verkehrs-

---

[1] Der Begriff *städtische Bevölkerung* ist in Chile unklar definiert. Eine Siedlung rechnet statistisch dann zu den Städten, wenn sie über ein Mindestmaß an Infrastruktur verfügt.

4.1. Bevölkerungsgeographische Grundstrukturen

Tab. 11: Paraurbane Zentren in der Región Aisén, 1978

Ausstattungsniveau	lfd. Nr. in Karte 16	Name	Bevölkerung 1970	Ausstattung Grundschule	Erste Hilfe	Post	Lage Comuna	Distrikt
3 Dienste	18	Villa Mañihuales	381	x	x	x	Aisén	Mañihuales
	12	Puyuhuapi	275	x	x	x	Cisnes	Lago Rosselo
	36	Bahía Murta	246	x	x	x	Gral. Carrera	Murta
	46	Villa O'Higgins	45	x	x	x	Baker	Río Mayer
	45	Caleta Tortel	26	x	x	x	Baker	Caleta Tortel
2 Dienste	39	Puerto Cristal	571	x	x		Gral. Carrera	Murta
	–	Puerto Sanchez	–	x	x		Gral. Carrera	Murta
	29	El Blanco	268	x	x		Coihaique	Balmaceda
	24	Baño Nuevo	252	x	x		Coihaique	Ñirehuao
	41	Río Tranquilo	207	x	x		Gral. Carrera	El León
	13	Lago Verde	185	x	x		Cisnes	Lago Verde
	23	Villa Ortega	138	x	x		Coihaique	Mano Negra
	31	Villa Valle Simpson	98	x	x		Coihaique	Río Simpson
	–	La Tapera	85	x	x		Cisnes	Río Cisnes
	25	El Gato	78	x	x		Coihaique	Ñirehuao
	40	Puerto Bertrand	76	x	x		Gral Carrera	Guadal
	30	Lago Atravesado	71	x	x		Coihaique	Lago Elizalde
	26	Villa Ñirehuao	58	x	x		Coihaique	Ñirehuao
	32	Ensenada V. Simpson	45	x	x		Coihaique	Río Simpson
	35	Villa Cº. Castillo	12	x	x		Rio Ibañez	Puerto Ibañez
	28	Lago Pollux	12	x	x		Coihaique	Lago Pollux
1 Dienst	16	Valle Verde	252	x			Aisén	Puerto Aisén
	17	Camino Internac.	154		x		Aisén	Puerto Aisén
	19	El Balséo	144	x			Aisén	Farellones
	20	Los Torreones	120	x			Aisén	Farellones
	36	Fachinal	111		x		Gral. Carrera	Chile Chico
	42	Asto V. Chacabuco	99		x		Baker	Río Chacabuco
	27	Río Richard	95		x		Coihaique	Ñirehuao
	37	Bahía Jara	95		x		Gral. Carrera	Chile Chico
	15	Estancia Cisnes	66	x			Cisnes	Rio Cisnes
	48	Lago Higgins	31		x		Baker	Lago O'Higgins
	21	Río Claro	31	x			Coihaique	Coihaique
	33	Villa Frei	25		x		Coihaique	Río Simpson
	22	Coihaique Alto	22		x		Coihaique	Coihaique
	34	Lago Castor	12		x		Coihaique	Río Simpson
	43	Entrada Baker	8		x		Baker	Río Chacabuco
	44	Lago Vargas	6		x		Baker	Baker
	47	Alto Río Mayer	6		x		Baker	Río Mayer

Quelle: Minvu.

siedlungen u.ä. hervorgegangen und haben eine nur teilweise von der Landwirtschaft lebende Einwohnerschaft. Insgesamt lebten 1978 in solchen paraurbanen Siedlungen 5.237 Menschen. Tab. 11 gibt Auskunft über die Bevölkerung, Ausstattung und Lage dieser Siedlungen, die in Karte 16 auch positionsgetreu verzeichnet sind.

Wegen der Unschärfe des chilenischen Stadtbegriffs ist die Unterscheidung urbaner und ruraler Bevölkerung kaum zu gebrauchen. Es besteht kein Zweifel, daß die Mehrzahl der Aiséniner nicht unter urbanen Bedingungen lebt und auch nach Habitus und Lebensweise kaum als städtisch anzusprechen ist.

Allerdings wird in der zeitlichen Analyse der Entwicklung von Stadt- und Landbevölkerung deutlich, daß der Bevölkerungsgewinn der Region in immer stärkerem Maße den Städten und dabei vor allem den beiden größten, Coihaique und Puerto Aisén zugute gekommen ist. Besonders das erst 1929 gegründete Coihaique hat sich als dynamischer erwiesen als die anderen, teilweise älteren Siedlungen. Seit 1950 hat es auch das bis dahin bedeutendere Puerto Aisén überflügelt (Tab. 12).

Tab. 12: Bevölkerungsentwicklung in verschiedenen Städten Aiséns 1930–78

Stadt	1930	1940	1952	1960	1970	1978
Coihaique	154	2.577	5.870	8.782	16.069	21.674
Puerto Aisén	1.944	3.767	3.920	5.488	7.140	9.479
Chile Chico	150	?	?	1.926	2.025	1.923
Balmaceda	290	?	?	735	1.029	1.360
Puerto Chacabuco	–	–	–	130	657	989
Puerto Cisnes	–	–	–	369	768	857

Quelle: Bähr/Golte 1976, ergänzt.

Coihaique ist allein zwischen 1960 und 1970 um knapp 83 % gewachsen. Bähr/Golte (1976, S. 112) haben ermittelt, daß mindestens 60 % dieses Wachstums aus Wanderungsgewinnen stammen.

Einen wesentlichen Aufschluß über die Wanderungsbewegung kann die Ermittlung der Herkunftsorte der Zuwanderer geben. In Tab. 13 ist dargestellt, welches die Geburtsprovinzen der Bewohner Aiséns in den Jahren 1960 und 1970 waren. Dabei zeigt sich klar die Vorrangstellung der klassischen Zulieferregionen aus dem Kleinen Süden Mittelchiles (Cautín, Valdivia, Osorno, Llanquihue, Chiloe). Allerdings wird auch deutlich, daß die Bedeutung dieser Provinzen in der jüngeren Zeit zugunsten der nördlichen Regionen Chiles relativ abgenommen hat. Die besonders starke Zunahme der in Santiago und seinen Nachbarprovinzen geborene Bevölkerung führt sich auf die ständige Aufblähung des staatlichen Verwaltungssektors zurück, der seine Bediensteten nahezu ausschließlich aus der Staatshauptstadt bezieht.

Die Zuwanderung hat zwar in dem untersuchten Zeitraum noch zugenommen, doch übertrifft das natürliche Wachstum die Migrationsgewinne bereits beträchtlich. Damit vollzog sich in Aisén in diesem Jahrzehnt ein Wandel von einer Kolonisationszone zu einer bereits stärker autochton wachsenden Region. Dies wird auch im Zahlenvergleich der aus dem Kleinen Süden stammenden Bevölkerung deutlich: Der Verlust aus Tod und Abwanderung der in Cautín, Valdivia und Chiloe Geborenen ist bereits größer als die Neuzuwanderung aus diesen Provinzen.

4.1. Bevölkerungsgeographische Grundstrukturen

Tab. 13: Geburtsprovinzen der Bewohner Aiséns 1960 und 1970

Geburtsprovinz	1960	%	1970	%	Zu-/Abnahme
Tarapacá	19	0,18	106	0,22	+
Antofagasta	87	0,24	88	0,18	−
Atacama	16	0,04	44	0,09	+
Coquimo	70	0,19	101	0,21	+
Aconcagua	49	0,13	88	0,18	+
Valparaiso	196	0,53	363	0,75	+
Santiago	807	2,18	1.388	2,88	+
O'Higgins	67	0,18	144	0,30	+
Colchagua	45	0,12	73	0,15	+
Curicó	21	0,06	37	0,08	+
Talca	68	0,18	130	0,27	+
Maule	73	0,20	57	0,12	−
Linares	50	0,13	92	0,19	+
Ñuble	281	0,76	305	0,63	−
Concepción	264	0,71	358	0,74	+
Arauco	100	0,27	84	0,17	−
Bío-Bío	356	0,96	296	0,61	−
Malleco	288	0,78	402	0,83	+
Cautín	1.632	4,41	1.531	3,18	−
Valdivia	1.670	4,51	1.557	3,23	−
Osorno	1.265	3,42	1.359	2,82	−
Llanquihue	3.155	8,53	3.539	7,34	−
Chiloe	6.433	17,39	6.211	12,89	−
Aisén	19.681	53,20	27.928	57,95	+
Magallanes	253	0,68	257	0,53	−
Andere	?	?	1.658	3,44	?
Gesamt	36.995	100,00	48.196	100,00	

Quelle: Zusammenstellung aus Zensusdaten und eigener Berechnung

Die Aufblähung der staatlichen Verwaltung geben auch die von Bähr/Golte (1976, S. 112) per Stichprobe ermittelten Daten der Zuwanderung nach Coihaique wieder. Hier zeigte sich, daß 33,7 % der 1965–70 nach Coihaique gewanderten Personen aus der Hauptstadt stammten. Es ist jedoch zu beachten, daß nach dieser Berechnung 813 (22,8 %) der in Coihaique Zugezogenen aus der Provinz (Región) selbst stammten. Coihaique erweist sich daher als Attraktionspol erster Ordnung in der Region, wobei der im übrigen in Chile festzustellende Migrationsverlauf auch schon in Coihaique zu erkennen ist. Zunächst wandern nämlich die jungen Mädchen, meist als Hauspersonal, zu, ihnen folgen mit zeitlicher Verschiebung die Männer. Und schon ist auch in Einzelfällen abzusehen, daß die Aiséniner Hauptstadt nur als Etappenziel einer Fernabwanderung dient, da einzelne Hausmädchen von hier aus Stellungen z.B. als Verkäuferin in Santiago suchen und finden.

Die Altersgliederung der Aiséniner Bevölkerung, die jahrzehntelang dem einer Kolonisationszone mit starkem Männerüberhang in den mittleren und oberen Jahrgängen entsprach (Abb. 4), hat sich heute dem in Chile üblichen pyramidalen Aufbau angenähert. Auch dies zeigt die heute stärker autochthon beeinflußte, demographische Struktur der Region an. Der in Chile zu beobachtende erfreuliche Rückgang der Bevölkerungswachstumsraten ist daher auch in Aisén zu bemerken. Zurückzuführen ist die Entwicklung auf eine Verringerung der Geburtenraten. Dabei fällt auf, daß Coihaique mit seiner starken Zuwanderung von Staatsbeamten jüngeren und mittleren Alters (in Aufstiegspositionen) eine wesentlich höhere Natalität aufweist als etwa die Kommunen Puerto Aisén und Chile Chico (Tab. 14). 1976 errechnet sich bei einer Sterberate von 6,8 ‰ das natürliche Wachstum der Bevölkerung auf 20,5 ‰.

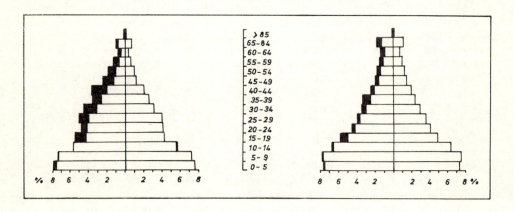

Abb. 4: Altersaufbau der Bevölkerung Aiséns 1940 und 1970
(nach J. Bähr/W. Golte 1976)

Tab. 14: Entwicklung der Geburtenrate in Chile und Aisén nach ausgewählten Comunas 1970–77 in ‰

Jahr	Chile	Región	Coihaique	Puerto Aisén	Chile Chico
1970	27,9	29,4	31,7	26,3	26,1
1971	28,7	29,9	32,7	25,5	28,5
1972	28,6	28,7	30,0	26,2	28,8
1973	27,9	23,5	25,1	22,3	22,1
1974	26,6	21,8	23,4	18,7	22,6
1975	25,0	22,6	25,5	18,3	19,8
1976	23,4	27,3	31,0	21,8	23,7
1977	?	24,4	28,5	17,6	24,1

Eigene Zusammenstellung nach Unterlagen von Serplac 11. Region.

4.1. Bevölkerungsgeographische Grundstrukturen

Für die Beurteilung der menschlichen Ressourcen ist die Kenntnis des Arbeitskräftepotentials von großer Wichtigkeit. In der Region stieg die ökonomisch aktive Bevölkerung von 1960 bis 1970 um 2.900 Personen auf 15.668 Arbeitskräfte an. Nahezu die Hälfte dieses Aufkommens (49,9 %) erreichte Coihaique, gefolgt von Puerto Aisén (27,3 %) und General Carrera (Tab. 15).

Tab. 15: Arbeitskräftepotential nach Comunas und Wirtschaftssektoren in der ehemaligen Provinz Aisén 1970

Sektor	Provinz	Aisén	Cisnes	Coihaique	Río Ibañez	Gral. Carrera	Baker
Landwirtschaft	5.658	1.467	555	2.159	339	640	499
Bergbau	167	6	0	11	5	145	0
Industrie	1.246	290	97	765	15	44	35
Bauwesen	1.306	492	82	640	7	56	32
Wasser/Energie	111	66	1	33	4	5	2
Handel	1.189	289	22	712	20	110	36
Verkehr	873	367	16	399	18	61	12
Dienstleistungen	5.115	1.302	127	3.101	78	398	109
Gesamt	15.668	4.279	899	7.820	486	1.459	725
%	100,0	27,3	5,7	49,9	3,1	9,4	4,6

Quelle: Ine, Zensus

Hinsichtlich der drei Wirtschaftssektoren verteilen sich die Arbeitskräfte wie folgt: 36,1 % arbeiten in der Landwirtschaft, 17,4 % kommen im Sekundären Sektor unter, und fast die Hälfte (46,5 %) der Erwerbspersonen sind dem Tertiären Sektor zugeordnet. Auch in diesen Zahlen erweist sich die bedrückende Übermacht des unproduktiven Sektors und dabei besonders der staatlichen Verwaltung.

Dennoch ist das menschliche Arbeitspotential noch lange nicht ausgeschöpft. Um die Arbeitslosigkeit zu bekämpfen, hat die Militärregierung ein Arbeitsbeschaffungsprogramm (Plan Empleo Minimo, PEM) aufgelegt. Daran nahmen 1975 12,6 % der Erwerbspersonen der Region teil. Die faktische Arbeitslosigkeit kann daher auf ca. 20 % geschätzt werden. Tab. 16 zeigt die Verteilung der im PEM Beschäftigten nach Comunas. Diese Zahlen belegen eindeutig die unter den derzeitigen Produktionsbedingungen bereits überschrittene Tragfähigkeit des Raumes, da eine derartig hohe Arbeitslosigkeit konjunkturell nicht mehr erklärt werden kann.

Es ist aber auch zu berücksichtigen, daß der Ausbildungsstand der Bevölkerung Aiséns weit hinter dem Durchschnittsniveau Chiles zurückliegt, also die humanen Ressourcen auch in dieser Hinsicht nicht ausgeschöpft sind. 4.365 der über zehnjährigen Aiséniner waren 1970 Analphabeten, 10,9 % der Männer und 14,9 % der Frauen. Wie Tab. 17 zeigt, haben 8.018 der über Fünfjährigen keine Schulbildung genossen (19,2 %). Bei der Interpretation dieser Zahlen springt auch die Zahl der

Tab. 16: Arbeitsbeschaffungsmaßnahmen in % der Erwerbspersonen nach Comunas 1975

Comuna	%
Aisén	23,7
Cisnes	17,5
Coihaique	7,9
Ibañez	–
Carrera	9,3
Baker	7,5
Region	12,6

Quelle: Minvu 1979

Tab. 17: Bevölkerung über 5 Lebensjahren nach Schulbildung

Niveau	Anzahl	%
Kein Schulbesuch	8.018	19,2
Hauptschule abgeschlossen	1.305	3,1
Noch in Hauptschulausbildung od. abgebrochen	26.341	63,2
Oberschulabschluß	1.179	2,8
Noch in Ausbildung oder abgebrochen	3.049	7,3
Berufsbildender Schulabschluß	483	1,2
Noch in Ausbildung oder abgebrochen	531	1,3
Universitätsabschluß	212	0,5
Noch in Ausbildung oder abgebrochen	259	0,7
Ohne Angabe	244	0,7
Gesamt	41.666	100,0

Quelle: eigene Zusammenstellung nach Ine, Zensus

Schulabbrecher in der Grundausbildung ins Auge, die allein aus dem Anteil der derzeitigen Schuljahrabgänge nicht erklärt werden kann. In den fraglichen Altersgruppen gab es 1970 nur 13.782 Jugendliche, d.h., daß mindestens die Hälfte der Aiséniner, die die Grundausbildung nicht abgeschlossen haben bzw. noch in Ausbildung sind, diese definitiv vor Schulzeitende abgebrochen haben. Aus einer Analyse der regionalen Verteilung der Schulabbrecher geht hervor, daß nicht nur die peripheren und noch stark agrarisch geprägten Räume mit diesem Phänomen zu kämpfen haben (Tab. 18).

Die stärksten Verluste erlitten zwar die Schulen der Comunas Ibañez (20,0 %) und Baker (14,1 %), doch liegen auch die Abgangsraten von Coihaique und Aisén deutlich über dem chilenischen Durchschnitt von 7,7 %.

Dabei ist zu beachten, daß die Comunas Ibañez und Carrera mit 58,5 %, 58,9 % und 58,3 % auch die geringsten Einschulungsraten haben (zum Vergleich: Aisén

4.1. Bevölkerungsgeographische Grundstrukturen

Tab. 18: Vorzeitiger Schulabgang in der Grundausbildung (educación basica) in % der Eingeschulten nach Comunas 1977

Comuna	vorzeitiger Schulabgang %
Aisén	10,0
Cisnes	5,5
Coihaique	8,0
Río Ibañez	20,0
Gral. Carrera	8,2
Baker	14,1
Región	11,7
Chile	7,7

Quelle: Minvu 1979

68,7 %). Schuld an dieser Bildungsmisere in der Region Aisén trägt die Streusiedlungsstruktur auf dem flachen Lande und die dadurch bedingten weiten Schulwege sowie die auf vielen Kolonistenstellen ökonomisch zwingend notwendige Mitarbeit der Kinder auf dem Hof.

Betrachtet man nun die Verteilung der Bevölkerung im Raum, so fällt auch hier ein Ungleichgewicht zwischen West- und Ostflanke Aiséns auf, das aber nach der Analyse des Naturpotentials nicht mehr erstaunen kann. In Karte 16 sind daher die naturräumlichen Grenzen der ersten groben Gliederung (S. 26) eingetragen. Unschwer ist zu erkennen, daß sich nahezu die gesamte Bevölkerung in der Pampa- und der Parkzone niedergelassen hat. Lediglich in den Korridoren der Durchbruchstäler des Palena, Cisnes, Simpson und Baker haben sich einzelne Kolonisten auch in die Pluvialzone hineingewagt. Im ähnlich ausgestatteten Pascuatal finden sich erstaunlicherweise jedoch noch keine Niederlassungen.

Die Inselzone ist völlig frei von menschlichen Ansiedlungen, von den Leuchttürmen der Küstenschiffahrt einmal abgesehen (darunter Cabo Raper und San Pedro).

Als besondere Gunsträume lassen sich die Uferlagen der Seen und die unmittelbare Umgebung von Puerto Aisén, Coihaique und Balmaceda ausmachen, während klar ersichtlich ist, daß die Kernräume der Schafzuchtestanzien am oberen Cisnes und Ñirehuao relativ bevölkerungsarm geblieben sind (paraurbane Siedlungen Nr. 15, 24, 26, 27). Im Unterschied dazu ist das Territorium der schon früh aufgegebenen Sociedad Ganadera Río Baker/Valle Chacabuco heute dünn, aber regelmäßig besiedelt. Aus der Karte wird auch die Sonderstellung des Puyuhuapi-Fjords mit Puerto Cisnes (1) und Puyuhuapi (12) deutlich. Dieser Fjord zeigt auch an der Mündung des Queulat und an beiden Ufern eine perlschnurartig aufgereihte Kolonistenbesiedlung. Dagegen sind die südlicher gelegenen, sonst aber ähnlich gerichteten Seitenarme des Estuario Elefante (Quitralco- und Erasmo-Fjord) noch kaum besiedelt.

4. Bevölkerung, Infrastruktur und Wirtschaftssystem

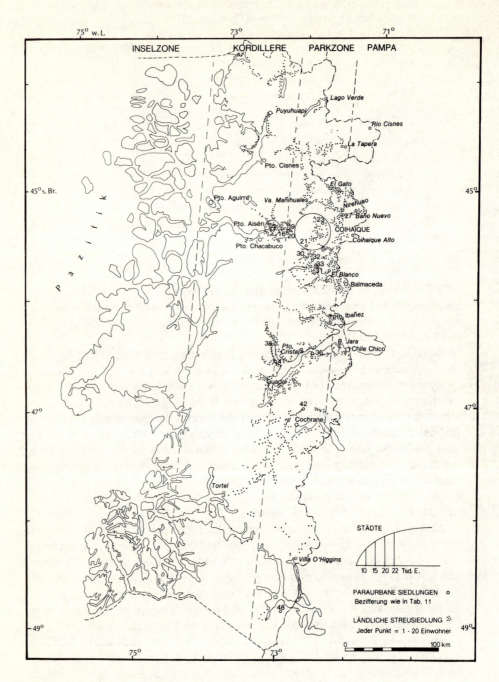

Karte 16: Bevölkerungsverteilung in Aisén

4.2. DIE SIEDLUNGEN

Naturgemäß ist das Siedlungsnetz Aiséns dem Verbreitungsmuster der Bevölkerung (Karte 16) angeglichen. Die Städte orientieren sich erstaunlicherweise jedoch weniger an den Bevölkerungsschwerpunkten: fünf der elf städtischen Siedlungen liegen in der wenig erschlossenen Regenzone. Aus der räumlichen Diskrepanz zwischen der Verteilung von Städten und Bevölkerung im Raum lassen sich verschiedene Schlüsse ziehen:

— Die wirtschaftlichen Aktivitäten der Regenzone begünstigen dort das Entstehen von städtischen Siedlungen. Ihr Umland ist weniger agrarisch überprägt als das der Zentren in der Park- und Pampazone.
— Die Städte der Regenzone haben weniger Mittelpunktsfunktionen als die der Parkzone, weil ihre Einflußbereiche bevölkerungsarm sind.
— Die Städte der Parkzone besitzen eine relativ höhere Zentralität als die des Westens. In ihnen ist daher der tertiäre Sektor stärker ausgebildet. Sie besitzen auch größere Einzugsbereiche.
— Östlich des Gebirgsscheitels haben sich neben den Städten paraurbane Siedlungen gebildet, die für ein kleines Umland Mittelpunktsfunktionen übernommen haben. Im Westen ist dagegen nur ein paraurbanes Zentrum entstanden (Puyuhuapi).

Tatsächlich sind die Städte des Westens — durchweg Zwerg- oder Kleinstädte — durch nichtagrarische Tätigkeiten gekennzeichnet: Fischfang, Holzfällerei (Puerto Aguirre/Caleta Andrade), Hafenfunktionen (Puerto Chacabuco/Puerto Aisén), Sonderfunktionen (religiöse Mittelpunkts- und Schulsiedlung: Puerto Cisnes) und Teppichfabrikation (paraurbanes Zentrum Puyuhuapi). Dagegen sind die Städte des Ostens Mittelpunktsiedlungen in einem agrarischen Umland, z.T. mit Sonderfunktionen (Flughafen: Balmaceda; Hauptstadt: Coihaique) und selbst auf städtischem Terrain teilweise noch agrarisch geprägt.

Da einzelne städtische Siedlungen der Park- und Pampazone, wie Chile Chico (Tab. 12) oder Puerto Ibañez in den letzten Jahren unter einem absoluten Bevölkerungsschwund litten, auf der anderen Seite aber Coihaique wasserkopfartig wuchs, ist es für unsere Fragestellung wichtig, die Struktur und zentralörtliche Funktion der Siedlungen zu analysieren, um sowohl die Ursachen dieser Entwicklung zu ermitteln als auch Abhilfemöglichkeiten aufzeigen zu können. Beispielhaft sollen Coihaique als Hauptstadt, Chile Chico als agrarische Mittelpunktsiedlung, Puerto Aisén/Puerto Chacabuco als Hafenplatz und Puerto Aguirre/Caleta Andrade als Fischerstädtchen kurz vorgestellt werden. In ähnlicher Weise werden auch die paraurbanen Siedlungen, die ländlichen Gruppen- und Einzelsiedlungen am Beispiel erläutert.

4.2.1. Typ der Fischersiedlung: Puerto Aguirre/Caleta Andrade

Dem Typus des Fischerstädtchens entspricht die Doppelsiedlung Puerto Aguirre/ Caleta Andrade auf der Isla Las Huichas vor dem Ausgang des Aisén-Fjords im Moraleda-Kanal. Puerto Aguirre Cerda entstand unter der Präsidentschaft des Na-

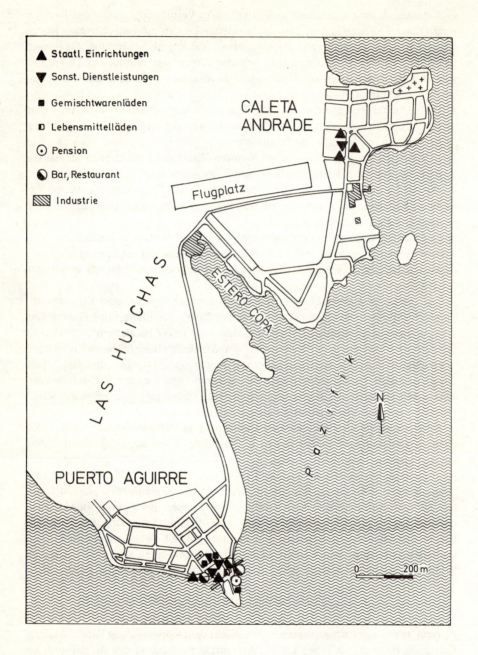

Karte 17: Funktionale Gliederung von Puerto Aguirre und Caleta Andrade

4.2. Die Siedlungen

mensgebers in den 40er Jahren unseres Jahrhunderts, Caleta Andrade ist eine spätere Siedlungserweiterung, die aber wegen des Reliefs der Insel eine gewisse topographische Selbständigkeit besitzt (Karte 17). Beide Siedlungen sind nur durch einen Knüppeldamm verbunden, der mit Muschelschalen geschottert ist. Als Fahrweg ist dieser Pfad nicht zu gebrauchen; dies ist auch nicht nötig, da es außer den Booten keine Fahrzeuge auf der Insel gibt.

Die Siedlung setzt sich aus einer Ansammlung einfacher Holzhütten zusammen, wobei eine deutliche Differenzierung festzustellen ist: in der Nähe des Hafens sind die Gebäude meist eineinhalb- bis zweigeschossig, abseits davon und in der darüberliegenden Parallelstraße nur noch eingeschossig. Trotz dieser Zweistufung, die auch eine gewisse soziale Gliederung verrät, machen auch die *besseren* Häuser einen ärmlichen Eindruck. Einziges Baumaterial ist Holz, nur die Dächer sind mit Wellblech gedeckt. Bauprinzip ist die Stülpschalung. Nicht verfugt sind auch die Bodendielen und weisen daher Lücken auf. Die Gebäude schließen sich oft regelrecht von der Umwelt ab, die Fenster sind sehr klein und gestatten kaum einen Ausblick. Im Haus bildet die Küche den wichtigsten Raum, der wegen des Ofens ganztägig warm ist und als Aufenthaltsraum für die Familie dient.

An Puerto Aguirre erweist sich die Unschärfe des chilenischen Stadtbegriffs. Mit einer Pfarrkirche, einem Erste-Hilfe-Posten, der aber nur einmal monatlich von Arzt, Zahnarzt und Krankenschwester aufgesucht wird, einer Internatsschule (200 Plätze), sechs Gemischtwarenläden, zwei Eisenwarenhändlern ist Puerto Aguirre mehr ein Fischerdorf als eine Stadt im mitteleuropäischen Sinn. Und doch nimmt es als urbanes Zentrum mit 2.314 E. den dritten Rang unter den Aiséniner Städten ein. Eine Apotheke gibt es nicht, Trinkwasserversorgung und Kanalisation sind unbekannt.

Die zentralen Einrichtungen sind in den beiden Ortsteilen nicht gleich verteilt. Schule und Industrie haben ihren Standort in Caleta Andrade, die Hafeneinrichtungen, der Polizeiposten, die Läden und das beste Restaurant sind in Aguirre zu finden. Im ganzen gibt es vier Restaurants, sechs Bars und viele kleine Schankstuben.

Etwa 500 Fischer leben in Puerto Aguirre, ihr Fang wurde nach Puerto Montt verkauft und bis 1977 zu etwa 10 % in den zwei Konservenfabriken der Ortschaft verarbeitet, in denen zusammen 92 Frauen arbeiteten. Der Modernisierungsgrad dieser Industrie war gering, die meiste Arbeit wurde per Hand erledigt. 1978 wurden beide Betriebe stillgelegt. Da die Fischer nur über kleine Boote verfügen, liegen ihre Fanggründe noch auf dem Kontinentalschelf. Es werden hauptsächlich Muscheln und Seeigel gesammelt und gefangen (Cholgas, Choritos, Ostras, Erizos), eine Robbenjagd, wie sie auf den südlicheren Inseln von chilotischen Fischern und Jägern betrieben wird (Delaborde/Loofs 1962, S. 125f.), findet in den nördlich von Taitao liegenden Kanälen nicht statt.

Der Analphabetismus ist noch sehr stark ausgeprägt. Von 100 Fischern können 27 nicht einmal ihre Unterschrift schreiben. Resultat der schwierigen Lebensverhältnisse ist ein starker Alkoholismus, der die Situation dieser Menschen noch weiter verschlechtert.

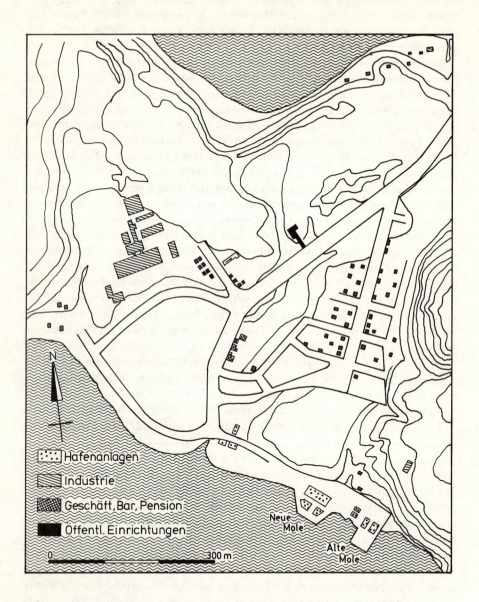

Karte 18: Funktionale Gliederung von Puerto Chacabuco
(nach J. Bähr/W. Golte 1976, ergänzt)

4.2.2. Typ der Hafenstadt: Puerto Aisén/Puerto Chacabuco

Puerto Aguirre liegt am äußeren Ende der Pluvialzone gegen die Inselwelt und bildet damit einen Vorposten der Ökumene; die Doppelsiedlung Puerto Aisén/ Puerto Chacabuco liegt dagegen nahe der inneren Grenze dieser Zone zur begünstigten Parkregion. So sind die Existenzbedingungen der nun zu beschreibenden Städte auch sehr viel günstiger.

Puerto Aisén wurde schon 1870 von Enrique Simpson als natürlicher Hafen genutzt. Auf den chilenischen Fregattenkapitän (S. 18), der auch Chacabuco erkundete, geht die Benennung beider Stadtplätze zurück.

Um 1880 legte Ciriaco Alvárez dort sein Sägewerk an (Straße nach Chacabuco, km 4). Der Hafenort entstand, als John Dun 1904 seine ersten chilotischen Arbeiter holte, die von Puerto Aisén aus einen Weg zu den Weideflächen der Sociedad Industrial del Aisén in der Park- und Pampazone bahnen mußten. In der Folgezeit fungierte Puerto Aisén quasi als Hafen- und Versorgungsstadt der SIA und wuchs allmählich zu der bedeutendsten Ortschaft der Region heran. 1930 hatte Puerto Aisén den vorläufigen Kulminationspunkt seiner Entwicklung erreicht. Bis 1952 wuchs es nur um 150 E., während Coihaique nun zum unbestrittenen Zentrum aufstieg.

Für diesen Rückschlag zeichnen verschiedene Faktoren verantwortlich: die SIA schrumpfte auf weniger als ein Zehntel ihrer ursprünglichen Konzession, die Anlage des Hafens am Aisén-Fluß erwies sich als ungünstig, da dieser wegen der weitflächigen Waldzerstörung im Mittellauf seiner Quellflüsse versandete, und schließlich gestattete der zunehmende Autoverkehr eine bequemere Versorgung der Andenostseite über die offene argentinische Pampa. In dieser Situation entschloß sich die Regierung zur Anlage des Hafens Chacabuco, der direkt an einer Bucht des Fjords liegt und vor den Winden durch eine vorgelagerte Insel etwas geschützt ist. Die lokalen Windverhältnisse zeigt Karte 27.

In Chacabuco traf der erste Colono aus Chiloe 1929 ein, auch in der Folgezeit prägte das chilotische Bevölkerungselement diesen Hafenplatz, der heute zu über 90% von Chiloten oder ihren Nachkommen bewohnt wird und ethnographisch insofern den Fischersiedlungen der Huichas-Inseln zu vergleichen ist. Puerto Chacabucos topographische Lage erwies sich ebenfalls als gut gewählt (Karte 18). Es liegt auf einer Strandterrasse, die im Zuge der Küstenhebung heute 10–12 m über den Meeresspiegel aufragt.

Dagegen hat sich Puerto Aiséns topographische Situation als ungünstig erwiesen. Durch die großen Überschwemmungen, die die Folge der verheerenden Bodenabspülung im Mittelteil des Flußsystems sind, werden heute Teile der Stadt regelmäßig überschwemmt, so daß ernsthaft überlegt wird, einen Quellfluß des Aisén, den Río Blanco, umzuleiten (Cevo 1979).

Der Physiognomie Puerto Aiséns gibt eine Mischung aus verblichenem Glanz und Zukunftshoffnungen das Gepräge. Heruntergekommen sind die flußnahen, überschwemmungsgefährdeten Straßenzüge (Karte 19); die hübsch gestaltete Plaza mit dem Denkmal H. Steffens, die sie umsäumenden Gebäude und die Straßen Santiago Aldea und J. M. Carrera beweisen jedoch, daß sich Puerto Aisén wieder im Aufwind

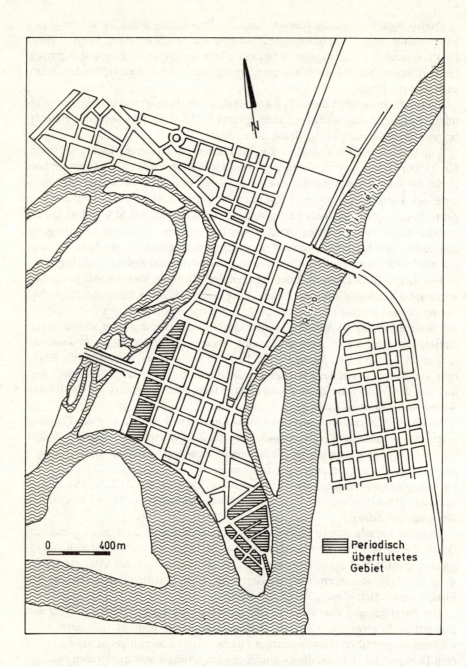

Karte 19: Der Bereich jährlicher Überschwemmungen in Puerto Aisén

befindet. Die meisten Verwaltungsinstitutionen des Hafens sind im Altort verblieben, hier befinden sich auch die Geschäfte, Hotels und Freizeiteinrichtungen, während Chacabuco noch kaum städtische Züge angenommen hat (Karte 18). Allerdings hat Chacabuco eine moderne Kühlfleischanlage bekommen, die jedoch — angeblich wegen der zu geringen Nachfrage nach gefrorenem Fleisch — 1978 ihren Betrieb wieder eingestellt hat.

Puerto Aisén hat sich in Struktur und Funktion heute mehr dem Typ einer agrarischen Mittelpunktsiedlung angenähert, wie er auch in der Parkzone angetroffen werden könnte. Die verschiedenen Cooperativen und landwirtschaftlichen Komitees geben davon Zeugnis ab. Zu diesem funktionalen Wandel hat die Lage der Stadt in einem kleinparzellierten Kolonistengebiet (vgl. S. 37) beigetragen.

4.2.3. Typ der Mittelpunktsiedlung eines agrarischen Umlandes: Chile Chico

Dem Typ der Mittelpunktsiedlung im ländlichen Raum entspricht Chile Chico, das an den Ufern des Carrera-Sees schon in der Pampazone liegt. Die Ortschaft entstand als Zentrum der Colonos, die ihre Ländereien am Südufer des Carrera-Sees der Sociedad Ganadera del Baker/Valle Chacabuco abtrotzten und sich 1914 mit dem endgültigen Zusammenbruch der zweiten Gesellschaft auf ihren Parzellen sicherfühlen konnten.

Die regelmäßige Straßenführung im Schachbrettmuster darf nicht darüber hinwegtäuschen, daß Laien diese Straßen abgesteckt haben. Von Balmaceda etwa ist überliefert, daß der Colono José Silva Ormeño die Cuadras mit dem Lasso vermessen hat (Araya 1978, S. 16).

Wie Balmaceda zeigt auch Chile Chico ein strenges Schachbrett, das nur durch den Estero Bargos, einen Mündungsarm des Jeinemeni, und die große staatliche Gartenbaufläche im Weichbild der Stadt unterbrochen wird (Karte 20).

Der Name der Siedlung war durchaus programmatisch gedacht: hier sollte sozusagen vor Argentiniens Haustür ein *Klein-Chile* entstehen. Das ist auch gelungen, denn schon wegen der Bewässerungslandschaft und der als Windschutz gepflanzten Pappelreihen gleicht die Landschaft hier den vertrauten Bildern aus der Zentralzone — dort, wo Chile am typischsten ist.

Das wichtigste Ziel der Colonos war, einen Mittelpunkt für die Einrichtung von Schulen zu gründen, die ihre Kinder besuchen konnten. Ferner sollten die entstehenden Zentren Kommunikation und Warenaustausch ermöglichen. Die Entwicklung Chile Chicos, das nur 4 km von der argentinischen Grenze entfernt liegt, litt unter seiner isolierten Lage im Territorium Aiséns. Der Carrera-See, der tief in die Kordillere eingreift und sich im Osten als Lago Buenos Aires weit in argentinisches Gebiet hinein erstreckt, ließ keine Landverbindung zum Hauptort Aiséns, Coihaique, über chilenisches Territorium zu. Die Wege über Argentinien sind lang und beschwerlich. Auch hat Chile Chico nur ein relativ kleines Einzugsgebiet. Selbst der nur 58 km entfernte Ort Mallin Grande am Ufer des Sees ist auf dem Landweg ist nur über den beschwerlichen Paß *Tres Llaves* zu erreichen. Die Verkehrsanalyse wird

4. Bevölkerung, Infrastruktur und Wirtschaftssystem

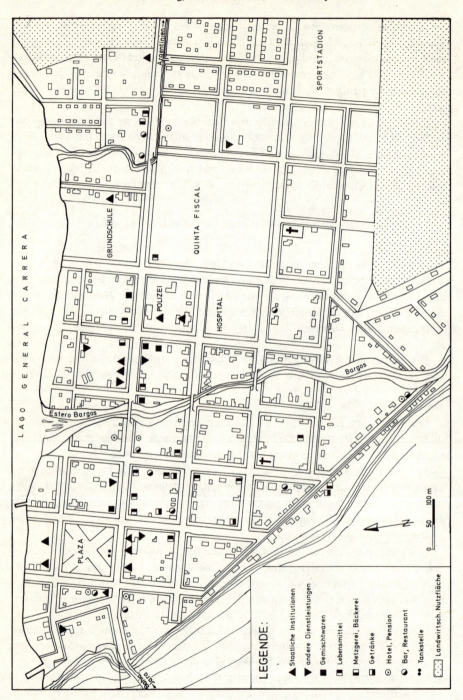

Karte 20: Funktionale Ausstattung in Chile Chico

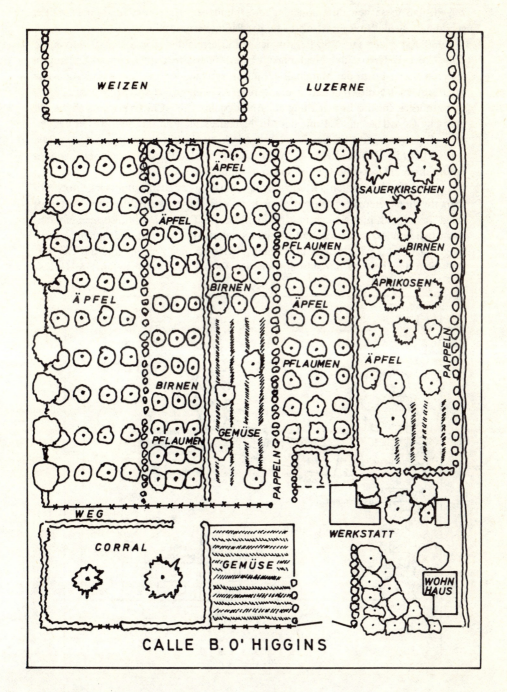

Abb. 5: Stadtparzelle mit Erwerbsobstbau in Chile Chico

zeigen, daß diese von untereinander unverbundenen urban-ruralen Raumeinheiten gebildete zellenhafte Raumstruktur für die Parkzone typisch ist.

1930 hatte der Ort 150 E. Mit den 1960 erreichten 1.926 Bewohnern hatte Chile Chico die Grenze der Tragfähigkeit bereits überschritten. Die ersten Callampas, die chilenische Form der Marginalsiedlungen, entstanden, eine starke Abwanderung setzte ein, so daß die Ortschaft heute weniger Einwohner hat als vor 20 Jahren.

Förderlich für die Entwicklung der Anfangsjahre Chile Chicos erwies sich die klimatische Gunstlage am See mit der Möglichkeit, seine Flur mit dem Wasser des Jeinemeni zu bewässern. So gleicht auch der Habitus der Siedlung dem Typ des etwa bei Rother (1977) beschriebenen Pueblos der Zentralzone. Abb. 5 zeigt eine Quinta mit intensivem Obst- und Gemüseanbau in Chile Chico.

Der infolge der starken gartenbaulichen Nutzung der Stadtgrundstücke noch dominante rurale Charakter täuscht aber. Eine Vielzahl von Einrichtungen (Karte 20) zeugt davon, daß hier ein echter Mittelpunktsort mit zentralen Funktionen entstanden ist. Besonders zahlreich sind die Büros der staatlichen und städtischen Verwaltung. Dazu zählen die Stadt- und Hafenverwaltung, das Zollamt und das Gericht, aber auch die Gebäude der subministeriellen Einrichtungen wie INDAP, SAG, EN-

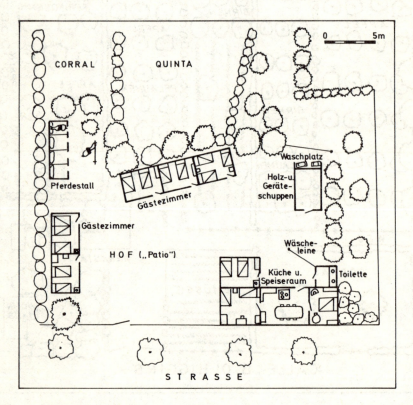

Abb. 6: Landpension in Chile Chico

DESA, CORA und der Sozialversicherung. Weitere Dienstleistungsfunktionen werden in Chile Chico von den landwirtschaftlichen Kooperativen, den Büros der Fluggesellschaften, den Banken, dem Kino, der Schule und dem Hospital erfüllt. Karte 20 zeigt auch, daß die Ortschaft mit Ladengeschäften gut versorgt ist: Fünf Tiendas und Almacenes, drei Bäckereien und Metzgereien, elf Lebensmittel- und drei Getränkehändler bieten ihre Ware feil.

Die Verwaltungseinrichtungen konzentrieren sich auf die Calle O'Higgins rechts des Estero Bargos und die Plaza, die in Chile Chico auch von der einzigen Tankstelle geziert wird. Diese Achse ist zugleich Durchgangs- wie Hauptgeschäftsstraße. Zahlreiche Bars und Unterkunftsmöglichkeiten ergänzen das Angebot. Vertreten sind vor allem die einfachen Landpensionen. 10–15 Betten stehen in diesen einfachen Raststätten zur Verfügung, für die Unterbringung und Fütterung von Pferden ist gesorgt. Hier übernachten die weit entfernten Kolonisten, die Ovejeros der Estanzien und die ambulanten Händler der Region. Abb. 6 zeigt den Grundriß einer derartigen Pension.

4.2.4. Coihaique: Regionshauptstadt und Exklave Santiagos

Coihaique ist die bei weitem wichtigste Stadt der Región. Sie ist mehr als doppelt so groß wie die zweitgrößte und fast zehnmal größer als die drittgrößte Stadt. Strenggenommen ist sie mit Puerto Aisén die einzige Ortschaft, die die Bezeichnung *Stadt* im mitteleuropäischen Sinn wirklich verdient. Der Größenvergleich mit den nächstkleineren Städten macht deutlich, daß Coihaique in Aisén eine hohe Primacy erreicht hat und ihm eine ähnlich dominante Rolle in der Region zukommt wie Santiago im Staat Chile. Da dieser herausgehobenen Stellung keineswegs auch eine große industrielle Bedeutung entspricht, zeigen sich auch in Aisén trotz der geringen Zahl von städtischen Zentren deutliche Symptome der Überurbanisierung (vgl. Wilhelmy/Borsdorf 1984, S. 24). Auf die daraus folgenden funktionalen Probleme wird noch zurückzukommen sein.

Die Entwicklung Coihaiques ist in großen Zügen schon dargestellt worden (S. 40 u. 80). Gegründet unter Präsident Ibañez als Baquedano (1929) nahm die Stadt später den indianischen Namen der Landschaft an, in der sie gelegen ist: Coyhaique von Koi-aike, Landschaft der Seen. Im Zuge der sprachlichen Vereinfachung ist um 1970 wie auch bei Aysén/Aisén amtlicherseits das y gegen ein i ausgetauscht worden. Sprachpuristen hätten die Schreibweise *Coyaique* vorgezogen (Ibar Bruce 1973, S. 122).

Die Stadt liegt auf einer Gebirgsfußterrasse der sich im Süden erhebenden Cordillera Divisadero, die der gleichnamigen vulkanischen Formation aus der Kreidezeit den Namen gab (K. 11). Sie wird im Norden und Westen von den in tiefe Kastentäler eingeschnittenen Ríos Coihaique und Simpson begrenzt, die bald danach zusammenfließen, so daß der Stadt nur Erweiterungsmöglichkeiten im Osten (Richtung Coihaique Alto und Argentinien) und im Westen parallel zum Río Simpson offenstehen.

Einmalig in Chile ist die fünfeckige Plaza, die sich ein wenig gewollt in das sonst

4. Bevölkerung, Infrastruktur und Wirtschaftssystem

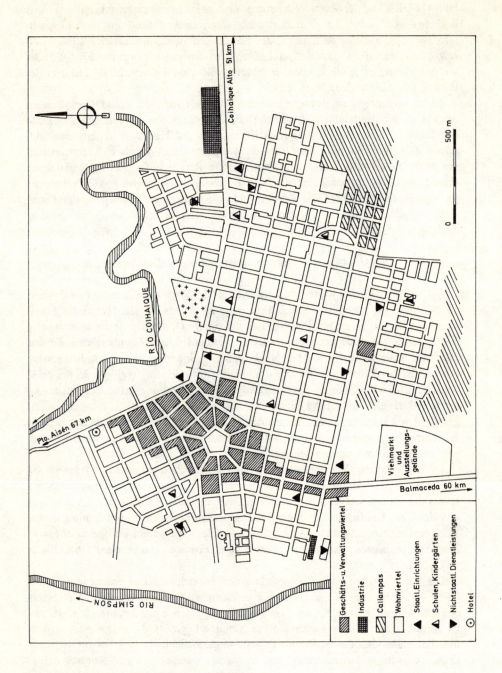

Karte 21: Funktionale Gliederung von Coihaique
(nach J. Bähr/W. Golte 1976, verändert)

strenge Schachbrett der Straßen einfügt. Die zentralen Einrichtungen liegen an der Plaza und ihrer Verbindung zur Durchgangsstraße Puerto Aisén – Argentinien, wo auch ein ausgesprochenes Geschäftsviertel für gehobene Ansprüche entstanden ist. Ähnliches kann an der Ausfallstraße nach Balmaceda beobachtet werden, wo aber die Läden eher auf den Bedarf der Campesinos und weniger wohlhabenden Stadtbevölkerung ausgerichtet sind (Karte 21). In zwei Markthallen wird täglich frische Ware angeboten. Die Ausstattung mit Einzel- und Großhandel ist sehr gut, letzterer ist besonders auch auf die Erzeugnisse der Region, Wolle und Holz, spezialisiert. Daneben blüht das Import-/Exportgeschäft, das von verschiedenen Personen betrieben wird, meist Chilenen fremdnationaler Abstammung. Dieser Geschäftszweig geht auf die Einfuhrerleichterungen zurück (*zona libre de importación*), die der Region eingeräumt wurden und den Handel mit Importwaren besonders begünstigten. Mit der weitgehenden Aufhebung der Zollschranken durch die einen liberalistischen Wirtschaftskurs steuernde Militärregierung hat allerdings das Importgeschäft in Aisén an Bedeutung verloren, da die Region sich heute nicht mehr vor anderen auszeichnet. Allerdings zählen sich die in den Vorjahren aufgebauten guten Kontakte der Händler von Coihaique zu ihren Geschäftspartnern in Übersee immer noch aus.

Die Stadt verfügt über drei Grundschulen (Enseñanza básica), eine Privatschule (katholisch) und ein Lizeum, hat ein Krankenhaus (drei Ärzte), ein Kino, einen Rundfunksender, zwei Tankstellen, ein Luxus- und zwei gute Hotels. Zahlreich sind die staatlichen Ämter, von der Regiónsregierung über die Regionalplanung SERPLAC und ein Fremdenverkehrsamt bis zu den Außenstellen der Ministerien: Obras Públicas, Tierra y Colonización, CORFO, Instituto Forestal und die verschiedenen Landwirtschaftsämter. Coihaique ist auch Garnisonsstadt.

Diese Aufzählung allein zeigt schon das Gewicht des Tertiären Sektors, der in der Stadt ca. 64 % der Beschäftigten absorbiert. Die 24,7 % der Erwerbstätigen, die für den Sekundären Sektor ausgewiesen sind, arbeiten im wesentlichen in kleinen Handwerksbetrieben, Reparaturwerkstätten, einer Näherei, einem Schlachthof und einer Molkerei (Calaysén). Wie schwach entwickelt Handwerk und Industrie in Coihaique noch sind, erweist sich auch darin, daß lediglich eine Autovertragswerkstatt (Ford) vorhanden ist.

Bähr/Golte (1976, S. 113) stellten zu Recht fest, daß die Hypertrophie des Tertiären Sektors, speziell der staatlichen Bürokratie, Ergebnis einer verfehlten Entwicklungspolitik ist. Aufgrund der zentralistischen Struktur des Landes werden alle gehobenen Positionen von Santiago aus besetzt. Die besser gestellten Beamten sind finanziell in der Lage, sich Hausangestellte zu leisten, was einerseits wiederum den Tertiären Sektor fördert, andererseits aber auch die Zuwanderung nach Coihaique aus der Región selbst aufheizt.

Damit dient Coihaique mehr als Brückenkopf der Staatshauptstadt denn als Zentrum einer als selbständiges räumliches System ausgebildeten Region. Wenn dies so ist, hätte Aisén keine autonom und autochton gesteuerte Entwicklung, sondern stünde in einem quasi dependenten Verhältnis zu Santiago, wobei Coihaique als Brückenkopf-Zentrum (Exklave) der Kapitale dienen würde. Diese Hypothese wurde anhand einer Analyse des Fernsprechverkehrs innerhalb und außerhalb der Region untersucht, wobei ausgewählte Siedlungen als Quellorte und alle wichtigen Städte der Region sowie Santiago, Puerto Montt und das Ausland als angewählte Ziele erfaßt wurden. Grundannahme ist, daß die Abhängigkeit von einem Zentrum umso stärker ist, je größer der Anteil der vom Ort ausgehenden in dieses Zentrum gerichteten Ferngespräche am Gesamttelefonatsaufkommen ist. Dabei zeigt sich, daß das Kommunikationssystem intern wie extern dependent aufgebaut ist. Puerto Chacabuco wickelt 71,6 % seiner Quellgespräche mit Puerto Aisén ab, dieses 54,3 % mit Coihaique und in Coihaique wird bei 46,5 % aller Telefonate die Hauptstadt Santiago angewählt (Tab. 19).

Tab. 19: Analyse des inter- und innerregionalen Fernsprechverkehrs in Aisén 1978

Ziel	Quelle								
	Coihaique		Puerto Aisén		Balmaceda		Chile Chico		Pto. Chacabuco
	Anz.	%	Anz.	%	Anz.	%	Anz.	%	Anz.	%
Santiago	51.464	46,5	9.145	20,6	1.000	21,4	1.030	8,9	671	11,6
Pto. Montt	17.133	15,5	4.832	10,9	119	2,5	316	2,7	311	5,4
Coihaique	–	–	24.100	54,3	3.415	73,2	7.859	68,0	579	10,0
Pto. Aisén	26.626	24,1	–	–	88	1,9	667	5,8	4.148	71,6
Balmaceda	3.313	3,0	233	0,5	–	–	61	0,5	17	0,3
Chile Chico	5.882	5,3	499	1,1	23	0,5	–	–	47	0,8
Pto. Chacabuco	1.593	1,5	5.472	12,3	9	0,2	58	0,5	–	–
Pto. Ibañez	1.697	1,5	26	0,1	16	0,3	579	5,0	22	0,3
Pto. Cristal	107	0,1	15	0,0	0	0,0	976	8,5	1	0,0
Pto. Guadal	83	0,1	2	0,0	1	0,0	0	0,0	0	0,0
Pto. Cisnes	165	0,2	19	0,0	0	0,0	0	0,0	0	0,0
Cochrane	1.765	1,6	21	0,1	1	0,0	9	0,1	1	0,0
International	500	0,6	51	0,1	0	0,0	0	0,0	0	0,0
Σ Gespräche	110.328	100,0	44.415	100,0	4.672	100,0	11.555	100,0	5.797	100,0

Die anderen aufgeführten Ortschaften zeigen jeweils eine starke direkte Abhängigkeit von Coihaique (Balmaceda 73,2 %, Chile Chico 68,0 %). Gerade Coihaique ist für unsere Fragestellung besonders interessant. Es wickelt nur 37,4 % aller Gespräche mit Orten in Aisén ab, alle anderen Gespräche werden mit Teilnehmern außerhalb der Region geführt, der diese Stadt eigentlich als Hauptstadt dienen soll. Die Richtung der tatsächlich ökonomisch wie politisch wirksamen Kräfte kann mit dieser Methode gut veranschaulicht werden. Abb. 7 zeigt die Kommunikationsströme im Modell.

Dieser Fehlentwicklung versuchte das 1975 verkündete Gesetz Nr. 889 entgegenzuwirken, das Investitionen in Aisén steuerlich erheblich vergünstigt. Seine Wirksamkeit mußte allerdings in der ökonomischen Realität der Volkswirtschaft und der spezifischen räumlichen Situation Aiséns verpuffen. Es wurde während einer Rezessionsphase erlassen und schrieb die Steuervergünstigungen in absoluten Zeiteinhei-

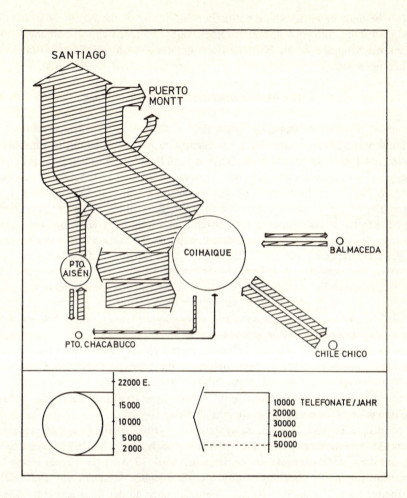

Abb. 7: Überörtlicher Telefonverkehr in der Región Aisén

ten fest: 1975–77 wurden 25 %, 1978–79 15 % und 1980–85 noch 10 % Nachlaß eingeräumt. Das Gesetz hat daher in Aisén keine Effekte gehabt. Die einzig sinnvolle Umstrukturierung der Verwaltungsfunktionen und der Entscheidungsorganisation ist nicht in Angriff genommen worden.

Auf niedrigerem Niveau setzt sich die Abhängigkeitsstruktur insofern fort, als Coihaique dominantes Verwaltungs- und Versorgungszentrum der Region ist. Neben den Büros der nationalen Fluggesellschaften (LAN Chile und LADECO) unterhalten mehrere Privatunternehmer Luftdienste, darunter die AEROCOR von C. Fischer mit zwei DC-3 Maschinen (Baujahr 1943) und verschiedene Lufttaxifirmen (Hein, Fischer u.a.). Vor allem die geräumigen Maschinen der AEROCOR versorgen (auf Bestellung) die peripheren Siedlungen. Dieser Luftverkehr ist auf reine Sichtflüge abgestellt, bei schlechten Wetterbedingungen ruht er.

Von besonderer entwicklungspolitischer Bedeutung ist die Baumschule, die das Forstinstitut in Coihaique unterhält (eine zweite befindet sich in Cochrane). Dort werden die Sämlinge für die Wiederaufforstung der erosionsgeschädigten Brandwälder herangezogen.

4.2.5. Typ des paraurbanen Zentrums: Puyuhuapi

Nach Größe und Ausstattung lassen sich in Aisén drei Typen nichtstädtischer Siedlungen ausgliedern, paraurbane, ländliche Gruppen- und ländliche Einzelsiedlungen. Als Typ eines paraurbanen Zentrums soll Puyuhuapi, dessen Genese bereits an anderer Stelle erläutert wurde (S. 40f.), einer näheren Analyse unterzogen werden.

Puerto Puyuhuapi liegt am Ende des gleichnamigen Fjords. Die Siedlung zeigt in ihrer Physiognomie und Struktur deutlich ihre Entstehung aus einer Urwaldsiedlung gut kapitalisierter deutscher Kolonisten. Ein schönes zweieinhalbgeschossiges, mächtiges Wohnhaus, das in seiner Form und Bauweise an die *Bauden* des Riesengebirges erinnert, beherrscht die Ostflanke der Bucht (Karte 22). Es wurde von Otto Übel, dem sudetendeutschen Teppichfabrikanten erbaut. Auch das zweistöckige Haus Hopperdietzel an der Mündung des Río Pascual (nicht zu verwechseln mit dem Pascua-Strom im südlichen Aisén) ist ein repräsentativer Holzbau, dem ein Gemischtwarenladen und die Teppichmanufaktur angeschlossen ist. Zu diesen gesellen sich die Wohnhäuser Ludwig und H. Hopperdietzel.

Die übrigen Gebäude gehören entweder zum Typ der *Leutehäuser* des Fundos oder der Teppichmanufaktur, dann haben sie die typische Puyuhuapi-Form mit dem Mansardendach auf eineinhalbgeschossigen Häuschen, oder sie sind chilenische Flachsatteldach- oder gar Pultdachhäuschen und damit den Holzhäusern der Unterschichten anderer chilenischer Städte sehr ähnlich.

Erwerbsquellen sind der Fundo Puyuhuapi (80–100 Arbeiter), die Teppichfabrikation (35 Arbeiterinnen) und eine Tischlerei (6 Schreiner). Bis 1972 beschäftigte auch das dann staatlicherseits demontierte Sägewerk 17 Arbeiter. Ferner leben 15 Kleinlandwirte in der Siedlung. Durch den Straßenbau kommen seit 1970 viele Bauarbeiter nach Puyuhuapi, die z.T. hier, z.T. auch an der Baustelle selbst übernachten, Puyuhuapi aber zur Versorgung und Freizeitgestaltung nutzen.

Seine Einstufung als paraurbane Siedlung verdankt Puyuhuapi der Ausstattung mit Dienstleistungen. Eine vierjährige Grundschule (60 Schüler, 15 davon interniert) ist bei einer Siedlung dieser Größenordnung (ca. 700 Einwohner im Flecken) eher schon unterdimensioniert. Puyuhuapi hat aber auch eine Post, einen Telegraphendienst mit Funkstelle, eine kleine Poliklinik mit Hebamme und Krankenschwester, eine landwirtschaftliche Genossenschaft der Kleinlandwirte des Fjords (1 Angestellter) und einen Sportverein (Centro des Padres, gegr. 1958). Ein Centro de Madres (CEMA) sorgt für Unterhaltung, Weiterbildung und Zusatzeinkünfte der Frauen durch folkloristische Hand- und Bastelarbeiten (seit 1964) und seit 1968 hält das Comité Pro-Adelante den Kontakt mit Geldgebern der Entwicklungshilfe aus Deutschland. Der sporadisch stattfindende Gottesdienst wird von der Pfarrei Puerto Cisnes mit versehen.

4.2. Die Siedlungen

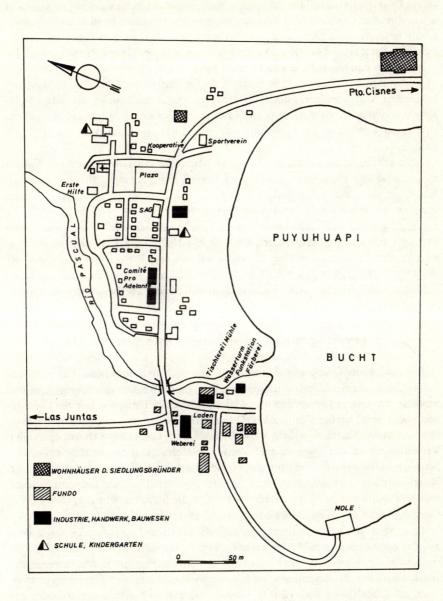

Karte 22: Funktionale Ausstattung von Puyuhuapi

Die wichtigste Einrichtung Puyuhuapis ist für die Besucher aus den Siedlungen des Umlandes mit Abstand der von den deutschen Siedlern betriebene Gemischtwarenladen. Er verfügt ständig über etwa 500 t Ware, die vom Großhandel in Puerto Montt sowie direkt aus Deutschland bezogen werden. Da der Besitzer auch ein Importgeschäft betreibt, sind hier ständig die neuesten Waren aus Deutschland einzusehen oder per Katalog zu bestellen. Der Einzugsbereich dieses Geschäfts reicht von Alto Palena bis in den Canal Jacaf und Puerto Cisnes.

Puyuhuapi besitzt eine 35 m lange Mole für den wöchentlich bis 14-tägig verkehrenden Küstendampfer, die 1974 erneuert wurde und seither als Beton-Stahl-Konstruktion sehr stabil ist. Seit 1977 hat es auch einen Flugplatz auf einer 2 km entfernten Landzunge im Fjord mit einer geschotterten Landepiste von 1.100 m Länge.

Villa O'Higgins im äußersten Süden der Region ist mit Dienstleistungen ähnlich ausgestattet wie Puyuhuapi, besitzt aber keine Versorgungseinrichtungen (Laden). Im Zuge des chilenisch-argentinischen Grenzkonflikts ist gerade diese Siedlung modernisiert worden und hat nun ein sehr modernes Schulgebäude mit Internat für die umliegenden Kolonistenkinder, einen kleinen, im japanischen Stil gestalteten und sehr anmutigen Stadtpark und eine hübsche Holzkirche. Besonders bemerkenswert ist die Konzentration einiger Dienste auf nur eine Person: der einzige Polizist der Ortschaft fungiert gleichzeitig als Polizist, Richter, Allgemeinmediziner, Zahnarzt und Geburtshelfer, seine Frau versieht den Dienst als Hebamme und Kindergärtnerin.

4.2.6. Typen der ländlichen Gruppensiedlung: Baño Nuevo und El Blanco

Die ländlichen Gruppensiedlungen sind genetisch und funktional klar getrennt in die Cascos der Schafzuchtestanzien und die Colono-Weiler aus wilder Wurzel. Die Struktur der Cascos (so werden die Siedlungskerne der Estanzien genannt) wiederholt sich immer wieder (Karte 23; vgl. auch die Kartierungen der Estanzien Cisnes und Ñirehuao: Karten 8–9): ein Verwalterhaus, zwei Gästehäuser (für Besucher der Verwaltung bzw. der Ovejeros und Peones, letzteres auch zur Unterbringung der Schafschurkolonnen), Unterkunftshäuser und Küche der Peones, ein Laden für die Mitarbeiter der Estancia, Pferdestall, Schafcorral, Schafbad, ein Galpon für Schur und Wollagerung, eine Schlachterei – dies sind die Strukturelemente, über die ein Casco im Idealfall verfügt, Abweichungen sind aber möglich.

Im großen und ganzen entsprechen auch die Cascos der Aiséniner Estanzien dem auf der argentinischen Seite verbreiteten Typus, den Eriksen (1970, S. 197–200) treffend beschrieben hat. Allerdings fehlt den chilenischen Estanzien teilweise das Herrenhaus, das in Argentinien oder auch in Magallanes den Steppensiedlungen einen oft feudalen Anstrich gibt. In Ñirehuao oder Baño Nuevo sind stattdessen das Kontor oder das Gästehaus besonders schön gestaltete Gebäude.

Im Unterschied zu den deutschen Gutshöfen mangelt es den chilenischen Estanzien an größeren Ställen und Scheunen, da das Vieh ganzjährig im Freien bleibt und nur die jeweiligen Weideplätze (*invernadas* und *veranadas*) wechselt. Das größte Ge-

4.2. Die Siedlungen

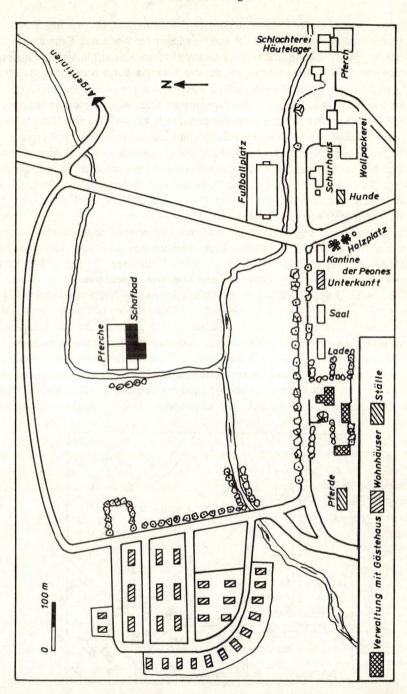

Karte 23: Casco der Estancia Baño Nuevo

bäude ist in der Regel der Galpón, in dem die Schafschur von chilotischen Schurkolonnen abgewickelt wird und der oft auch als Lager für Wolle und Felle dient. An diesen Schuppen schließen sich verschiedene Viehpferche an, oft in Verbindung mit zementierten Schafbadeeinrichtungen, die der Estancia Baño Nuevo z.B. den Namen gab. Daneben gibt es Stallungen für die Pferde des Verwalters und der Ovejeros (in Argentinien bezeichnet man die Ovejeros als Gauchos). Der Gesamtkomplex wird oft durch eine Pappelpflanzung eingerahmt (z.B. in Ñirehuao und Baño Nuevo, nicht aber in Río Cisnes), hinter der sich die Gebäude fast vollständig verbergen.

Mit der Umwandlung in landwirtschaftliche Genossenschaften (*asentamientos*) im Zuge der Agrarreform haben die Estanzien meist einen neueren Ausbau für die Arbeiter des Betriebs erhalten, der in Bauweise und Anordnung den Poblaciones der chilenischen Städte (vgl. Borsdorf 1976) ähnelt und wie ein Fremdkörper in der Agrarlandschaft wirkt (Karte 23).

Im Gegensatz zu den doch mehr oder weniger geregelt angeordneten Cascos der Estanzien fehlt den ländlichen Colono-Siedlungen jede Spur von Planung. Entstanden sind sie aus dem Bedürfnis einzelner Kolonisten, der Einsamkeit Patagoniens wenigstens durch nachbarschaftliche Kontakte zu begegnen.

Eine solche Gruppensiedlung ist El Blanco im oberen Simpsontal (Karte 24), die um 1909 entstand. Am Zusammenfluß der Flüsse Blanco und Simpson gelegen, war in ebener Lage ein natürlicher Geländefixpunkt gegeben, der zur Anlage der Häuser gerade an dieser Stelle führte. Holz zum Bau der Häuser war vorhanden, da die Siedlung unweit des Lago Elizalde noch im Verbreitungsgebiet des Lenga-Waldes liegt (Parkzone). Aus den locker verteilten Gehöften der Colonos (meist aus Wohnhaus und 1–2 Scheuern bestehend) entstand im Laufe der Zeit, bedingt auch durch die Zunahme des Verkehrs, eine ungeregelte dörfliche Straßensiedlung mit

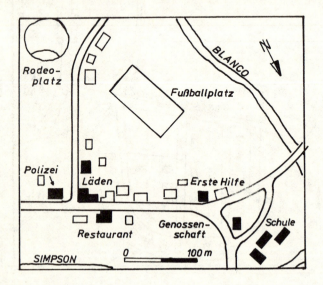

Karte 24: Plan von El Blanco

einer Polizeistation, einem Gemischtwarenladen und einem Restaurant, dem die *Tranquera* zum Anbinden der Pferde natürlich nicht fehlt, und das auch als Viehumumschlagplatz des Orts genutzt wird. Der ländliche Charakter wird durch aus Palisaden errichtete Media-Luna (Rodeo-Platz) unterstrichen, die anzeigt, daß hier vor allem auch Rinderhaltung betrieben wird. Neuerdings ist eine vierklassige Schule hinzugekommen.

4.2.7. Die ländlichen Einzelsiedlungen

Wie Karte 16 zeigt, formieren sich die ländlichen Einzelsiedlungen in Aisén in der Regel zu zusammenhängenden Streusiedlungsgebieten, die sowohl flächig als auch linear (z.B. in Tälern oder an Fjordufern) angeordnet sein können. Bähr/Golte (1976) haben ein Kolonistengehöft in der Nähe von Coihaique kartiert, das sich in der Anlage seiner Gebäude nicht wesentlich von der Colono-Stelle eines Pioniers im Bakergebiet nahe der Ñadis-Mündung unterscheidet (Abb. 8). Ein bescheidenes, aus Holz errichtetes Wohnhaus mit Satteldach, eine Scheune mit Werkstatt und ein Stall

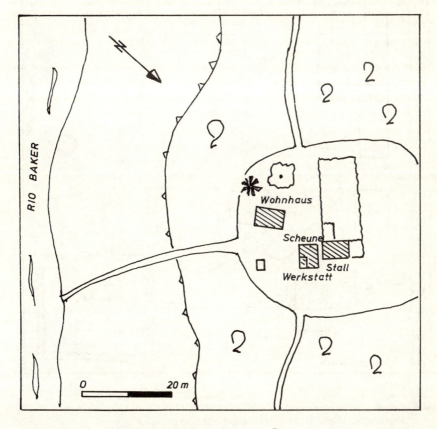

Abb. 8: Gehöft eines Colonos am Río Baker, Sektion Los Ñadis

bilden die Gebäude des Gehöftes. In der arrondierten Rodefläche um das Haus ist das Brennholz aufgeschichtet. Die nähere Umgebung besteht aus gerodeten Freiflächen im Wechsel mit lichtem Lenga-Wald.

Die Colonos am Carrera-See oder an Flüssen mit Bewässerungsfeldbau sind wesentlich besser gestellt. Mit Ausnahme der wenigen Gruppensiedlungen leben auch sie verstreut auf Einzelhöfen. Abb. 9 zeigt den Typ eines Gehöfts am Río Jeinemeni. Das Wohnhaus des Bauern ist geräumig, der Hofraum großzügig angelegt. Eine Schmiede und Mechanikerwerkstatt zeugen von einer relativ guten Maschinenausstattung. Dazu gehören u.a. ein Traktor mit Anhänger, ein Lastwagen, ferner Heupresse, Pflug, Egge, Saatmaschine und Kreissäge. Zum Hof gehören 20 ha Bewässerungsland.

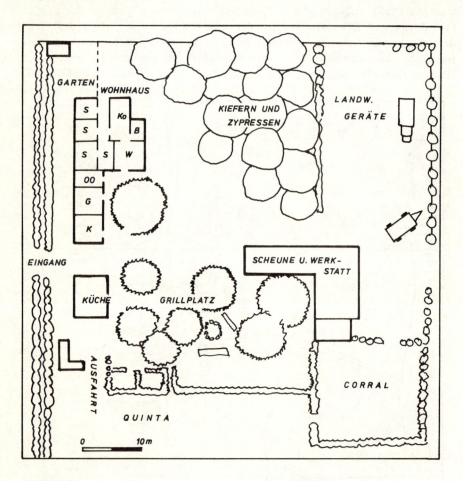

Abb. 9: Gehöft am Río Jeinemeni
Legende: K: Küche, G: Gast, 00: Toilette, S: Schlafzimmer
W: Wohnzimmer, Ko: Kontor/Büro, B: Bad

4.2. Die Siedlungen

Tab. 20: Tendenzen der Bevölkerungsverteilung nach Siedlungsformen 1960–70

Comunas	Gesamtbevölkerung		Wachstum[1] 1960–70	Stadtbevölkerung		Wachstum 1960–70	Bev. in ländl. Gruppens.		Wachstum 1960–70	Bev. in ländl. Einzelsiedl.		Wachstum 1960–70
	Anz.	%	%	Anz.	%	%	Anz.	%	%	Anz.	%	%
Aisén	13.476	27,8	2,3	9.527	30,6	3,5	2.225	44,7	6,3	1.724	14,1	-4,9
Cisnes	2.716	5,6	3,7	768	2,4	7,6	789	15,8	8,5	1.159	9,4	0,0
Coihaique	23.435	48,4	3,7	17.098	54,9	6,0	423	8,5	-1,9	5.914	48,2	-0,5
Río Ibañez	1.742	3,6	-0,5	686	2,2	-0,8	50	1,0	0,2	1.006	8,2	-0,3
Lago Carrera	4.932	10,2	-0,8	2.414	7,7	1,1	1.199	24,1	-3,4	1.319	10,7	-1,2
Baker	2.122	4,4	2,1	670	2,2	8,3	294	5,9	34,6	1.158	9,4	-0,9
Gesamt	48.423	100,0	2,5	31.163	100,0	4,6	4.980	100,0	2,6	12.280	100,0	-1,4

[1] jährliches Wachstum 1960–1970 in %.

Tab. 21: Verteilung der Siedlungen nach Größenklassen 1970

						Einwohner			
Comuna	0–10	11–40	41–80	81–200	201–500	501–1.000	1.001–5.000	5.001–10.000	10.001–20.000
Aisén	35	14	7	5	2	1	0	1	0
Cisnes	5	3	3	1	1	1	0	0	0
Coihaique	13	13	1	4	2	0	1	0	1
Río Ibañez	1	3	0	0	0	1	0	0	0
Lago Carrera	1	0	0	2	1	1	1	0	0
Baker	9	3	1	1	0	1	0	0	0
Región	64	36	12	13	6	5	2	1	1

Quelle: Zusammenstellung nach Zensusdaten.

Der Bevölkerungsanteil der Colonos in Einzelsiedlungen ist noch relativ hoch. 1970 wurden noch 12.280 Personen in der Statistik ausgewiesen, die auf Einödhöfen und anderen Einzelsiedlungen lebten, dies entsprach 25,8 % der Regionsbevölkerung. In ländlichen Gruppensiedlungen lebten zu diesem Zeitpunkt 4.980 Menschen (10,3 %), während die Stadtbevölkerung damals schon 64,4 % betrug. Tab. 20 gibt Auskunft über die Verteilung der einzelnen Siedlungsformen und ihre Entwicklungstendenzen. Dabei zeigt sich auch, daß der Bevölkerungsanteil, der in Einzelsiedlungen lebt, absolut abnimmt (jährlich 1,4 %), sei es durch Wachstum und Zusammenlegung zu Gruppensiedlungen, sei es durch Abwanderung des Nachwuchses. Die Verteilung der Siedlungen nach Größenklassen (Tab. 21) ergänzt diese Daten anschaulich.

4.3. DIE VERKEHRSINFRASTRUKTUR

Von entscheidender Bedeutung für Entwicklungsstand und -potential sind Grad und Möglichkeit der Verkehrserschließung. In Aisén begegnen sich Verkehrsmittel verschiedener Epochen der technologischen Entwicklung. Das Pferd als Reit- und Lasttier, das dem Menschen die Eroberung dieses Lebensraums ermöglichte, hat noch ebensowenig ausgedient wie der Ochsenkarren mit seinen Vollrädern aus Holz. Diese Transportmittel gestatten auch jetzt noch zu jeder Jahreszeit das Aufsuchen der entlegensten Plätze der Region. Das Kraftfahrzeug ist dagegen an ausgebaute Wege gebunden und konnte sich nur in dem Maße durchsetzen, in dem der Wegebau voranschritt.

Schiffe brachten die ersten Weißen nach Westpatagonien, und auch heute noch hat der Dampfer der EMPREMAR (eine eindrucksvolle Schilderung findet sich bei Delaborde/Loofs 1962) eine vitale Funktion für die Kommunikation an der Küste, halten Fähren die Verbindung nach Chiloe oder besorgen den Verkehr über die Seen, der darüberhinaus von verschiedenen Motorschiffen versehen wird, die die Ortschaften miteinander verbindet, die keine Landkonnexion besitzen.

In jüngerer Zeit hat sich das Flugzeug als Verkehrsmittel immer mehr durchgesetzt. Fast jede Siedlung von mehr als 30 Häusern hat ihren Flugplatz und selbst die abseitigen Streusiedlungsgebiete haben, wo es eben ging, Landepisten angelegt.

Drei Verkehrssysteme sind daher im folgenden zu analysieren: der Land-, Schiffs- und Luftverkehr. Hinsichtlich der Ausbaumöglichkeiten dieser Infrastruktur interessiert vor allem das Relief als limitierender Faktor, das daher zunächst noch einmal unter diesem Aspekt betrachtet werden soll. Alle drei Verkehrsarten sind in Aisén reliefabhängig.

4.3.1. Das Relief als limitierender Faktor der Verkehrserschließung

Das Eindringen des Menschen nach Westpatagonien von der Küstenseite her wurde durch die Fjorde erleichtert, die am Puyuhuapi- und am Aisénkanal 55 km und am Baker sogar 120 km tief in das Gebirge einschneiden. Von der Mündung des Río Bravo in den Bakerfjord sind es nur noch 50 km bis zur argentinischen Grenze

4.3. Die Verkehrsinfrastruktur

am Paso Cordoníz. Wegen der bereits inmitten der Anden liegenden Erosionsbasis auf Meeresniveau erwiesen sich die hier einmündenden, in das Gebirge tief eingeschnitten Flüsse Cisnes, Aisén, Baker, Bravo und Pascua als vorzüglich geeignete Penetrationsbreschen für den Menschen und sind aktuelle und potentielle Querverbindungen. Die einzigen übrigens, denn außerhalb dieser Durchbruchstäler erschweren die Andenketten den Verkehr oder vereiteln ihn völlig. Die gewaltigste Barriere bilden die Inlandeisfelder. Der nördliche Eiskuchen erstreckt sich über 100 km, der südliche über 375 km in N-S-Richtung. Die einstige, weit ausgedehnte Vereisung hat auch die Hänge der küstennahe Areale und Inseln stark versteilt. In unmittelbarer Küstennähe erheben sich noch die Gipfel der Berge Macá und Cay über 2.920 bzw. 2.200 m und selbst der Mentolat auf der Magdalena-Insel erreicht noch 1.500 m. Die Fjordwände fallen hier senkrecht zum Meer ab. Diese spezifisch glazigen geformte Orographie hat sich die Küstenschiffahrt zunutze gemacht, indem einzelne Schiffe per Trichter ihre Trinkwasservorräte an den die Hängetäler hinunterstürzenden Wasserfällen auffrischen.

Das Schiff ist daher nach wie vor das diesen Bedingungen am besten angepaßte Verkehrsmittel, da der Straßenbau an dem zu hohen finanziellen Aufwand scheitern muß und Regen und Nebel auch den Flugverkehr stark behindern. Ein Handicap der Küstenschiffahrt bildet der in der Laguna San Rafael endende Elefantes-Kanal, so daß die Schiffe Taitao umrunden müssen und die Fjorde dieses Meeresarmes im absoluten Verkehrsschatten bleiben.

Auch die Ostseite des Gebirges ist in ihrem Relief nicht eben verkehrsfreundlich. Wegen der dort ausgeschürften Zungenbecken, die im Holozän von großen Seen ausgefüllt wurden, wird im Osten der Landverkehr in N-S-Richtung an vielen Stellen gebrochen. Wenn nicht große Umwege über argentinische Territorien in Kauf genommen werden sollen, müssen auch hier Schiffe und Fähren die terrestrischen Verkehrsmittel ergänzen.

Auch unterbrechen die west-östlich streichenden Cuestas der Vorkordillere an verschiedenen Stellen den Verkehrsfluß und teilen gemeinsam mit den Vorlandseen die Park- und Pampazone in mehrere von einander klar geschiedene Subsysteme terrestrischer Kommunikation ein. Von Nord nach Süd sind dies: Lago Verde, Río Cisnes, Ñirehuao, Simpson, Río Ibañez, Chile Chico, Cochrane/Baker, Bravo/Pascua.

Dem Flugzeug setzen in dieser Zone Relief und Klima jedoch keine Hindernisse mehr entgegen.

4.3.2. Straßen und Wege

1975 hatte Chile insgesamt ein Netz an befahrbaren Straßen und Wegen von 75.321 km Länge. Bei einer Fläche von 765.626 km^2 (ohne Antarktis) errechnet sich daraus eine Wegelänge von 100 m/km^2. Chile gehört, wie diese Zahlen zeigen, zu den am schlechtesten verkehrsinfrastrukturell erschlossenen Ländern der Erde. Die 11. Región hinkt hinter dieser an sich schon schlechten Verkehrserschließung aber noch weiter zurück. Mit 1.462,2 km Wegen erreichte sie 1975 nur einen Dichtewert von 13 m/km^2 (Tab. 22). Auf die Einwohner bezogen wandelt sich das Bild

Tab. 22: Befahrbare Wege und Straßen in Chile und Aisén, 1975

Befestigungsart	Chile Länge km	%	Aisén Länge km	%
Beton	3.614,7	4,8	0,8	0,05
Asphalt	5.415,6	7,2	–	–
Schotter	36.082,9	47,9	1.088,6	74,45
Erde	30.208,4	40,1	372,8	25,5
Gesamt	75.321,6	100,0	1.462,2	100,0

Quelle: Zusammenstellung nach offiziellen Daten von MOP.

jedoch: Demnach kommen auf jeden Chilenen 1975 6,8 m Weg und Straße, auf jeden Aiséniner aber 24,8 m. Daraus wird deutlich, daß in der extrem schwach besiedelten Region Aisén größere Anstrengungen zur Versorgung der dispers lebenden Bevölkerung unternommen werden mußten, als etwa im dichter besiedelten Mittelchile.

Aisén steuerte einen mittleren Kurs hinsichtlich der Qualität seiner Wege. Nur 0,05 % wurden betoniert oder asphaltiert, aber fast drei Viertel aller Straßenkilometer geschottert. Die unbefestigten Erdwege, die immerhin 40,1 % der chilenischen Straßen ausmachen, haben in Aisén nur einen Anteil von 25,5 %. Allerdings ist zu berücksichtigen, daß sich Aisén auf vielen Wegen mit einer Straßenbreite von nur 4 m zufriedengegeben hat. Selbst die wichtigste Verbindung Puerto Aisén–Coihaique erlaubt mit durchgehend 9 m Straßenquerschnitt keine sehr hohen Verkehrsgeschwindigkeiten. Dabei ist dieser Weg der breiteste der Region. Die Straße nach Balmaceda besitzt nur einen Regelquerschnitt von 7 m.

Betrachtet man die Verteilung der befahrbaren Wege in der Region, ist deutlich zu erkennen, daß die Provinzen Coihaique und Aisén mit 82 % aller Wege wesentlich besser ausgestattet sind als die Provinzen Cap. Prat und Gral. Carrera. In den zentralen Provinzen ist somit bis 1975 ein respektables Wegenetz entstanden. Dagegen ist das Gebiet südlich des Carrera-Sees auf dem Landweg völlig von diesem Kernraum abgeschnitten. Ebenso sind die Becken von Lago Verde und Río Cisnes vergleichsweise schlecht an das wirtschaftliche Zentrum der Region angeschlossen (Karte 25).

Auch der Busverkehr ist auf dieses zentrale Aisén beschränkt. Zehn Linien hat die Region, drei Dienste verkehren allein auf der Strecke Coihaique–Puerto Aisén, so daß zwischen diesen Orten werktäglich in beiden Richtungen 7–8 Busse pendeln. Die anderen Strecken werden weniger gut bedient: nach Puerto Ibañez[1] fährt am Wochenende ein Bus hin und zurück. Zwischen Coihaique und Mañihuales sowie Baño Nuevo verkehren drei Busse, und nur die Strecken nach Villa Frei/Valle Simpson sind mit werktäglich zwei Bussen oder nach Balmaceda mit täglich einem Bus

---

1 Zur Lage der Zielorte des Busverkehrs vgl. Karte 16!

4.3. Die Verkehrsinfrastruktur

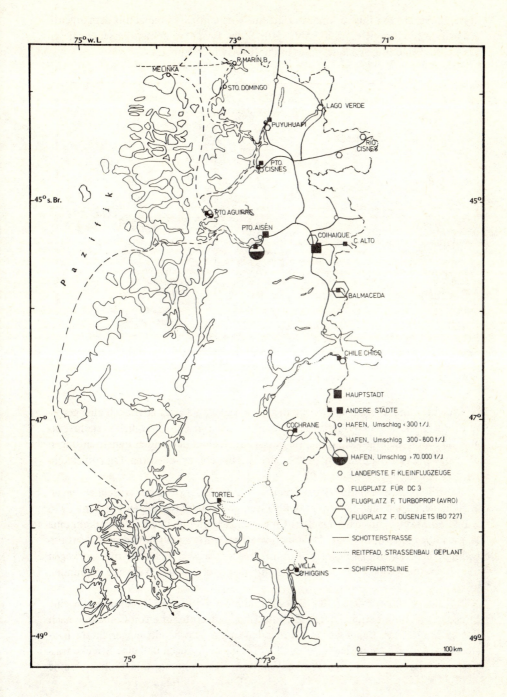

Karte 25: Verkehrsinfrastruktur der Región Aisén

besser versehen. Ein Bus verbindet Coihaique wöchentlich zweimal mit dem argentinischen Comodore Rivadavia (Abb. 10). Sechs Busunternehmen versehen diesen Dienst, fünf sind in Coihaique, eines in Puerto Aisén beheimatet.

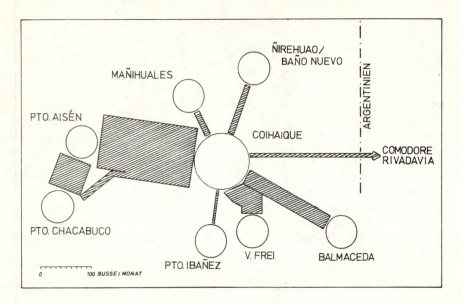

Abb. 10: Netz des Busverkehrs in der Región Aisén

Die Aufschlüsselung nach Wochentagen in Tabelle 23 zeigt aber auch eine gewisse Problematik des Busverkehrs auf. Wenn ein Bus nur einmal täglich verkehrt, ergibt sich zwangsläufig wenigstens für Passagiere in einer der beiden Fahrtrichtungen die Notwendigkeit, am Zielort zu übernachten, um erst am nächsten Tag zurückkehren zu können.

Bezüglich des internationalen Verkehrs, d.h. in diesem Fall der Anschließung an Mittelchile, haben sich in den letzten Jahren große Verbesserungen ergeben. 1976 wurde eine Autofähre nach Quellón/Chiloe eingerichtet, die dem Kraftverkehr eine längst fällige Alternative bot: Personen- wie Lastkraftwagen mußten nun nicht unbedingt mehr argentinisches Territorium kreuzen, was ja nicht nur mit Umwegen und Zeitverlust, sondern auch mit einem hohen bürokratischen Aufwand verbunden war.

Ein Jahr zuvor wurde ein deutsches Planungsbüro[1] mit dem Vorstudium für eine Straßentrassierung betraut, deren Ziel die Überlandverbindung von Coihaique nach Puerto Montt war. Dabei wurden vorhandene Wege und bereits eingerichtete Baustellen in der Nähe von Siedlungen in die Planung einbezogen und eine Strecke trassiert, die insgesamt zwischen Puerto Varas am Llanquihuesee und Coihaique eine

---

1 Salzgitter Consulting GmbH.

Länge von 790 km hat. Bei Baubeginn waren ca. 250 km dieser Straße schon vorhanden, die Baustrecke verringerte sich um weitere 68 km, die nach wie vor per Fähre zurückgelegt werden müssen.

Tab. 23: Busliniendienst in der Region Aisén 1979

Linie	Fahrten pro Tag							pro Monat
	M	D	M	D	F	S	S	
1. Coihaique – Pto. Aisén über km 57, 26, 20, 10	3	3	3	3	3	2	2	76
2. Coihaique – Pto. Aisén direkt	4	4	4	4	4	3	3	104
3. Coihaique – Chacabuco über km 57, 26, 20, 10, Pto. Aisén	1		1		1			12
4. Chacabuco – Pto. Aisén		4		4		4		64
5. Coihaique – Balmaceda über L. Chilenitas, El Blanco	1	1	1	1	1	1	1	28
6. Coihaique – Ñirehuao/Baño Nuevo über Mano Negra, V. Ortega, Richard, Bajo Mondo, Ñirehuao	1		1		1			12
7. Coihaique – Manihuales über Mano Negra, V. Ortega, E. Guillermo, La Balsa		1		1		1		12
8. Coihaique – Villa Frei/V. Simpson über Las Chilenitas, La Vargas, El Blanco, El Paloma, Martínez, Cementerio	2	2	2	2	2			40
9. Coihaique – Pto. Ibañez über Las Chilenitas, El Blanco						→	←	4
10. Coihaique – Comodore Rivadavia/Arg. über Coihaique Alto	→		←	→			←	8
Busbewegung	24	33	24	33	25	24	14	176

Quelle: Fahrpläne
Hinfahrt → Rückfahrt ←

In einem zweiten Bauabschnitt soll dann auch Coihaique unter Umgehung des Carrera-Sees mit Puerto Yungay am Baker-Fjord verbunden werden. Mit dieser Straße könnte endlich die Isolation der Südhälfte der Region überwunden werden. Da diese Strecke mit 479 km etwa genau so lang ist wie die Baustelle des Nordabschnitts, ist fraglich, ob sie in absehbarer Zeit überhaupt gebaut wird. Puerto Yungay (der Ort ist derzeit unbesiedelt) und seine mit weit auseinanderliegenden Minifundien besetzte Umgebung können die Verkehrsspannung gar nicht aufbauen, die eine solch große Investition rechtfertigen würde. Allenfalls wäre ein Wegebau bis Cochrane sinnvoll. Vermessen wurde die Trasse 1978/79.

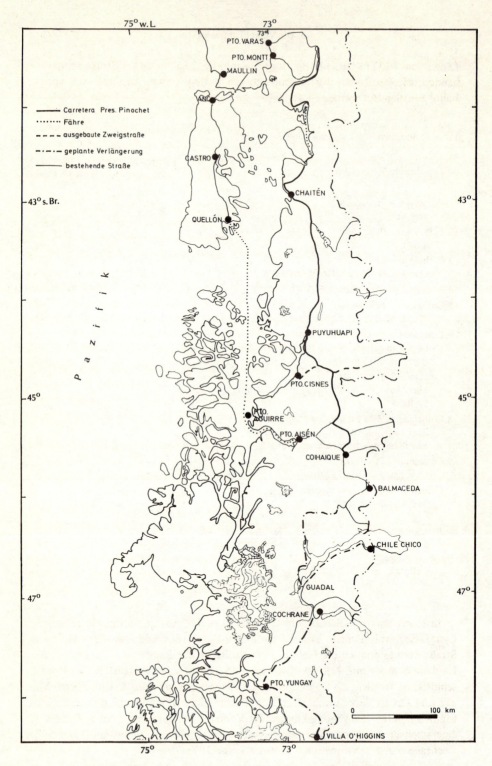

Karte 26: Die Carretera Presidente Pinochet und weitere Straßenprojekte in der Región Aisén

Die Ruta 45, die nach einer Idee von C. Fellenberg, dem Direktor des Amtes für Öffentlichkeitsarbeit von Coihaique, den Namen *Carretera Presidente Pinochet* erhielt, beginnt in Puerto Varas (Karte 26) und benutzt zunächst die bestehende Asphalt-/Schotterstraße nach Ensenada, zweigt dann nach Ralún ab, wo 1978 ein Luxushotel eröffnet wurde, und folgt dem Ufer des Petrohue-Fjords bis Cochamó. Bis dorthin bestand schon vorher ein Weg. Die Straße folgt nun dem Ufer bis Río Negro, wird dann jedoch wegen der vielen Seitenflüsse des Comau-Fjords nicht weitergeführt. Der 65 km lange Kanal wird per Fähre überwunden, deren Anlegestelle nahe Vodudahue gebaut wurde.

Auch der benachbarte, ca. 3 km breite Reñihue-Fjord wird per Fähre überbrückt. Von dort aus führt ein neuer Weg nach Chaitén, der Hauptstadt der Provinz Palena. Bis Puerto Cardenas am Lago Yelcho bestand schon früher eine Straße. Im Oberlauf des Río Frío beginnt nun ein sehr schwieriges Teilstück des Straßenbaus, der knapp südlich der Regionsgrenze von Aisén wieder auf einen fertigen Weg stößt, der von den deutschen Kolonisten von Puyuhuapi und mit deutscher Entwicklungshilfe fertiggestellt wurde. Die Umgehung des Risopatron-Sees, sowie die südlich von Puyuhuapi trassierte Strecke bis Queulat war wegen der fast senkrecht aufragenden Felswände vielleicht das schwierigste Teilstück für den Straßenbau überhaupt.

Dagegen war die Baustelle La Sarranda, die der Verf. ebenfalls 1979 im Bau sehen konnte, relativ leicht zu bearbeiten, da hier verhältnismäßig ebenes, allerdings oft sumpfiges Gelände vorlag, das per Knüppeldamm befestigt wurde.

Die Südcarretera war sicher eine große Herausforderung für Chile. Bedenkt man, daß große Teile der Straße mit simpelsten Maschinen und Werkzeugen erbaut wurden, daß zuverlässige und unzuverlässige Baufirmen kontraktiert wurden, daß in der Hochzeit des Baufortschritts, dem feste Termine gesetzt waren, Militärkolonnen eingesetzt wurden und andere Bauabschnitte von PEM-Arbeitern (chilenisches Arbeitsbeschaffungsprogramm, vgl. S. 83) erstellt wurden, so kann sich die in nicht ganz drei Jahren fertiggestellte Straße schon sehen lassen.

Allerdings wird sie auf Jahre hinaus Baustelle bleiben. Oft beträgt ihre Breite gerade 3 m, weil sich einzelne Baufirmen finanziell verkalkuliert hatten und die Straße einfach schmaler bauten als gefordert. Manche Kurven waren bei der Begehung, die der Verf. an verschiedenen Streckenabschnitten (Rosselot, Aeropuerto Puyuhuapi, Queulat, Cisne Medio, La Sarranda) durchführte, so eng, daß sie von Kleinlastwagen (Typ Camioneta) kaum durchfahren werden konnten. Auch zeigte sich, daß der Weg an einer Stelle direkt auf den Prallhang eines Flusses gelegt wurde, der ein pluviales oder gar nivales Abflußregime zu haben schien! Aber die Verbindung ist zunächst einmal geschlossen und wird im Laufe der Zeit immer weiter verbessert werden können.

Eine noch größere Herausforderung wäre natürlich die südliche Fortsetzung der Straße bis Puerto Yungay oder Tortel, ja erwogen wurde auch schon die Fortsetzung des Wegs bis Villa O'Higgins im südlichen Zipfel der Region. Die technischen Schwierigkeiten wären nicht größer als im ersten Bauabschnitt. Ob sich das Vorhaben für die gut 2.000 Einwohner der Provinz Capitán Prat (913 davon in Cochrane) überhaupt lohnt, ist erst nach dem Ergebnis der Eignungspotentialschätzung in Kap. 5 zu sagen.

4.3.3. Häfen und Seeverkehr

Der Schiffsverkehr von Aisén findet in den Fjorden und Kanälen der Pazifikküste und auf dem Lago General Carrera statt. Auf den einzigen schiffbaren Flüssen Río Baker (70 km) und Río Cisnes (12 km) gibt es keinen geregelten Verkehr.

Nach der Eröffnung des Panamakanals ist der Schiffahrtsweg durch die westpatagonischen Kanäle zu einer Wasserstraße ohne internationale Bedeutung herabgesunken. Eine deutsche Reederei, die die Westküste Südamerikas bedient, stellt die einzigen nichtchilenischen Schiffe, die die westpatagonischen Häfen anlaufen. Die chilenische Küstenschiffahrt unterhält einen mehr oder weniger regelmäßigen Linienverkehr. Dabei werden drei Linien bedient: die Direktverbindung Puerto Montt–Punta Arenas mit Zwischenhalt in Chacabuco, eine *Kordillerenroute*, die die Aiséniner Häfen mit Puerto Montt verbindet und eine *Inselroute* von Puerto Montt über Chiloe, Melinka, Aguirre nach Chacabuco.

Von Nord nach Süd reihen sich folgende Häfen an der Aiséniner Küste auf: Raúl Marín Balmaceda, Melinka, Santo Domingo, Puyuhuapi, Cisnes, Aguirre, Chacabuco[1]. Am Carrera-See besitzen folgende Siedlungen Anlagestellen: Ibañez, Levicán, Cristal, Sanchez, Murta, El Tranquilo, Bertrand, Guadal, Mallín Grande, Fachinal, Chile Chico[2].

Der wichtigste Hafen von Aisén ist Puerto Chacabuco. Er wickelt den größten Teil des Frachtverkehrs in und aus der Region ab. Im nationalen Maßstab ist er jedoch ohne Bedeutung: nur 1,2 % des Hafenumschlags von Gesamt-Chile erfolgen in Chacabuco. Der Hafen hat zwei Anlegestellen mit jeweils 9 m tiefem Fahrwasser. Die hölzerne 48 m lange *alte Mole* wurde 1968 erbaut und dient heute nur noch für die Viehverladung. Ihr ist ein großer, ebenfalls hölzerner Viehpferch angeschlossen. Die *neue Mole* wurde fünf Jahre später als Stahlkonstruktion mit Holzverkleidung errichtet und hat 52 m Kailänge. Zwei Hafenschuppen mit zusammen 4.540 m^2 Grundfläche, ein teilweise betonierter Vorplatz (20.000 m^2), zwei bewegliche Kräne, fünf Gabelstabler und sechs Traktoren ergänzen die Anlage.

Die an anderer Stelle hervorgehobenen natürlichen Vorzüge dieses Hafens (Lage direkt am Fjord, Schutz durch vorgelagerte Insel) werden aber eingeschränkt durch einen starken Tidenhub, der 3,5 m beträgt und das Be- und Entladen der Schiffe erschwert, sowie die starken Winde, die in Lee der vorgelagerten Insel im wesentlichen als lokale, dem Relief angepaßte Luftbewegungen ausgebildet sind. Morgens herrscht ein kräftiger Seewind, der, durch die Insel abgelenkt, von Südwesten kommt, abends dreht sich die Herkunftsrichtung nach Südosten, nun wehen ebenfalls noch starke ablandige Fallwinde, (Karte 27), die als Böen ankommen (Universidad ... 1970 u. Aussagen der Hafenverwaltung).

Puerto Chacabuco ist in erster Linie ein Hafen der Küstenschiffahrt (Tab. 24). Sie wickelte 1977 knapp 73 % des Hafenumschlags ab, 17 % entfielen auf die internationale Seeschiffahrt. Schiffe des HAPAG-Lloyd laufen Chacabuco sporadisch an.

---

1 Zur Lage der Küstenorte vgl. Karte 25!
2 Zur Lage der Häfen am Carrera-See vgl. Karte 4!

4.3. Die Verkehrsinfrastruktur 119

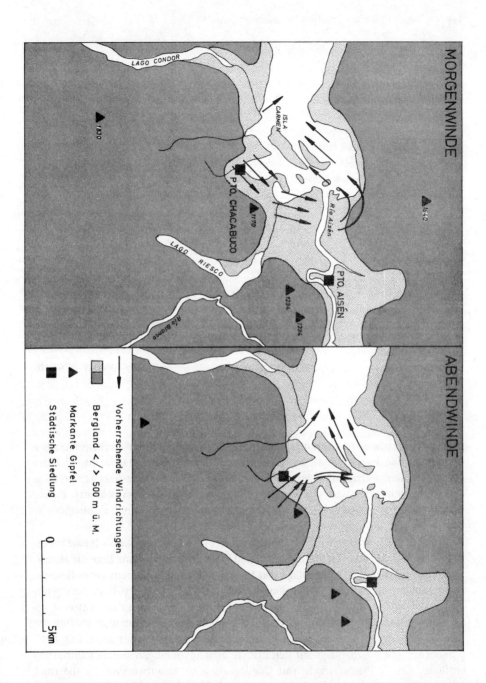

Karte 27: Lokale Windverhältnisse in Puerto Chacabuco

Tab. 24: Warenumschlag in Puerto Chacabuco 1977 (in t)

Verkehrsart	Ausschiffung Warengruppe	Menge	Einschiffung Warengruppe	Menge	Umschlag
Küsten-schiffahrt	Erdölderivate	11.207	Lebendvieh	12.015	
	Rollende Fahrzeuge (incl. Fährbetrieb)	7.675	Rollende Fahrzeuge (incl. Fährbetrieb)	6.336	
	Wein, Getränke	5.406	Flaschenleergut	2.486	
	Zement, Kalk, Gips, Glas	5.399	Holz	204	
	Mehl	4.655	Zement, Kalk, Gips	126	
	Landwirtsch. Produkte	2.321	Sonstige Güter	235	
	Kaffe, Yerba, Stückgut	3.503			
	Sonstige Güter	6.244			
	Zwischensumme	46.410		21.402	67.812
Internationale Seeschiffahrt	Fahrzeuge	154	Erz	6.760	
	Wein, Getränke	22	Wolle	1.283	
	Maschinen u. Ersatzt.	31	Holz	603	
	Erdölderivate	3			
	Kaffee, Tee, Yerba	2			
	Sonstige Güter	140			
Gesamt		46.762		30.048	76.810

Quelle: Emporchi

Die Küstenschiffahrt ist allerdings größtenteils beschränkt auf den Verkehr zwischen Chacabuco und Puerto Montt sowie den anderen Häfen Westpatagoniens. 82 % des interregionalen Warenumschlags wurden mit diesen Häfen abgewickelt, nur 18 % der Waren gelangte nach oder kam aus Häfen nördlich von Puerto Montt. Puerto Chacabuco fungiert somit nicht als nationaler, sondern vorwiegend als biregionaler Hafen.

Unter den zu verschiffenden Exportwaren spielt Holz heute nur noch eine untergeordnete Rolle (Tab. 24). Stattdessen bilden Wolle, Lebendvieh und Erze die Hauptausfuhrgüter. Die Kühlfleischanlage von Chacabuco war 1977 bereits außer Betrieb. Die gesunkene Bedeutung der Región als zollfreies Gebiet zeigt sich an dem geringen Anteil von Importwaren. Sie machen nur noch 0,75 % der ausgeschifften Tonnage aus, unter der eigentlich nur 185 t (0,4 %) als Ware aus Importgeschäften der Kaufleute von Coihaique zu gelten haben. Erwähnenswert scheint auch, daß 1977 schon 18,2 % des Umschlags auf den erst im Jahr zuvor eingerichteten Fährbetrieb entfielen. Dieser Pendelverkehr mit Quellón ist auch verantwortlich für die rund 20-prozentige Steigerung, die der Umschlag nach Chacabuco 1976–77 erfahren hat. Bis heute hat sich der Fährbetrieb noch verstärkt, da jetzt eine in der Bundesrepublik Deutschland gebaute Fähre den Dienst versieht und die alte *Pincoya* im Comau-Fjord auf der neuen Carretera eingesetzt wird.

Tab. 25: Warenumschlag in den Seehäfen Aiséns (ohne Chacabuco) 1975 (in t)

Hafen	Warenumschlag				
	mit Häfen der Region		mit Puerto Montt und Chiloe		Gesamt
	Tonnage	%	Tonnage	%	Tonnage
R. Marín B.	4,711	3,7	123,044	96,3	127,755
Melinka	4,010	1,4	285,700	98,6	289,710
Sto. Domingo	–	–	5,073	100,0	5,073
Puyuhuapi	15,882	2,2	711,348	97,8	727,230
Cisnes	34,712	9,5	330,804	90,5	365,516
Aguirre	51,860	9,3	506,979	90,7	558,839
Gesamt	111,175	5,4	1.962,948	94,6	2.074,123

Quelle: Empremar

Die übrigen Seehäfen Aiséns habe nur eine innerregionale Bedeutung (Tab. 25). Unter ihnen sind Puyuhuapi und Pto. Aguirre die wichtigsten. Wegen des überragenden Anteils, den der Warenumschlag mit Puerto Montt in diesen Häfen hat, wird ganz klar, daß Puerto Montt und nicht Coihaique/Chacabuco der Vorort für diese Häfen ist. Auch darin zeigt sich noch einmal die Abhängigkeit der Region vom Norden, jetzt auf einem ganz anderen Analyseniveau.

Für unsere Fragestellung ist auch das Passagieraufkommen der Küstenschiffahrt wichtig, weil damit die Verkehrsbedeutung der Küstenschiffahrt angezeigt wird (Tab. 26). Der Zahlenvergleich zeigt, wie nicht anders zu erwarten, eine starke Korrelation zwischen Siedlungsgröße und Passagieraufkommen. Ferner erweist sich eine regionale Scheidung etwa auf der Höhe von Santo Domingo: Alle nördlich gelege-

Tab. 26: Passagieraufkommen in den Seehäfen Aisén 1977

Hafen	Verkehr innerhalb der Region		Verkehr n. Pto. Montt und Chiloe		Gesamt
	Passagiere	%	Passagiere	%	Passagiere
R. Marín B.	107	17,7	495	82,3	53
Melinka	272	18,6	1.193	81,4	602
Sto. Domingo	27	50,9	26	49,1	1.465
Puyuhuapi	838	75,9	266	24,1	1.104
Cisnes	1.629	79,3	424	20,7	2.053
Aguirre	1.753	73,0	649	27,0	2.402
Chacabuco	3.800	39,6	5.907	60,4	9.607
Gesamt	8.426	48,7	8.860	51,3	17.286

Quelle: Empremar

nen Hafenorte haben eine stärkere Personenbewegung nach Puerto Montt, Ancud oder Castro, alle südlichen Häfen sind dagegen mehr auf Chacabuco ausgerichtet. Dies ist sicher eine Frage der Fahrpreisgestaltung, da zum persönlichen Einkauf der am preiswertesten zu erreichende Vorort gewählt wird.

Für den Personenverkehr und den Warenumschlag der Häfen am Lago General Carrera liegen leider keine Zahlen vor. Der Umschlag kann aber aus den in Puerto Ibañez erhobenen Werten erschlossen werden, das als einziges Tor zum See in einer Position gebrochenen Verkehrs liegt und End- und Startpunkt der Seeschiffahrt darstellt. Im Haven von Ibañez wurden 1975 2.514 t ausgeladen und 544 t eingeschifft. Darin zeigt sich, daß der Seeverkehr in der Hauptsache dem Abtransport der landwirtschaftlichen Erzeugnisse der Anlieger dient. Die Versorgung läuft über andere Kanäle: das Flugzeug oder die argentinische Grenze. Diese Handelsstruktur ist die Folge der inselhaft isolierten Lage des südlichen Seeufers.

Allerdings bildet der See für das ganze Baker-Gebiet die einzige Verbindung nach Coihaique oder zum Hafen Chacabuco, da die südlichen Provinzen Capitán Prat und Chile Chico über keinen regelmäßig bedienten Küstenhafen verfügen. Im Süden erzeugte Wolle sowie Lebendvieh muß daher zu einem Seehafen gebracht, dort verladen und nach Puerto Ibañez verschifft, nach Puerto Chacabuco gefahren und von dort weiter an die Märkte des Nordens gebracht werden.

Im Río Baker-, Río Pascua- und Río Bravo-Gebiet mit den dort vorhandenen nennenswerten Weidereserven werden sich erst dann akzeptable Produktionsbedingungen einstellen, wenn der Raum straßenmäßig erschlossen und mit dem Zentralaiseniner Netz verknüpft wird oder aber eine leistungsfähige Küstenschiffahrt diesen Raum mit einschließt.

Die Anlage eines Hafens verlangt jedoch die Anbindung an den Liniendienst der Küstenmotorschiffe und eine Verlagerung des Schiffahrtswegs vom Golfo de Penas an die Küste. Das aber wird erst möglich sein, wenn ein lang geplantes Projekt realisiert würde: die Öffnung des Isthmus von Ofqui per Kanal für die Küstenschiffahrt. Nur 19 km trennen die Laguna San Rafael von der Bahía San Quintín, 17 km davon werden vom Río Negro und Río San Tadeo durchflossen (Karte 28). Der eigentliche Kanal müßte daher nur auf 1.800 m trassiert werden, die übrigen Arbeiten könnten sich auf die Ausbaggerung und teilweise Begradigung der bestehenden Flußbetten beschränken.

1938 ist ein solcher Kanalbau projektiert worden. Unverzüglich wurde mit der Abtragung der Moräne zwischen der Laguna und dem Río Negro begonnen. Die Arbeiten wurden jedoch eingestellt, als in Europa der II. Weltkrieg ausbrach und die in Deutschland bestellten Maschinen Chile nicht mehr erreichten. Während der Bauarbeiten stellte sich auch heraus, daß das Projekt teurer wurde als vom belgischen Gutachter berechnet war. Ferner zeigte sich, daß der Río Lucac, ein Nebenfluß des Río Negro, stark sedimentführend ist und der Kanal hätte ständig freigehalten werden müssen. Dennoch wäre es mit den heutigen technischen Möglichkeiten nicht schwierig, das Kanalprojekt doch noch zu Ende zu führen. Der vergleichsweise geringe Aufwand würde nicht allein die Küstenschiffahrt erleichtern, sondern auch Entwicklungsimpulse für die Südaiseniner Gebiete geben.

4.3. Die Verkehrsinfrastruktur

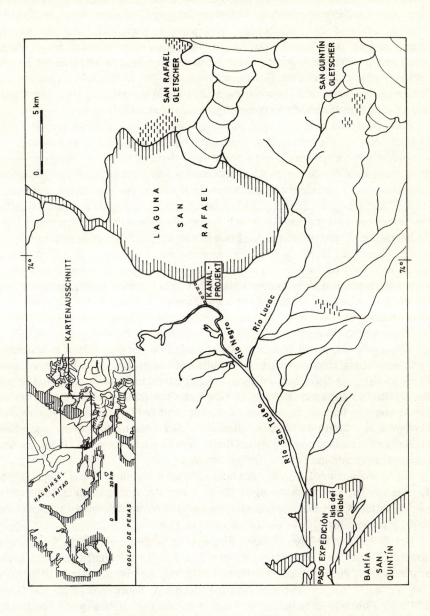

Karte 28: Das Kanalbau-Projekt am Isthmus von Ofqui

4.3.4. Flugplätze und Luftverkehr

Der Luftverkehr ist für die 11. Región zu einer tragenden Säule des Transportwesens geworden. Er erwies sich als besonders leistungsfähig, was die rasche Distanzüberwindung und die Erreichbarkeit entlegener Siedlungsplätze angeht. Darüberhinaus sind die Investitionskosten für die einzelnen Siedler oder den Staat (Anlage von Landepisten) relativ gering, die Unterhaltskosten für den Betreiber des Fluggeräts allerdings hoch. In einer Gesamtrechnung kann der Luftverkehr wegen der sehr hohen Einrichtungs- und Unterhaltungskosten des Wegenetzes in Aisén aber durchaus neben der terristrischen Verkehrsinfrastruktur finanziell bestehen.

Seine Nachteile sind die Wetter- und Sichtabhängigkeit, das relativ geringe Transportvolumen und die gewisse Exklusivität, die das Flugzeug immer noch besitzt.

In Westpatagonien begann die Epoche des Luftverkehrs mit den abenteuerlichen Flügen Günther Plüschows, die dieser mit seinem *Silberkondor*, einem stoffbespannten Heinkel D-24 Wasserflugzeug, unternommen hat (Plüschow 1929). Von einem dieser Flüge kehrte der Silberkondor, nachdem er noch in Puyuhuapi zwischengelandet war, nicht mehr zurück. Auch nach Plüschow waren es deutsche Piloten, die den Luftdienst in Aisén aufbauten. C. Fischer und E. Hein sind auch heute noch die bestausgestatteten Gesellschaften. Fischer unterhält die AEROCOR mit zwei DC-3 Maschinen (28 Pass. bzw. 2,5 t) und zwei Kleinflugzeugen (5–6 Pass.), Hein einen Lufttaxidienst mit drei 5–7sitzigen Maschinen. Fünf weitere Lufttaxiunternehmen bieten inzwischen mit sechs kleinen Maschinen (4–6 Pass.) ihre Transportdienste in der Region an.

Interregionale Verbindungen stellen die regelmäßigen Flüge der nationalen Fluggesellschaften her, wobei allerdings in den letzten Jahren eine eklatante Leistungsverschlechterung eingetreten ist. LAN-Chile hat zuerst die Turbo-Prop-Maschinen (Typ AVRO), die Coihaique anfliegen konnten, aus dem Verkehr gezogen. Die sich am Rande des Bankrotts bewegende Gesellschaft schränkte bald darauf auch die Bedienung von Balmaceda mit ihren Caravelle- una B-727-Jets auf ein Mindestmaß ein und hat – wenn die Berichte stimmen – den Verkehr inzwischen ganz eingestellt. Die LADECO, eine privatwirtschaftlich organisierte Gesellschaft mit modernem Fluggerät, soll die Lücke ausgefüllt haben.

Mit Ausnahme der Richtwege der internationalen Düsenjets ist das Fliegen in der Region auf den Sichtverkehr eingestellt. Im Osten der Anden sind die Routen relativ frei wählbar, innerhalb der Kordilleren orientieren sie sich an den großen Quer- und Längstälern, bzw. den Pässen zwischen den Tälern.

Der Bedeutung des innerzonalen Flugverkehrs angemessen, ist die Region sehr gut mit Landepisten ausgestattet (Karte 25). Nur ein Flughafen hat jedoch die ausreichende Länge für den Jetverkehr (2.100 m), dies ist der Regionalflughafen Balmaceda. 13 der 45 Aiséniner Flugplätze (28,8 %) haben eine Länge von 900–1.500 m. Folgende Ortschaften sind damit ausgestattet: Coihaique, Chile Chico, Ñirehuao, Puerto Aisén, Villa O'Higgins, Puyuhuapi, Cochrane, Entrada Baker, San Rafael, Puerto Guadal, Fachinal, La Tapera, Campo Grande. Startbahnen von 750–900 m haben Melinka, Río Ñadis, R. Marín B., Lago Brown, Valle Grande und Cer-

4.3. Die Verkehrsinfrastruktur

ro Castillo. Mehr als die Hälfte (25) aller Landepisten sind jedoch nur sehr kurz (600–700 m). In technisch einwandfreiem Zustand sind folgende 12 Plätze: Cacique Blanco, Río Cisnes, Las Latas, Lago Verde, Cal. Andrade, V. Tapera, Pto. Ibañez, Pto. Cisnes, Río Pascua, Pampa Seguel, Río Cooper und Río Murta.

Tab. 27: Fracht- und Passagieraufkommen der Flugplätze von Aisén 1975

Flughafen/ Landepiste	Fracht Rg/Jahr	%	Passagiere Anz./Jahr	%	Fluggerät	Frequenz
Balmaceda	627.335	61,7	24.555	71,4	Boing 727, AVRO, CESSNA	täglich und Lufttaxi
Coihaique	99.932	9,8	5.360	15,6	AVRO, DC-3, CESSNA	täglich und Lufttaxi
Villa O'Higgins	146.890	14,4	239	0,7	DC-3, CESSNA	Rufverkehr
Cochrane	53.765	5,3	2.351	6,8	DC-3, CESSNA	2/Woche, Lufttaxi
Chile Chico	12.804	1,3	658	1,9	DC-3, CESSNA	2/Woche, Lufttaxi
Lago Verde	15.798	1,6	433	1,3	DC-3, CESSNA	14tägig, Lufttaxi
Lago Quetru	13.000	1,3	34	0,1	CESSNA	Lufttaxi
Río Pascua	24.300	2,4	32	0,1	CESSNA	Lufttaxi
Lago Vargas	12.075	1,2	80	0,2	CESSNA	Lufttaxi
La Tapera	4.575	0,4	127	0,4	DC-3, CESSNA	14tägig, Lufttaxi
Río Cisnes	2.216	0,2	110	0,3	DC-3, CESSNA	14tägig, Lufttaxi
Caleta Andrade	130	0,0	133	0,4	CESSNA	Lufttaxi
Río Ñadis	1.764	0,2	–	–	CESSNA	Lufttaxi
Puerto Cisnes	455	0,0	76	0,2	CESSNA	Lufttaxi
San Rafael	630	0,1	62	0,2	CESSNA	Lufttaxi
Puerto Aisén	780	0,1	13	0,0	CESSNA	Lufttaxi
Puerto Guadal	300	0,0	38	0,1	CESSNA	Lufttaxi
Río Murta	100	0,0	22	0,1	CESSNA	Lufttaxi
Río Baker	–	–	13	0,0	CESSNA	Lufttaxi
Puerto Sanchez	50	0,0	17	0,1	CESSNA	Lufttaxi
Puyuhuapi	170	0,0	15	0,1	DC-3, CESSNA	Lufttaxi
Ñirehuao	–	–	8	0,0	CESSNA	Lufttaxi
Entr. Río Mayer	80	0,0	8	0,0	CESSNA	Lufttaxi
Río Cooper	30	0,0	9	0,0	CESSNA	Lufttaxi
Las Juntas	100	0,0	4	0,0	CESSNA	Lufttaxi
Gesamt	1.017.276	100,0	34.397	100,0	CESSNA	Lufttaxi

Quelle: Zusammengestellt und neuberechnet nach Minvu 1979

Die Zusammenstellung des Fracht- und Passagieraufkommens (Tab. 27) zeigt, daß der Luftverkehr mehr oder weniger komplementär zum Straßen- und Schifftransport arbeitet. Wenn man noch die Siedlungsgröße berücksichtigt, erweist sich, daß außer den zentralen Orten Balmaceda und Coihaique die nicht an die Küstenschiffahrt oder eine durchgehende Straße angebundene Siedlungen ein überdurchschnittliches Luftverkehrsaufkommen haben. An erster Stelle rangiert Villa O'Higgins, das allerdings insofern eine Sonderposition einnimmt, als es 1975 noch im Ausbau begriffen war. Cochrane und Río Pascua versorgen sich ebenfalls überwiegend aus der Luft, das gleiche gilt für die Streusiedlungsgebiete um den Río Ñadis und Lago Quetru. Die Seehäfen Puyuhuapi, Puerto Cisnes, Caleta Andrade (Pto. Aguirre) haben dagegen gemessen an ihrer Bevölkerungsgröße nur einen verschwindend geringen Luftverkehr.

4.4. ÖKONOMISCHE STRUKTUR

4.4.1. Die Produktions- und Beschäftigungsstruktur im Überblick

Die Wirtschaftsgeschichte zeigt, daß Aisén am Anfang eine reine Viehzuchtregion war, wobei an besonders begünstigten Stellen auch schon Ackerbau zur Selbstversorgung betrieben wurde. Schafe und Rinder kamen zugleich mit den Menschen nach Aisén und lange Zeit bestimmte ausschließlich diese agrarische Tätigkeit das Wirtschaftsleben der Region. Wenn 1976 nur noch 36,1 % der Erwerbspersonen im Primären Sektor beschäftigt waren, 45,8 % aber schon im Tertiären Sektor, zeigt diese Struktur nicht nur den inzwischen stattgefundenen Wandel an, sondern auch die bereits erreichte Grenze der Aufnahmekapazität der Landwirtschaft unter den gegenwärtigen Markt- und Produktionsbedingungen.

Dies tritt besonders deutlich hervor, wenn die Verteilung des Sozialprodukts der Region mit der Beschäftigungsstruktur verglichen wird (Tab. 28): Der Tertiäre Sektor erwirtschaftet bereits 48 %, die Landwirtschaft nur 27,1 % aller Güter und Dienstleistungen der Region. Im Mißverhältnis der Erwerbs- und Produktionszahlen wird deutlich, daß der Tertiäre Sektor eine relativ hohe Produktivität besitzt, der Primäre Sektor aber unter einem Überbesatz von Arbeitskräften leidet. Hoch produktiv erscheint 1970 der Handel, was aber angesichts der damals noch voll gültigen Begünstigungen der Importgeschäfte nicht verwundert (S. 99).

Tab. 28: Produktions- und Erwerbsstruktur in Aisén 1970

Sektor	Sozialprodukt in 1.000 E° von 1965	%	Erwerbspersonen %
Landwirtschaft	31,94	27,2	36,1
Fischfang	0,23	0,2	0,0
Bergbau	1,4	1,2	1,1
Industrie	7,63	6,5	7,9
Bauwesen	15,52	13,2	8,4
Energiewirtschaft	4,32	3,7	0,7
Transport	1,9	1,6	5,6
Handel	16,95	14,4	7,6
Dienstleistungen	37,65	32,0	32,6
Gesamt	117,54	100,0	100,0

Quelle: Odeplan

Das Verarbeitende Gewerbe ist praktisch nicht existent. Die hier angegebenen 7,9 % der Erwerbspersonen sind hauptsächlich in Handwerksbetrieben beschäftigt, deren Arbeitsproduktivität sehr gering ist (7,63 % des Sozialprodukts). Die Tragfähigkeit Aiséns war, das belegen diese Zahlen unter den damaligen ökonomischen Rahmenbedingungen 1970 schon überschritten.

4.4.2. Landwirtschaft

Die Fläche der Region Aisén unterlag 1974 nach einer Klassifikation von ODEPLAN der in Tab. 29 dargestellten Nutzung. Demnach wurde nur knapp ein Viertel der Region agrar- oder forstwirtschaftlich genutzt, der Anteil der landwirtschaftlichen Nutzfläche liegt bei rund 14 %. Was zunächst wie eine mangelhafte Ausschöpfung des Naturpotentials aussieht, entpuppt sich im Vergleich mit den schon 1968 vom landwirtschaftlichen Planungsamt ODEPA plublizierten Daten (Tab. 30) bereits als partielle Übernutzung. Allerdings bleibt unklar, wie ODEPA zu seiner Eignungsschätzung gelangt ist. Würden die von diesem Amt genannten Zahlen zuverlässig sein — wegen der undurchsichtigen methodischen Grundlage muß man daran allerdings zweifeln —, hätten schon 1968 den 2,643 Mio. ha, die für land- und forstwirtschaftliche Nutzungen geeignet wären, 2.944 Mio. ha tatsächlich genutzter Flächen gegenüber gestanden. Dies entspricht einer Übernutzung von 11,4 %[1]. Nach den Zahlen von ODEPA erscheint die Übernutzung im Detail aber noch gravierender. Während nämlich in der Forstwirtschaft demnach noch Erweiterungen denkbar wären (in der Größenordnung von ca. 25 %) und auch der Ackerbau sein potentielles Areal noch nicht ausgeschöpft hat, muß nach diesen Zahlen als alarmierend gelten, daß der Grünlandanteil für die Rinder- und Schafhaltung fast um das Dreifache höher ist als die Fläche, die dafür natürlich geeignet erscheint. Um ökologi-

Tab. 29: Fläche der Región Aisén nach Nutzungsarten

	Fläche in 1.000 ha	%
Grünland	1.442	13,9
Ackerland	3	0,0
Forstwirtschaft (aktiv)	962	9,3
ohne Nutzung	5.063	48,9
nicht erforscht	2.554	24,7
Andere	334	3,2
Gesamt	10.358	100,0

Quelle: Odeplan 1974

---

[1] Allerdings sind die hier gegebenen Zahlen irreführend. Derzeit werden noch 1,9 Mill. ha von Naturwald bestanden, 350.000 bis max. 600.000 ha davon sind u.U. in Wirtschaftswald zu überführen, tatsächlich werden aber erst 33.000 ha eingeschlagen und derzeit 15.000 aufgeforstet.

Tab. 30: Land- und forstwirtschaftliche Fläche der Región Aisén nach Eignung und Nutzung 1968

Nutzungsart	Eignung		Nutzung		Nutz.grad
	1.000 ha	%	1.000 ha	%	%
Ackerbau	5	0,05	3	0,03	− 40,0
Wiesen/Weiden	562	5,43	1.448	13,98	+157,7
Waldbau	2.076	20,04	1.493	14,41	− 28,1
nutzbar	2.643	25,52	2.944	28,42	+ 11,4
nicht nutzbar	7.715	74,48	7.414	71,58	
Gesamt	10.358	100,00	10.358	100,00	

Errechnet nach Zahlen von Odepa 1968.

sche Schäden zu vermeiden, wäre es daher dringend nötig, die Viehwirtschaft auf ein umweltverträgliches Maß zu reduzieren.

Das Problem der möglichen Übernutzung der landwirtschaftlichen Betriebsfläche ist den Planungsämtern demnach bereits seit geraumer Zeit bekannt, ohne daß man jedoch raumspezifische Kenntnisse gewonnen hätte. Solche Erkenntnisse können nur auf einer flächenorientierten Raumbewertung beruhen, wie sie in Kap. 5 vorgelegt werden soll. Solange nicht auf diese Weise exakte, auf Einzelflächen bezogene Daten ermittelt werden, bleiben alle Globalschätzungen der Planungsämter letztlich Spekulation. Zunächst aber soll die gegenwärtige Agrarnutzung im einzelnen dargestellt werden.

Wichtigstes Anbauprodukt des Ackerbaus ist der Hafer. Er wird, wie auch die anderen Ackerfrüchte, ausschließlich für die Versorgung der Region angebaut. Seine

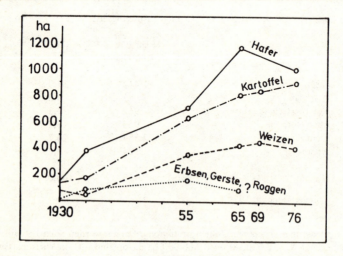

Abb. 11: Entwicklung der Anbauflächen von Feldfrüchten in Aisén 1930–1976

Anbaufläche hat sich von 150 ha (1930) kontinuierlich vergrößert, scheint aber heute auf ihrem Kulminationspunkt angelangt zu sein (Abb. 11). Die Kartoffel hat ihr Areal ebenfalls ständig erweitern können, während die Weizenkultur wie auch der (allerdings recht unbedeutende) Anbau von Erbsen, Gerste und Roggen im Rückgang begriffen sind. Die Erträge der Ackerfrüchte sind naturgemäß geringer als in Mittelchile. Der Durchschnittsertrag für Weizen betrug z.B. 1976 13,72 dz/ha, in der Provinz Llanquihue dagegen fast das Doppelte. Bei Kartoffeln werden 26,5, bei Hafer 14,3 dz/ha erzeugt.

Nicht ganz 1 % der ackerbaulichen Fläche wird derzeit bewässert (2.672 ha, vgl. Tab. 9). Der Río Jeinemeni beliefert das ausgedehnteste Bewässerungssystem der Region, derzeit 660 ha bei Chile Chico. Er hat ein nivales Abflußregime und führt in der Trockenzeit noch 10 m^3/sek. Wasser.

Die Bewässerungstechnik ist allgemein in der Region noch sehr rudimentär. Dies beweist die Anlage am Jeinemeni: der Kanal wurde aus Holzstämmen errichtet und mit Hafersäcken abgedichtet. Sein Hauptarm hat 8 km Länge und 3 m Breite. Er liegt ebenerdig ohne Bedeckung und hat eine maximale Kapazität von 1.172 m^3/sek. bei einem Bewässerungsgrad von 1,48 l/sek./ha bei ca. 40 % Wasserverlust. Die Betreuung des Systems unterliegt den Benutzern selbst. Die Chacras haben zwischen 6 und 10 ha Größe.

Das zweite, ausgedehnte Bewässerungssystem ist das des Río Lechoso bei Puerto Ibañez. Es hat ebenfalls ein nivales Abflußregime und infolge seines begrenzten Einzugsgebietes von ca. 100 km^2 nur eine Mindestwasserführung von 4,5 m^3/sek. in der Trockenzeit. Sein Bewässerungssystem ist zwar von geringerer Ausdehnung (435 ha), aber von besserer Ausführung als das des Jeinemeni. Der Hauptkanal ist aus Stahlbeton errichtet und hat eine Kapazität von 0,912 m^3/sek., gestattet damit aber ebenfalls eine Bewässerungsleistung von 1,48 l/sek./ha. Die Operation obliegt auch hier den Benutzern, die Chacras von 3–25 ha Größe bewirtschaften.

Alle weiteren Bewässerungssysteme der Region sind provisorischer Art, die kaum eine effektive Bewirtschaftung ermöglichen. Sie liegen in weiteren Ortschaften des Carrera-Sees, am Cisnes, Ñirehuao, Coihaique und Simpson.

Angebaut werden am Jeinemeni und am Lechoso vor allem Luzerne und Gartenbauerzeugnisse wie Kohl, Salat, Möhren, Knoblauch, Radieschen, Bleichsellerie, Chicoree, grüne Erbsen und Kräuter, ferner Paprika, Tomaten, Zuchinis und Auberginen. Etwa 100 ha werden auch von Obstbäumen eingenommen, darunter Äpfel, Pfirsiche, Zwetschgen, Quitten und Aprikosen.

Die Bewässerungsmöglichkeiten der Region sind mit den vorhandenen Flächen aber nicht ausgeschöpft. Vier Faktoren sind bei der Ermittlung potentieller Bewässerungsmöglichkeiten zu berücksichtigen:

1. das Wasserangebot (Lage in einem hydrogeographischen System mit ausreichender Wasserführung während der Wachstumsperiode),
2. Niederschlagsverteilung (Notwendigkeit der Bewässerung zur Ermöglichung oder Vermehrung der Agrarerzeugung während der trockeneren Jahreszeit),
3. Bodenqualität (Böden der Klassen III und IV),
4. Relief (terrassierbare Flächen).

Tab. 31: Ermittlung geeigneter Bewässerungsflächen in der Region Aisén

Boden Täler mit Böden der Klassen 3–4	Cfbt/BSk	K l i m a Sommerniederschl. < 400 mm: x < 200 mm: xx	Wasserangebot Retentions-/ Fluvialtyp x/(x)	Relief Terrassierbare Flächen	Potentielle Systeme Name	Potentielle Bewäss.fläche ha
1. Las Juntas						
2. Lago Verde	x					
3. Río Cisnes M.	x	x	x	x	Cisne Medio	49
4. Puyuhuapi						
5. Río Los Palos						
6. Río Manihuales						
7. U-lauf E. Guill.						
8. Pto. Chacabuco						
9. M-lauf E. Guill.	x	x	x	x	E. Guill. Medio	44
10. Río Ñirehuao	x	x	x	x	Ñirehuao	110
11. Río Simpson	x	x	x	x	Simpson	1.949
12. Río Ibañez	x	xx	x	x	Ibañez	208
13. Río Jeinemeni	x	xx	(x)	x	Jeinemeni	227
14. Bahía Jara	x	xx	(x)	x	Bahía Jara	
15. Río Chacabuco	x	xx	(x)	x	Chacabuco	69
16. Río Nef						
17. Río Colonia						
18. Río Cochrane	x	x	x	x	Cochrane	23
19. Río del Salto						
20. M-lauf Baker	x					
21. Río Ñadis	x					
22. Río Negro						
23. Río Bravo	x	xx	x	x	Bravo	16
Gesamt						2.834

In schrittweiser Analyse wurden in Tab. 31 zunächst 23 Täler mit ackerfähigen Böden ermittelt. Lediglich 11 dieser Täler liegen im Einflußbereich des Cfb_t- und des BSk-Klimas, in denen allein Bewässerungsmaßnahmen sinnvoll sein können. Das Lago-Verde-System erhält aber noch 600 mm Niederschlag im Sommer (Okt.–März), so daß hier mit Erfolg Trockenfeldbau betrieben werden kann. So reduziert sich die potentielle Einrichtung von Bewässerungssystemen auf die Talbereiche Cisne Medio, Emperador Guillermo Medio, Ñirehuao, Simpson, Ibañez, Jeinemeni, Bahía Jara, Chacabuco, Cochrane und Bravo. Die maximale für Bewässerung geeignete Gesamtfläche berechnet sich nach dieser Methode auf 2.837 ha (Tab. 31)[1].

Während also die Bewässerungsfläche und das Ackerpotential jeweils noch um rund 100 % zu steigern wären, ohne daß darunter das natürliche Gleichgewicht litte, hat die Weidewirtschaft in Aisén wie Tab. 30 zeigte, das ökologisch vertretbare Maß bereits überschritten. Aus diesem Grund hat auch die Viehzucht in allerjüngster Zeit starke Rückschläge hinnehmen müssen. Wie schon Bähr/Golte (1976, S. 104) ermittelten, hat die Viehwirtschaft in Aisén von 1930–1970 eine ständige Intensivierung erfahren. Setzt man mit diesen Autoren sechs Schafe gleich einer Großvieheinheit (GVE)[2], lag 1936 bei einem Bestand von 22.434 Rindern und 399.699 Schafen das Rind-Schaf-Verhältnis bei 1:3 (1,8). Bis 1972 hat sich der Rinderbestand auf 135.910 versechsfacht, während sich die Schafe nur auf 893.780 Stück vermehrten, so daß sich die Relation Rind/Schaf auf 1:1,1 (0,65) verkürzte. Auch in den vier folgenden Jahren stieg der Rinderbesatz noch auf 169.246 Stück an, während sich der Schafbestand auf 745.914 verkürzte, so daß heute mit einem Rind-Schaf-Verhältnis von 1:0,73 (0,44) die Rinderzucht bereits der bedeutendere Wirtschaftszweig der Region geworden ist (Abb. 12).

Mit der Erhöhung des Rinderbestandes ist auch eine Verbesserung des Zuchtgutes einhergegangen. Ursprünglich wurde in erster Linie Shorthorn gehalten, inzwischen sind viele Betriebe auf rotbuntes Vieh (57 % des Rindbestandes) und Hereford (13 %) umgestiegen. Durch die Einführung des fleischbetonten Zweinutzungsrinds der rotbunten Rasse hat sich die früher ausschließlich an der Mast orientierte Produktion zu einer gemischten Fleisch- und Milcherzeugung mit Betonung der Mastviehhaltung gewandelt.

Zu erklären ist die Entwicklung zu einer Intensivierung der Viehwirtschaft aus der fortgeschrittenen Kolonisation und der langsamen Verbesserung der Markbedingungen der Region. Dies wird auch deutlich, wenn man die Haltung anderer Tiere betrachtet. Die ursprünglich auf Selbstversorgung ausgerichtete Schweinezucht ist dabei, sich zu einem marktorientierten Betriebszweig zu entwickeln, freilich ist der Besatz mit 7.089 Schweinen (= 1.772 GVE) 1976 noch relativ gering. Dies gilt

---

[1] Die in der Tab. angegebenen Flächenwerte wurden aus der topographischen Karte planimetriert. Dabei wurden alle flächig erscheinenden Geländeteile als potentiell terrassierbar bzw. bewässerbar angesehen. Die Zahlen sind demnach Schätzwerte, die möglicherweise unter den tatsächlichen Möglichkeiten liegen. Das große Bewässerungspotential des Simpson erklärt sich aus dem Vorhandensein weiter Täler v.a. am oberen Simpson.

[2] Gemeinhin wird das Schaf allerdings nur als 0,1 GVE gerechnet (Könekamp 1969, S. 62). Die sich nach diesem Faktor ergebenden Werte werden im folgenden in Klammern gesetzt.

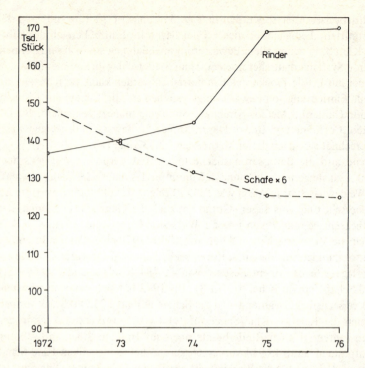

Abb. 12: Entwicklung des Rinder- und Schafbestandes in der Región Aisén 1972–1976
Die Zahl der Schafe wurde durch 6 dividiert (6 Schafe = 1 GVE, vgl. Text!), die realen Bestandszahlen ergeben sich also durch Multiplikation des Diagrammwertes mit 6.

auch für die Geflügelhaltung, die ganz allgemein in Chile auf dem Vormarsch ist (Steigerungsrate in Chile 1972–75: 50 %!). Aisén hat dieses Wachstum noch übertroffen, und hier ist auch in Zukunft mit weiterem Zuwachs zu rechnen (Tab. 32).

Die Produktionsergebnisse in Fleisch und Milch können sich durchaus sehen lassen, wenngleich die mitgeteilten Zahlen (z.B. bei SERPLAC) mit 5,8 l Milch/Kuh/Tag doch zu hoch gegriffen erscheinen. Eine Stichprobe des Verf. bei 10 Kleinlandwirten der Region ergab Durchschnittserträge von 2,3 l/Kuh/Tag, wobei in der Regel 7 l/Kuh/Tag während der viermonatigen Saison abgemolken werden. Die Milchproduktion ist bei 90 % der Betriebe noch ein reines Saisongeschäft, auch sonst zeigt die Stichprobe einen relativ niedrigen Stand der Produktionstechnik. So werden z.B. die Kälber häufig noch mit der Mutter großgezogen. Die fehlende Streckung der Milchproduktion, wie sie in den gutgeführten Veredelungswirtschaften mit Viehaufstallung im Winter im Kleinen Süden längst betrieben wird, führt daher auch zu einem absoluten Milchdefizit während der Wintermonate, das nur durch Import gedeckt werden kann.

Zur Verbesserung der Milchversorgung der Bevölkerung und der Absatzbedingungen für den Erzeuger wurde 1969 von der CORFO eine Molkerei (Calaysén) eröff-

Tab. 32: Entwicklung des Viehbestandes in Aisén 1936–1976

	Rinder	Schafe	Pferde	Schweine	Geflügel
1936	22.434	399.499	10.926	?	?
1943	46.121	666.550	17.551	?	?
1955	94.238	576.957	24.131	?	?
1965	102.243	860.295	20.917	?	?
1972	135.910	893.780	?	4.107	9.000
1973	139.745	831.270	?	3.581	15.000
1974	143.641	788.768	?	3.724	?
1975	168.648	788.768	?	7.114	55.356
1976	163.951	744.712		7.043	54.869
1977	169.950	744.712	17.000	?	?

Quellen: Bähr/Golte 1976, Agrarzensus 1976, Serplac, Corfo.

net, die allerdings die in sie gesetzten Hoffnungen nicht erfüllen konnte und in den siebziger Jahren wieder geschlossen wurde. Mit der im Sommer im Überfluß vorhandenen Milch wird daher heute wieder auf den Fundos selbst der Käse erzeugt und dieser an die Verbraucher geliefert.

Die Milchproduktion steht in der Veredelungswirtschaft Aiséns nur an zweiter Stelle. Dominant ist nach wie vor die Rindermast. Allerdings ist auch dieser Betriebszweig mit erheblichem Aufwand verbunden, da das Vieh als Lebendvieh zum wichtigsten Markt, nämlich Santiago, transportiert werden muß. Die 1970 eingerichtete Kühlfleischanlage in Puerto Chacabuco, ökonomisch eine längst fällige Einrichtung für die 11. Region, wurde wegen fehlender Auslastung, Vermarktungsschwierigkeiten und Mißmanagement 1976 wieder geschlossen. Die Fabrik ist für die Verarbeitung von täglich 170 Rindern oder 850 Schafen eingerichtet und besitzt eine Kühlfleischkapazität von 3.000 t. Als Nebenprodukte können u.a. Häute und Blutmehl erzeugt werden. Das Investitionskapital dieser Anlage beträgt 1,5 Mill. US-Dollar.

Zum Zeitpunkt der Datenerhebung wurden die Rinder wieder lebend über den Land- bzw. Land-/Wasserweg nach Puerto Montt vermarktet, wo sie infolge des erlittenen Gewichtsverlustes zunächst auf eine Zwischenweide kommen, bevor der größte Teil des Viehs nach Santiago geht und ein kleinerer Teil auf den Viehversteigerungen des Kleinen Südens seinen Käufer findet. Die Schafe gelangten großenteils in die Schlachthäuser von Magallanes, wo sie verarbeitet und meist in arabische Länder und nach Israel exportiert werden. Nur der Wollexport lief über Coihaique/Puerto Chacabuco. Die Wolle wird überwiegend nach Europa exportiert.

Es ist damit zu rechnen, daß die neueren Zahlen wegen der inzwischen geschlossenen Molkerei und Kühlfleischfabrik wieder einen Rückgang der Rinderhaltung anzeigen. Dies ist zwar ökonomisch zu bedauern, könnte aber den Anlaß zu einer ökologischen Neubesinnung geben. Tatsächlich hat die Region von 1968 bis 1977 bereits einen Verlust von 22 % ihrer Weidefläche hinnehmen müssen. Das Gründlandareal beträgt heute nur noch 1.121.378 ha, eine Folge der Bodenzerstörung durch Beweidung ökologisch nicht geeigneter Flächen. Die Weidefläche teilt sich in 552.778 ha

Naturweide, 259.500 ha verbesserte Weide und 309.100 ha Waldweide in Gebieten mit Brandwald. Es ist ein fast unverständlicher Widerspruch, zu sehen, daß einerseits Weiden auf Steilhängen intensiv genutzt werden, während andererseits in ebenem oder schwach geneigtem Gelände große Flächen ungesäuberter ehemaliger Brandrodungsgebiete nur extensiv genutzt werden können. Ca. 15–20 % der Flächen werden auf solchen ungesäuberten Koppeln von liegengebliebenen Baumstämmen eingenommen: neben dem Flächenverlust ein ständiges Risiko für Vieh und Hirten, insbesondere, wenn Rindvieh aufgetrieben wird.

Die ökologische Gefährdung liegt aber nicht allein in der Offenhaltung abtragungsgefährdeter Flächen, wie sie in Tab. 30 deutlich hervortritt, sondern auch in dem Überbesatz durchaus geeigneten Grünlandes mit Vieh. Die Gefahr der Überweidung ist eine Folge der Teilung der Landkonzessionen der relativ extensiv arbeitenden Schafzuchtgesellschaften, weil die Kolonisten auf vielfach zu kleinen Ländereien zuviel Vieh halten mußten, um sich eine gewisse Existenzgrundlage zu schaffen. Wanderdünen im argentinischen Teil der Pampa zeugen davon, daß die Ausblasung bei zu schwacher Vegetationsdecke ein leichtes Spiel hat. Die Tendenz zur Überweidung wird durch Verbesserungen in den Absatzbedingungen zur Zone noch steigen; es ist dringend an der Zeit, Alternativen aufzuzeigen oder Restriktionen zu verfügen.

Tab. 33: Landwirtschaftliche Besitzstruktur in Aisén 1975

Parzellengröße ha	Region Anz.	%	Prov. Aisén u. Coihaique Anz.	%	Prov. Gral. Carrera Anz.	%	Prov. Cap Prat Anz.	%
>5	300	9,9	200	9,2	89	14,8	11	4,2
5,1–20	228	7,5	164	7,5	58	9,6	6	2,3
20,1–100	436	14,3	394	18,1	40	6,6	2	0,7
101–200	340	11,2	297	13,6	38	6,3	5	1,9
201–500	696	22,9	536	24,6	134	22,3	26	9,9
501–1.000	682	22,4	422	19,4	172	28,6	88	33,5
1.001–2.000	225	7,3	111	5,1	53	8,8	61	23,2
>2.001	138	4,5	56	2,5	18	3,0	64	24,3
Gesamt	3.045	100,0	2.180	100,0	602	100,0	263	100,0

Quelle: Ine, Zensus

Insofern hat auch die Agrarreform die ökologische Gefährdung der Region eher verstärkt. 1975 war eine Besitzstruktur entstanden, die auf den ersten Blick sehr ausgeglichen wirkt (Tab. 33). Eine derartige Aufstellung kann jedoch das tatsächliche natürliche Potential nicht berücksichtigen, über das die einzelnen Betriebe verfügen. Am Carrera-See können auf bewässerter Parzelle 20 ha bereits ein gutes Auskommen ermöglichen, in der unmittelbar benachbarten Pampa jedoch können auf 1.000 ha nicht einmal 300 Schafe gehalten werden.

4.4. Ökonomische Struktur

Zwei Drittel der Landwirte (2.060) gehören unter Berücksichtigung der Bodenproduktivität zu den Minifundistas. Die von ihnen bewirtschaftete Fläche beträgt 819.299 ha, dies entspricht einer Durchschnittsnutzfläche von 397,7 ha.

Dabei haben sich unter den Minifundistas die auch aus Mittelchile bekannten Pacht- und Unterpachtverhältnisse wenigstens teilweise eingestellt. 59,6 % bewirtschaften ihre eigene Parzelle, 4,9 % sind Pächter, 0,1 % Halbpächter, 10,5 % Erbgemeinschaften, 1,1 % Verwalter und 11,9 % haben ihre Fläche besetzt, ohne einen rechtsgültigen Anspruch darauf zu haben.

4.4.3. Forstwirtschaft

In der Región Aisén bedeckt der Naturwald noch 1.923.472 ha. Die staatliche Forstbehörde CONAF schätzt den Anteil des wirtschaftlich ausbeutbaren Waldes auf 18 % (347.250 ha). Allerdings herrschen über die forstwirtschaftlichen Möglichkeiten sehr unklare Vorstellungen. ODEPA hielt 1968 gleich den gesamten Waldbestand der Region für nutzbar (vgl. Tab. 30), ähnliche Vorstellungen hegen auch heute noch manche Regionalpolitiker. Iren (1967) war mit seiner Schätzung von 578.135 ha wesentlich realistischer. Der zuletzt von CONAF genannte Wert dürfte jedoch recht genau den Teil des Naturwaldes bezeichnen, der ohne ökologisch nachteilige Folgen in Wirtschaftswald zu überführen wäre.

Tab. 34: Wälder in Ausbeutung 1977/78 nach Distrikten und Baumarten

Comuna	Distrikt	eingeschlagene Baumarten	Einschlagfläche ha
Cisnes	Pto. Cisnes	Tepa, Teniu, Coihue, Mañio, Ciprés	4.739,1
Aisén	Pto. Aisén	Mañio, Coihue, Tepa, Ciruelillo, Teniu	1.459,4
	San Rafael	Coihue, Mañio, Tepa, Ciprés, Canelo, Teniu, Ciruelillo	9.518,3
	Las Huichas	Coihue, Mañio	149,4
Coihaique	Coihaique	Lenga	2.185,0
	Mano Negra	Lenga, Coihue, Tepa	1.121,6
	Ñirehuao	Lenga	4.946,2
	Lago Pollux	Lenga	595,9
	Lago Elizalde	Lenga	1.089,6
Río Ibañez	Lago Lapparent	Lenga	4.857,5
Chile Chico	Murta	Lenga	433,0
Guadal	Guadal	Lenga	695,5
Cochrane	Baker	Lenga	437,3
Guadal	Guadal	Lenga	695,5
Tortel	Cal. Tortel	Lenga	600,9
O'Higgins	Mayer	Lenga	758,3
Región			33.584,0

Quelle: erfragt bei Conaf, Coihaique

Dieses Potential bietet vor allem der Lenga-Wald, der aus ökonomischen wie ökologischen Gründen (S. 74) für die Holzausbeutung am ehesten in Frage kommt. Er stockt noch auf 663.711 ha. Derzeit werden aber nur 33.584 ha tatsächlich ausgebeutet (Tab. 34). Der Holzeinschlag erfolgt ohne Wiederaufforstung auf den gerodeten Flächen und ist insofern als reine Exploitation zu bezeichnen (Eisenhauer 1981, S. 48). Insofern ist der Rückgang der Holzwirtschaft von 45 in Betrieb befindlichen Sägewerken 1972/73 auf nur 14 im Sommer 1976/77 mit einer damit einhergehenden Halbierung der Holzproduktion eine zunächst erfreuliche Entwicklung. Unter ökonomischen Gesichtspunkten ist aber durchaus in absehbarer Zeit mit einer Neubelebung des Holzgeschäftes zu rechnen, insbesondere auch dann, wenn die Anstrengungen der CONAF und der Regierung zur Aufforstung geeigneter Flächen Erfolg zeigen.

Die Wiederaufforstung begann Ende der 60er Jahre mit Versuchen des forstwirtschaftlichen Instituts der Universität Valdivia unter P. Burschel, der u.a. die Beschiessung von erodierten Steilhängen mit Samenkapseln vom Flugzeug aus probierte. Im Zuge der Einrichtung von forstwirtschaftlichen Anlagen wurden in Coihaique und Cochrane Baumschulen angelegt, die dem Heranziehen von Jungpflanzen ebenso dienen sollten wie der Erprobung raschwüchsiger Baumarten unter den ökologischen Bedingungen der Zone.

Die guten Erfahrungen, die man im Kleinen Süden mit *Pinus radiata* gemacht hatte, wiederholten sich jedoch in Aisén nicht. Versucht wurden nun Anpflanzungen mit *Pinus silvestre, Pinus ponderosa, Pinus contorta, Larix decidua, Picea abies, Pseudotsuga menciessi* und *Salix*, wobei sich jedoch zeigte, daß die meisten immergrünen Nadelbäume in windexponierten Lagen krummwüchsig werden. Auch muß der ökologische Wert von Pinus-Monokulturen im Sinne der Kiefern-Äcker des Kleinen Südens für Aisén in Frage gestellt werden, da die Bodenhaltefähigkeit dieser Arten geringer ist als die der einheimischen Südbuchen und überdies eine Versauerung des Bodens eintreten kann. So wäre zu wünschen, daß die Lenga-Kultur, die sich ja durch Schnellwüchsigkeit, rasche Samenproduktion (= Naturverjüngung!) und wertvolles Holz auszeichnet, bald zu einer Rückbesinnung auf eine Aufforstungspolitik mit regionalen Hölzern führt.

Tab. 35 zeigt die 1979 aufgeforsteten Flächen. Das Reforestationsareal von knapp 14.000 ha ist allerdings miminal gegenüber einer Gesamtfläche von 1.321.306,8 ha die nach Berechnungen der CONAF aufforstungswürdig sind. Dazu gehören die vielen Brandwälder, in denen sich Matorrales ausgebreitet haben (S. 75), gehören aber auch große Teile der heute noch weidewirtschaftlich genutzten Böden. Erst wenn diese ehrgeizigen Programme verwirklicht werden und zum Einschlag herangewachsen sind, kann Aisén der Holzlieferant für Chile, Argentinien und Europa werden.

Mit dem Gesetz Nr. 701/74 versucht die Regierung, auch private Landbesitzer zur Waldpflanzung anzuregen. Sie bietet 75 % Pflanzsubvention, Steuerfreiheit und Sicherheit vor Enteignung. Zur Hilfestellung für Aufforstungsvorhaben werden von der CONAF für interessierte Landbesitzer Aufforstungspläne erstellt, die Angaben über Lage, Erreichbarkeit, Bodenbeschaffenheit, Topographie, Hydrographie und Klima enthalten, die bereits bestehende Vegetation inventarisieren und darauf einen

4.4. Ökonomische Struktur

Tab. 35: Aufgeforstete Wälder in Aisén 1979

Name	Besitzer	Gesamtfläche ha	davon aufgeforstet ha	%
Res. Forestal Coihaique	CONAF	2.150	553,82	25,8
Mañihuales	CONAF	3.785	3.400,0	89,8
Cerro Castillo	CONAF	179.550	8.000,0	4,5
Cerro Divisadero	CONAF	1.246	979,0	78,6
Asentamiento San Miguel	CORA	1.500	90,0	6,0
As. Diego Portales	CORA	3.017	112,0	3,7
As. Nuevo Porvenir	CORA	1.040	90,0	8,7
Jeinemeni	CONAF	38.700	150,0	0,4
Lago Cochrane	privat	1.200	20,0	1,7
Camango	CONAF	10	10,0	100,0
Esmeralda	CONAF	1.100	170,0	15,5
Verschiedene	17 Privat-Landbesitzer	5–122	402,5	40,0
Gesamt	28 Wälder	234.148	13.980,32	6,0
Aufforstungsreserve		220.167,68		

Quelle: erfragt bei CONAF.

detaillierten Aufforstungsplan für geeignete Teile des Fundos aufbauen. Zu jedem Plan gehören eine topographische Karte im Maßstab 1:10.000 und eine Bodenkapazitätskarte mit Aufforstungsplan.

Ziel dieser Beratung, die in großem Stil in ganz Aisén durchgeführt wird, ist es, Landwirte für Aufforstungsmaßnahmen zu gewinnen und damit einen Beitrag zur Wiedererlangung des ökologischen Gleichgewichts der Region zu leisten. Insbesondere sollen die Waldanpflanzungen Schutz vor Bodenerosion (Ausblasung und Abspülung) gewährleisten und helfen, das Abflußregime der Vorfluter zu regulieren.

Allerdings muß die Aufforstungsmaßnahme für den Produzenten lukrativ sein, und hier liegt eine gewisse Problematik der somit an den Gesetzen des Marktes orientierten Aufforstungspolitik. Die Wohlfahrtswirkung des Waldes, deren Einschätzung allein durch großzügige staatliche Wiederaufforstungsmaßnahmen ermöglicht würde, werden in Chile jedoch leider viel zu gering geachtet. Der CONAF stehen zwar in Aisén noch 212.560,68 ha eigene Aufforstungsfläche zur Verfügung, nicht aber die finanziellen und personellen Mittel, dieses Areal auch in absehbarer Zeit zu begrünen. Wenn, wie die liberalistische Wirtschaftspolitik der Regierung nahelegt, nun mit einer Privatisierung der Forstwirtschaft geliebäugelt wird, ist zu befürchten, daß in einer ausschließlich am Profit orientierten Waldbewirtschaftung die Wohlfahrtswirkungen und Sozialfunktionen des Waldes gänzlich untergehen.

Auch darf man sich von einer alleinigen Förderung der Privatinitiative nicht allzuviel versprechen, da die CONAF selbst ja 61,3 % der für die Aufforstung infrage kommenden Flächen besitzt. Zählt man die der Agrarreformbehörde gehörenden Areale dazu, verbleiben für die privatwirtschaftliche Landwirtschaft nur 37,2 % der potentiellen Flächen übrig.

4.4.4. Fischerei

In Aisén ist die Fischerei zu über 90 % auf das Sammeln von Schalentieren ausgerichtet. 1975 stand z.B. 108 t Fischanlandung ein Fangergebnis von 1.507 t Muscheln gegenüber (Tab. 36). Damit erwies sich die Fischerei im engeren Sinne als für die nationale Wirtschaft unerheblich, während aber der regionale Muschelfang wenigstens 1,6 % zum Gesamtaufkommen Chiles beitrug. In erster Linie werden die Miesmuscheln Chorito (Mytilus chilensis, 4–5 cm lang), Cholga (*Mytilus magellanicus*, 8–12 cm lang) und Choro (*Choromytilus chorus*, bis zur Länge von etwa 20 cm) gefunden, aber auch Austern (*Ostrea chilensis*) und Seeigel (Erizos; *Loxechinus albus*). Die wertvolle Königskrabbe Centolla (*Lithodes antarcticus*) kommt in den Aiséniner Küstengewässern kaum vor, wird aber östlich von Chiloe noch gefangen. Eine nur lokale Bedeutung haben der Picoroco und der Jaiva. Unter den angelandeten Fischen nehmen der Congrio dorado (*Genyperus blacodes*) und der Robalo (*Mugiloides chilensis*) die Hauptbeute ein.

Die in Tab. 36 aufgeführten Anlandungsergebnisse führen nur den Anteil des auf den Markt gelangenden Fangs auf. Es ist zu berücksichtigen, daß ein nicht unerheblicher Teil direkt dem häuslichen Konsum der Fischerbevölkerung zugeführt wird. Auch ist die Produktivität der Aiséniner Küstengewässer durchaus höher als aus diesen Zahlen zu erschließen ist, da von den Fischersiedlungen Puerto Aguirre, Caleta Andrade und Melinka nur ein Teil der Küste abgesammelt wird, während chilotische Fischer die Kanäle Aiséns ebenfalls mit absammeln. Die ergiebigsten Muschelgründe sind zweifelsohne die der Küste zugewandten Ufer der Inseln, die Kanäle und die Festlandsfjorde, während die zum Pazifik offenen Buchten und der Penasgolf kaum aufgesucht werden.

Die beiden Konservenfabriken von Caleta Andrade nahmen bis 1977 etwa 10 % des Fangergebnisses ab, der Rest gelangte auf die regionalen Märkte und vor allem nach Chiloe und Puerto Montt. 1978 wurden beide Betriebe wegen mangelnder Rentabilität geschlossen. In den letzten Jahren hat sich das Touristenschiff Skorpios per Kontrakt einen Teil des Fangergebnisses gesichert.

Etwa 740 Fischer, von denen allein knapp 500 auf den Huichas-Inseln leben, besorgen den Fischfang, von dem in der Gesamtregion ca. 4.500 Personen abhängig

Tab. 36: Fischfang, Muschelsammelwirtschaft und Fischkonservenproduktion in Chile und Aisén 1972–1975 in t und %

Jahr	Fische			Mariscos			Marisco-Konserven		
	Chile	Aisén	%	Chile	Aisén	%	Chile	Aisén	%
1972	690.469	132	0	102.375	1.469	1,43	11.669	88	0,75
1973	581.417	145	0	181.031	1.425	0,79	10.359	116	1,12
1974	1.047.808	?	0	80.431	?	?	13.739	57	0,41
1975	804.022	108	0	95.436	1.507	1,58	8.996	118	1,31

Quelle: SAG

sind. Zweifellos hat dieser Wirtschaftszweig erst ein sehr geringes technologisches und wirtschaftliches Niveau erreicht. Eine Modernisierung der industriellen Verarbeitung wäre insgesamt wünschenswert, um die Lebenssituation der vom Fischfang lebenden Bevölkerung zu verbessern.

4.4.5. Bergbau

Die Geschichte des Bergbaus begann in Aisen 1945, als die Mina Silva der Compañía Minera Aisén in Puerto Cristal mit dem Abbau von Zink- und Bleierzen begann. Zehn Jahre später eröffnete die Mina Las Chivas der Compañia Minera Tamaya bei Puerto Sanchez ein Bergwerk.

Tab. 37: Mineralölförderung in Aisén und Chile 1973–1975 in t und %

Jahr	Kupfer			Blei			Zink			Silber[1]
	Chile	Aisén	%	Chile	Aisén	%	Chile	Aisén	%	Aisén
1973	743.200	0	0	400	306	76,5	3.300	1.664	50,4	0,101
1974	904.500	0	0	400	267	66,8	3.300	2.520	76,4	0,1416
1975	831.000	95	0,01	300	206	68,7	3.200	2.695	84,2	0,1418

1 Chile unbekannt.

Quelle: Minvu 1979.

Die Minen El Toqui nahe Mañihuales und Puerto Guadal sind nach Erschöpfung inzwischen wieder stillgelegt worden. Wenn auch die Gesamtfördermenge von Las Chivas und Silva nicht sehr hoch ist, besitzen beide Bergwerke jedoch eine relativ große Bedeutung für die Versorgung ganz Chiles (Tab. 37). Immerhin fördern sie zwei Drittel bzw. vier Fünftel der Blei- und Zinkerze des ganzen Landes.

Die interne Bedeutung für die Region ist mit insgesamt 310 Arbeitskräften aber sehr gering, zumal sich Folgeindustrien nicht entwickelt haben.

5. DAS EIGNUNGSPOTENTIAL DER REGION

5.1. ZUR METHODE DER POTENTIALSCHÄTZUNG

Evaluierungsverfahren werden seit fast zwanzig Jahren bei Entscheidungsfindungen oder Nutzungszuweisungen, zur Lösung von Nutzungskonflikten oder Flächenkonkurrenzen angewandt. Während ursprünglich der Nutzen-Kosten-Vergleich im Vordergrund auch raumwirksamer Entscheidungen stand, setzte sich mit den Arbeiten von Kiemstedt (1967) allmählich die Einsicht durch, daß einzelne Nutzungsarten — etwa die Erholung, insbesondere in der Form der *stillen Erholung* — pekuniär nicht bewertbar sind und daher in einer Kosten-Nutzen-Analyse immer hintanstehen müssen. Das von ihm vorgeschlagene V-Wert-Verfahren zur Bestimmung der Erholungseignung der Landschaft war jedoch zu einschichtig, um in der Abwägung verschiedener Raumansprüche die Sozialfunktionen von Flächen durchsetzen zu können. Mit der wegweisenden Arbeit von Turowski (1972) wurden später mehr und mehr nutzwertanalytische Ansätze verfolgt.

Nach zwanzigjähriger Diskussion um die Raumbewertung sind heute zwei Ergebnisse klar festzuhalten:
1. Es gibt kein transponierbares Standardverfahren. Die räumliche Situation eines Gebietes, die Verfügbarkeit von Daten und die spezifische Problemstellung verlangen jeweils eine eigene, an die besonderen Verhältnisse angepaßte Methode.
2. Die Verfahren können nur Hilfen bei der Entscheidungsfindung sein, ihr Ergebnis ist noch nicht die Entscheidung an sich. Da alle Evaluierungsverfahren mit Werten arbeiten, die per definitionem subjektiv gewichtet sind, können sie letztlich nicht objektiv sein. Ihr Vorzug liegt jedoch in der Transparenz der Methode, die — etwa bei veränderten gesellschaftlichen oder technologischen Randbedingungen — jederzeit eine Umgewichtung und somit eine Korrektur des Ergebnisses erlauben.

Bei der Anwendung von Raumbewertungsmethoden in Peripherregionen von Entwicklungsländern ist zu bedenken, daß dort das Ausgangsproblem meist grundsätzlich anders definiert ist als in Industriestaaten. In den hochzivilisierten Ländern konkurrieren verschiedene potente Nutzungen um die verbliebenen Flächenreserven. Es gilt demnach zu entscheiden, welche Nutzung für welchen Raum die gegebene sein soll. In den Peripherregionen von Entwicklungsländern wirkt dagegen der Faktor Fläche weniger limitierend. Auch treten dort nur in den seltensten Fällen mehrere Nutzungen miteinander in Wettbewerb, vielmehr ist es in der Regel die Landwirtschaft, die sich als Pioniernutzung der Fläche bemächtigt. Ob allerdings Böden und Klima Landwirtschaft überhaupt erlauben oder/und welche Form agrarischer Nutzung ökologisch möglich ist, wird oft erst im praktischen Experiment ermittelt, das, wenn es mißlingt, nicht wiedergutzumachende Schäden hinterlassen kann.

5.1. Zur Methode der Potentialschätzung

Ähnlich ist die Problematik in Aisén zu charakterisieren. Angesichts des Mißverhältnisses von zur Verfügung stehender Fläche und dort siedelnder Menschen wurde und wird dieser Raum von den politischen Entscheidungsträgern in Santiago oftmals als große landwirtschaftliche Reservefläche angesehen. Diese Einschätzung kann unter ökologischem Blickwinkel fatale Folgen haben, weil aufgrund der engen Koinzidenz dieser Region mit der Höhen-, Trocken- und Feuchtegrenze der Ökumene das dortige Ökosystem besonders labil ist. Ferner verbinden sich mit dem Bau der Südcarretera große Kolonisationshoffnungen.

Aufgabe der vorliegenden Arbeit war es daher, einerseits die natürliche Eignung der Region für landwirtschaftliche Erschließung zu ermitteln, andererseits aber auch aufzuzeigen, welche Flächen auf jeden Fall von dieser Nutzungsart ausgenommen werden müssen. Hierzu wurde ein eigenes Verfahren entwickelt, dessen Methodik sich an folgende durch das Untersuchungsgebiet definierte Limitationen halten mußte:

1. Das Untersuchungsgebiet ist mit mehr als 108.000 km² zu groß für eine kleinräumige Analyse.
2. Die Datenbasis ist lückenhaft und unzuverlässig. Ökologische Detailstudien liegen nicht vor. Die Kenntnis über die natürlichen Ressourcen ist noch relativ unvollständig.

Unter Berücksichtigung dieser Ausgangslage wurde ein Teil der Inselwelt aus der Bewertung ausgenommen, zumal sich auf den Inseln aufgrund der klimatischen und orographischen Gegebenheiten landwirtschaftliche Nutzung ohnehin verbietet. Das kontinentale Aisén wurde in ganzer Länge und Breite mit einem Quadratraster überzogen, wobei jedes Viereck eine Seitenlänge von 2 km bekam. Die Rastermethode wurde anderen Möglichkeiten (ökologische Werteinheiten nach Bauer 1973; Ökotopgefüge nach Barth 1977) vorgezogen, um nicht eine Genauigkeit vorzutäuschen, die angesichts der Weitflächigkeit des Untersuchungsgebietes und der ungenügenden Datenbasis gar nicht erzielt werden konnte. Jedes der nun entstandenen etwa 15.000 Quadrate wurde im einzelnen auf seine Nutzungswürdigkeit bzw. Schutzbedürftigkeit hin untersucht und zugeordnet. Die Rasterstufen geben Auskunft über diese Bewertung. Die auf diese Weise entstandenen Schutz- oder Nutzungszonen bilden Systeme, die naturgemäß zu den Rändern offener werden.

Folgende Grundüberlegungen bestimmten den Verfahrensgang:

1. In einem labilen Ökosystem genießt der Schutz des Lebensraumes unbedingten Vorrang vor der Ressourcennutzung.
2. Schutzwürdig sind auf jeden Fall die Nationalparks und alle Flächen, die in besonderer Weise abtragungsgefährdet sind, da der Boden als nicht autochthon entstandenes Substrat niemals erneuerbar sein wird. Zur Schutzzone zählen die Höhenstufe über der Waldgrenze, alle Hänge mit starker Neigung sowie alle bereits teilweise degradierten oder erodierten Böden der Güteklasse VIII. Die gilt auch, wenn sie sich noch in Nutzung befinden. Von der endgültigen Rodung auszunehmen sind ferner die staatlicherseits definierten Forstreserven, die meist auch auf gefährdeten Böden stehen.
3. Die für landwirtschaftliche Nutzung geeigneten Flächen bilden sozusagen die

142   5. Das Eignungspotential der Region

Residualgröße zu den Schutzregionen. Limitierende Faktoren für die Nutzung sind die Höhenverhältnisse und Hangneigungen, die Bodenfeuchte und der Temperaturgang, die Beregnung und die Bodengüte.
In einem ersten Bewertungsschritt wurden daher alle Schutzfaktoren bewertet und in vier Karten der Region eingetragen. Einen Überblick über den Blattschnitt der vier Karten gibt Karte 29. Topographische Grundlage der Bewertung waren die vom Instituto Geográfico Militar erstellten Isohypsenkarten 1 : 500.000 der Región Aisén (Blätter Guaitecas Palena, Taitao, Puerto Aisén, Golfo de Penas, Lago O'Higgins und Cerro Chaltel) in der ersten Auflage 1972, die Karte der Böden von Aisén Continental von Iren 1966 sowie verschiedene thematische Karten zu Klima und Vegetation der Region. Jedes Raumquadrat wurde dabei schrittweise in der Form bewertet, wie es Abb. 13 und Abb. 14 zeigen. Das Ergebnis wurde in den Karten zur Schutzbedürftigkeit und zur Nutzwürdigkeit dargestellt. Beide Kartenblätter eines Raumausschnitts decken sich und geben insgesamt ein flächendeckendes Bild des landwirtschaftlichen Eignungspotentials der Region.

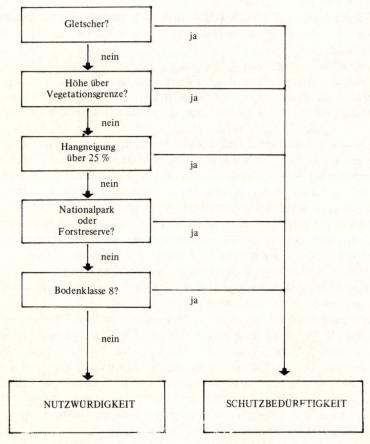

Abb. 13: Ermittlung der Schutzbedürftigkeit auf Quadratrasterebene

5.1. Zur Methode der Potentialschätzung

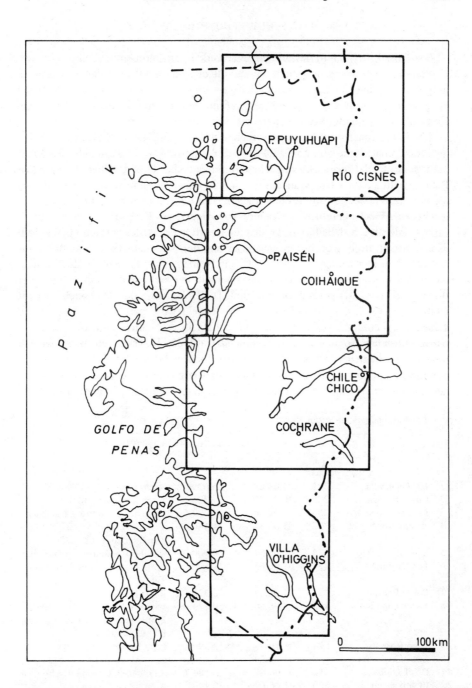

Karte 29: Blattschnitt der Bewertungskarten

5.2. SCHUTZBEDÜRFTIGKEIT

Das Mosaik der Schutzflächen von Aisén erklärt sich großenteils selbst. Deutlich zeichnen sich die Gletschergebiete des nördlichen und südlichen Inlandeisfeldes ab, umgeben von den Hochflächen mit schütterer Vegetation. Neben den großen Zonen ewigen Eises sind noch lokale Vergletscherungszentren zu erkennen, vor allem am Hudson, San Clemente, San Lorenzo und Cerro Mayer.

Als Schutzzonen sind bereits staatlicherseits die Nationalparks ausgewiesen. Sie bedecken eine Fläche von 15.123,4 km² und damit 14 % der Regionsfläche. Allerdings sind die Nationalparks von sehr unterschiedlicher Größe. Allein der Park San Rafael reicht von der Isla Traiguen bis zum Steffen-Fjord und vom Elefantes-Kanal bis zum Carrera-See. Er umfaßt damit auch das nördliche Inlandeis. Mit 13.501 km² macht seine Fläche bereits 89,2 % aller Nationalparks aus (Tab. 38).

Ebenfalls als schutzbedürftig werden die Reservas Forestales betrachtet (vgl. Tab. 34). Während die Region des ewigen Eises und der Nationalparks jedenfalls bis auf weiteres dem menschlichen Zugriff entzogen bleiben, gilt dies nicht für die Flächen, die in den Bewertungskarten als Zonen oberhalb der Waldgrenze und als Zone der Bodengüteklasse VIII gekennzeichnet sind. Die Höhenstufe darf aber auch noch als relativ wenig gefährdet gelten. Saisonale Wanderweidewirtschaft ist zwar im sommerkühlen Steppenklima verbreitet, wo die Schafe in der kalten Jahreszeit von den frostgefährdeten Sommerweiden (*veranadas*) auf die frostsicheren Winterweiden (*invernadas*) getrieben werden, sie hat sich jedoch im Hochgebirgsraum noch kaum durchsetzen können. Einzig in Puyuhuapi existiert eine etwas rudimentäre Form der Almwirtschaft. Im Gegensatz zum Alpenraum erscheint im patagonischen Hoch-

Tab. 38: Nationalparks in Aisén

Name	Dekret		Fläche	Lage
	ha	Tag	ha	
1. Isla Guamblin	321	01.06.67	10.629	Arch. Los Chonos
2. Cinco Hermanas	285	20.08.70	221	Inseln im Aisén-Fjord
3. Puerto Chacabuco	285	20.08.70	227,5	Umgebung von Pto. Chacabuco
4. Río Simpson	322	01.06.67	41.160	Teil der Patagonischen Kordillere zwischen Coihaique u. Pto. Aisén
5. Quitralco	324	01.06.67	10.900	Canal Costa und Fjord Quitralco
6. Los Huemules	324	01.06.67	12.500	Fjord Quitralco und Huemules-Tal
7. Bahía Erasmo	323	01.06.67	28.320	Bahía Erasmo u. Fjord Francisco
8. Laguna San Rafael	475	17.06.56	1.350.123	Lag. San Rafael, Golfo de Penas, Fjord Steffen, Lag. Gral. Carrera, Río Exploradores
9. Lago Rosselot	524	31.10.68	12.390	Lago Rosselot
10. Lago Las Torres	58	04.02.69	15.200	Cisne Medio
11. Dos Lagunas	312	01.06.67	180,7	Straße nach Coihaique Alto
12. El Guyaneco	320	01.06.67	30.490	Arch. El Guyaneco
Gesamtfläche			1.512.342,2	

5.2. Schutzbedürftigkeit

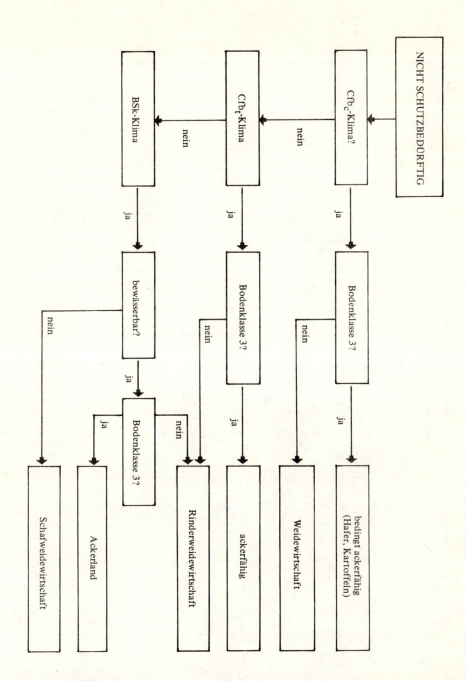

Abb. 14: Ermittlung der geeigneten Nutzung bei nicht schutzbedürftigen Flächen (Nutzwürdigkeitsprüfung)

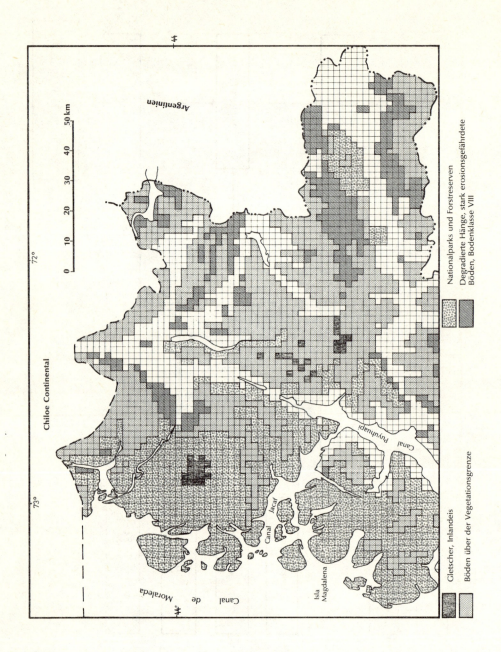

Karte 30: Bewertung der Schutzbedürftigkeit im Abschnitt Puyuhuapi

5.2. Schutzbedürftigkeit

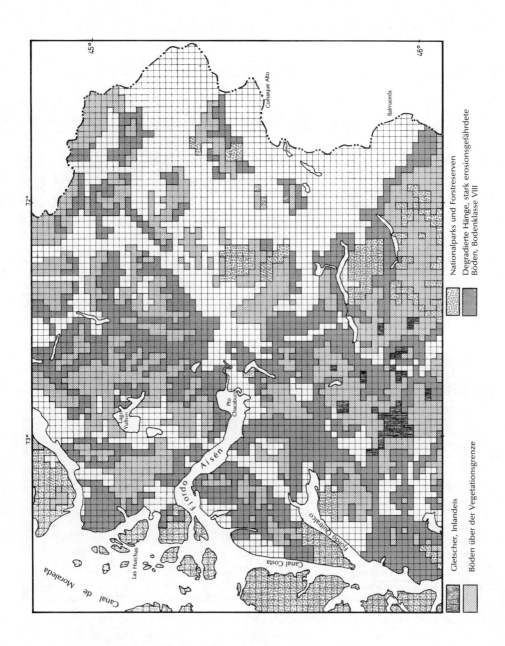

Karte 31: Bewertung der Schutzbedürftigkeit im Abschnitt Coihaique

5. Das Eignungspotential der Region

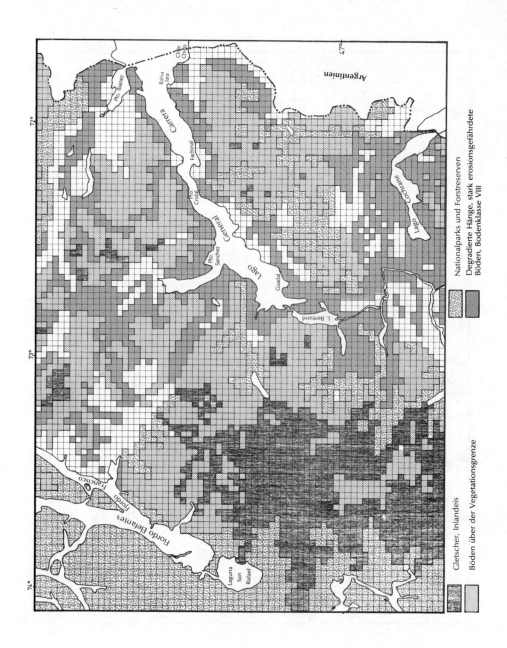

Karte 32: Bewertung der Schutzbedürftigkeit im Abschnitt Gral. Carrera

5.2. Schutzbedürftigkeit

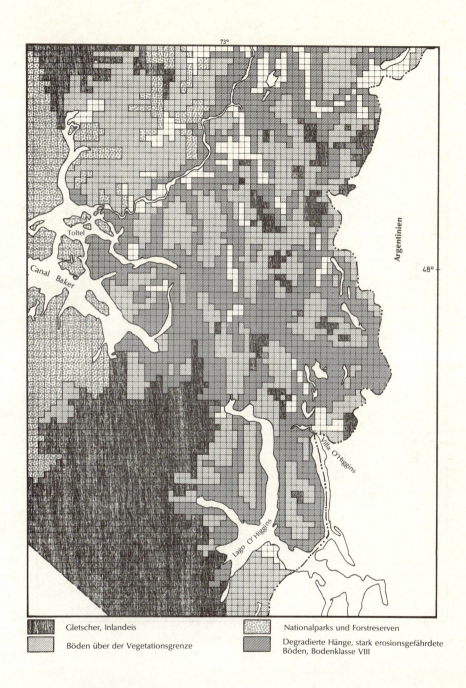

Karte 33: Bewertung der Schutzbedürftigkeit im Abschnitt O'Higgins

5. Das Eignungspotential der Region

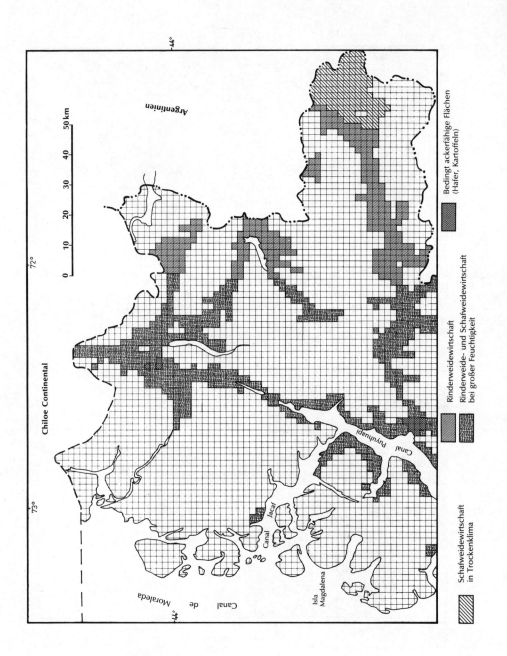

Karte 34: Bewertung der Nutzwürdigkeit im Abschnitt Puyuhuapi

5.2. Schutzbedürftigkeit

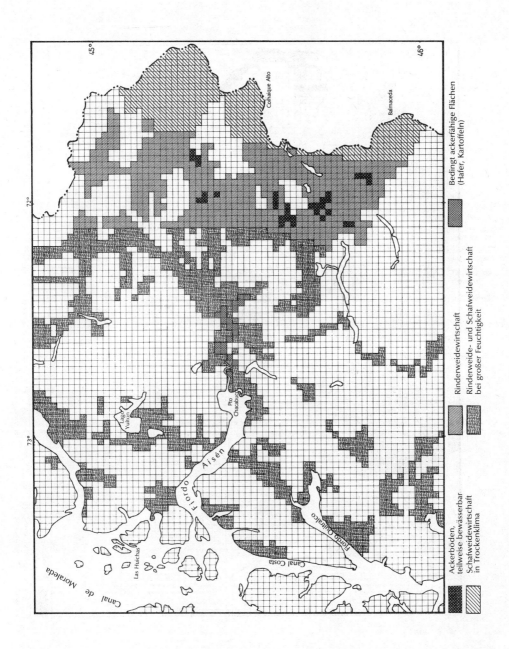

Karte 35: Bewertung der Nutzwürdigkeit im Abschnitt Coihaique

152 5. Das Eignungspotential der Region

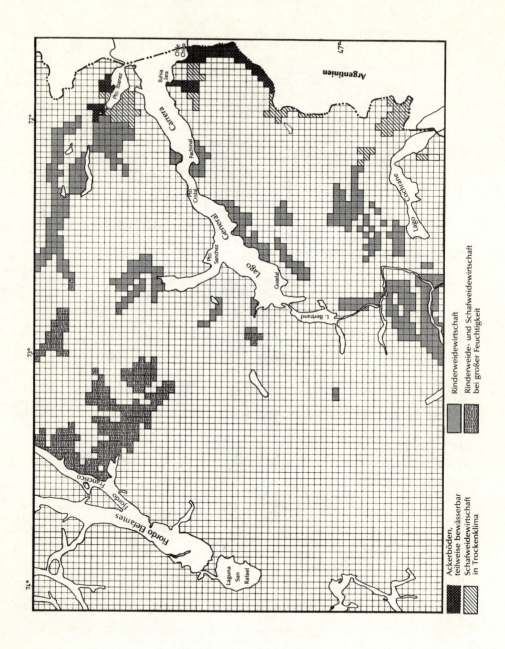

Karte 36: Bewertung der Nutzwürdigkeit im Abschnitt Gral. Carrera

5.2. Schutzbedürftigkeit

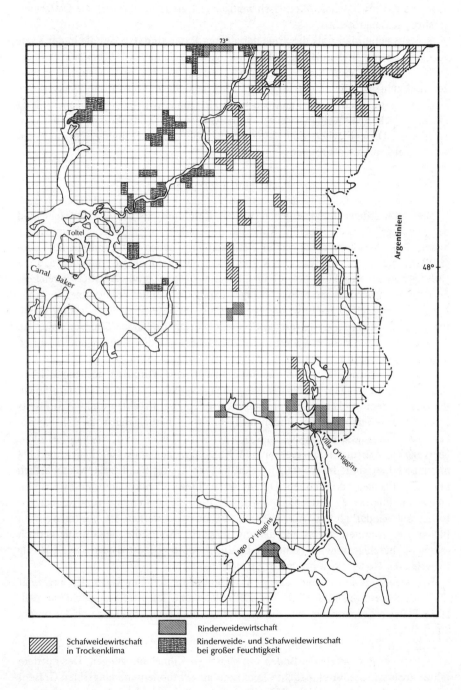

Karte 37: Bewertung der Nutzwürdigkeit im Abschnitt O'Higgins

gebirge die Almwirtschaft ökologisch weniger vertretbar zu sein, weil die Deflationsgefahr sehr viel größer ist.

Weitaus gefährdeter als die Zone der alpinen Rasen sind dagegen die in der Karte als Quadrate mit Böden der Güteklasse VIII gekennzeichneten Flächen, die etwa ein Drittel des bewerteten Areals ausmachen. Sie sind z.T. bereits bewirtschaftet worden und zumeist durch menschlichen Einfluß degradiert und zu Rohböden verkommen. Wenn sie auch heute kaum noch nutzbar sind, wird doch auf Teilen dieser Flächen noch Schafweidewirtschaft betrieben, bis die Bodenkrume gänzlich vernichtet ist. Diese Flächen sind daher Schutzzonen erster Ordnung, hier muß sich jede weitere Nutzung verbieten.

5.3. NUTZWÜRDIGKEIT

Die nutzwürdigen Areale ergeben sich als Residuum aus der Gesamtfläche und den Schutzgebieten der Region. Aufgrund der starken orographischen Kammerung bilden sie kein zusammenhängendes Netz, sondern ordnen sich verstreut im Raum an. Bei einer ersten Analyse der Karten 34–37 ist deutlich zu erkennen, daß die Nutzflächen der Region in vielen Fällen linear als Nord-Süd oder West-Ost streichende Bänder angeordnet sind. Sie zeichnen damit die Textur des Raumes in große Längs- und Quertäler nach, wobei die Quertäler im Osten, im Bereich ihrer Quellflüsse oft beckenartig erweitert sind, wie etwa am Coihaique/Simpson oder am Cisnes. Als nutzwürdig erweisen sich ferner die Ufer der Kanäle, sofern durch Strandterassen oder Trogschultern Ebenheiten vorhanden sind.

Die Nutzungsmöglichkeit ist im wesentlichen eine Funktion der klimatischen Bedingungen. Vor allem die Niederschlagsmenge verbietet z.B. in den extrem feuchten oder extrem trockenen Gebieten den Anbau von Feldfrüchten und hat ihrerseits auch die Differenzierung der Böden maßgeblich mit herbeigeführt, da sich die Böden vom Ausgangssubtrat (Vulkanasche) her sehr ähnlich sind. So kann es nicht überraschen, daß die herausgearbeiteten Nutzungszonen im wesentlichen meridional angeordnet sind. Im Westen ist zunächst ein breites Band weidewirtschaftlich nutzbarer Flächen zu erkennen. Die immerfeuchten, oft podsolidierten Böden sind nicht sehr intensiv zu nutzen, dennoch gestatten sie in tieferen, windgeschützten Lagen die Rinderhaltung. Auf höheren Geländestockwerken ist nur in wenigen Fällen die sommerliche Rinderhaltung möglich. Wenn die Schafweide jedoch schonend beschlagen wird (d.h. mit häufigem Umtrieb), ist dieser Erwerbszweig auf größeren Höhen noch mit guten Erfolgen möglich.

Wo wiederum in tieferen Lagen Auelehmböden der Güteklasse III angezeigt sind, können einige Feldfrüchte, vor allem Hafer und Kartoffeln angebaut werden. Diese Flächen beschränken sich auf Las Juntas, die Cisnes-Mündung und das untere Simpsontal.

Östlich folgt diesem Nutzungsbereich die naturräumlich begünstigte Zone weidewirtschaftlich gut nutzbarer Böden mit günstigen Klimabedingungen. Der mittlere Jahresniederschlag läßt eine dichte Decke aus autochthonen und eingesäten Gräsern wachsen, die eine ertragreiche Veredelungswirtschaft erlauben. In nicht zu exponierten Lagen kann Feldgraswirtschaft mit gelegentlicher Aussaat der vier Hauptgetreide erfolgen. Wo Bewässerung möglich ist, ergeben sich in dieser Zone auch gute Möglichkeiten für einen dauernden Ackerbau oder einen intensiven Obstbau. Allerdings muß durch Windschutzpflanzungen dafür Sorge getragen werden, daß der ungeschützte Boden nicht ausgeweht werden kann. Mit diesen Maßnahmen kann auch — wie Weischet (1978) zeigte — das Pflanzenwachstum erheblich gefördert werden, da der Wind ein entscheidender, die Produktivität beeinflussender Faktor ist.

Nach Osten schränken winterliche Bodenfröste und sommerliche Trockenheit die Pflanzenproduktivität ein. Extensive Schafweidewirtschaft ist dort die einzige agrarische Produktionsform. Wegen der starken Winde und des nur lückenhaften Graswuchses muß sehr darauf geachtet werden, diese Areale nicht zu überweiden. Nur, wo auf ebenen Flächen an ganzjährig ausreichend wasserführenden Flüssen Bewässerung möglich ist, stellen sich in dieser Zone die günstigen Feldbaubedingungen ein, so daß auf kleinsten Parzellen bereits die Ackernahrung einer Familie erwirtschaftet werden kann.

5.4. DIE EINSCHÄTZUNG DES AGRARISCHEN EIGNUNGSPOTENTIALS

Nach der in den Karten 30—37 dargestellten Bewertung der Schutzbedürftigkeit und Nutzwürdigkeit lassen sich klare Aussagen über die potentielle landwirtschaftliche Nutzung der Region machen. Deutlich tritt hervor, daß mit 87,28 % der weitaus größte Teil der Regionsfläche für agrarische Nutzung nicht geeignet ist (Tab. 39). Allein 28,4 % der Region liegen über der Vegetationsgrenze und damit außerhalb

Tab. 39: Das agrarische Eignungspotential und die schutzbedürftigen Flächen in Aisén nach der Raumbewertung

	km^2	%
Schutzbedürfigkeit:		
Nationalparks und Forstreserven	30.344[1]	28,01
Böden über der Vegetationsgrenze	21.892	20,21
Degradierte Hänge, stark erosionsgefährdete Böden, Bodenklasse VIII	16.656	15,37
Gletscher	8.824	8,14
Wasserflächen, bebaute Flächen	16.846	15,55
Teilsumme	94.562	87,28
Nutzwürdigkeit:		
Ackerboden, teils bewässerbar	348	0,32
Schafweidewirtschaft im Trockenklima	2.404	2,22
Rinderweidewirtschaft	4.808	4,44
Rinderweide- und Schafweidewirtschaft bei großer Feuchtigkeit	6.072	5,60
Bedingt ackerfähige Flächen (Hafer, Kartoffeln)	144	0,14
Teilsumme	13.776	12,72
Gesamtsumme	108.338	100,00

1 Darin enthalten sind die außerhalb des Blattschnitts der Bewertungskarten gelegenen Inseln.

der Ökumene. 28,01 % sind als Nationalparks und Forstreserven per Dekret aus der landwirtschaftlichen Nutzung ausgenommen.[1] Sehr problematisch ist die Beweidung der Hänge und Flächen mit Bodenklasse VIII, die in Zukunft unbedingt unterlassen werden muß.

Andererseits ließ die raumspezifische Bewertung doch noch ein Achtel der Region — und damit mehr als die bisherigen Schätzungen ergaben (Tab. 30) — als nutzwürdig erscheinen. Intensivierungsmöglichkeiten versprechen noch die Gebiete um Ñirehuao, Lago Verde/Río Cisnes und das Baker- und Pascua-Tal. Dort hatte A. Grosse schon 1955 errechnet, daß 15 Colono-Familien auf etwa 30.000 ha zusätzlich angesiedelt werden könnten, so daß die gewonnene Nutzfläche jährlich etwa 1.500 kg Wolle, 360 kg Schafhäute, 3.000 Schafe, 1.000 Rinder und 1.600 kg Rinderhäute produzieren könnte (Grosse 1974, S. 130f.).

Aber auch das nun durchgeführte Bewertungsverfahren belegt, daß das die gegenwärtige Nutzfläche die ökologisch geeignete Fläche insgesamt um rund 5 % übersteigt, und dies, obwohl wie am Beispiel des Río Pascua gezeigt, die geeigneten Böden nicht einmal vollständig bewirtschaftet werden.

5.5. DIE EIGNUNG DER REGION FÜR NICHT AGRARISCHE ENTWICKLUNGEN

5.5.1. Energiewirtschaft und Industrie

Die bisherige Analyse hat gezeigt, daß das agrarische Nutzungsoptimum der Región Aisén nicht nur ausgeschöpft, sondern bereits überschritten ist. Bei anhaltender oder gar noch intensiverer Nutzung ist mit irreparablen Schäden zu rechnen. Dies bedeutet aber nicht, daß auch die agrarische Tragfähigkeit im Sinne des von Borcherdt und Mahnke (1973, S. 16) definierten Begriffs der Tragfähigkeit bereits ausgeschöpft ist. Tragfähigkeit gibt demnach die Menschenmenge an, die in einem Raum unter Berücksichtigung des hier und heute erreichten Kultur- und Zivilisationsstandes auf agrarischer, natürlicher und ökonomischer Basis unter Wahrung eines bestimmten Lebensstandards (optimale T.) oder des Existenzminimums (maximale T.) auf längere Sicht leben kann. Da mittels agrartechnologischer Maßnahmen, vor allem aber auch der Säuberung der teilweise noch im Rodungs-Rohzustand befindlichen Weideflächen, sowie Landreformen bei Änderung des Besitzgefüges oder Verbesserungen im Absatzsystem Intensivierungen auf den möglichen Nutzflächen möglich sind, erscheint es als realistisch, daß auf der errechneten Nutzfläche von 14.776 km^2 durchaus eine höhere Agrarbevölkerung leben könnte als dies derzeit mit 5.700 Erwerbspersonen in der Landwirtschaft möglich ist.

Die Erweiterung der Tragfähigkeit ist aber auch durch nicht-agrarische Aktivitäten möglich. Bei der Analyse der anderen Wirtschaftssektoren zeigt sich, daß der Bergbau die ursprünglich in ihn gesetzten Hoffnungen (Lahsen/Oyarzun 1966) jedoch nicht erfüllen kann und auch in der Zukunft nur wenig positive Impulse für die Erwerbsstruktur der oder das Sozialprodukt der Region erbringen kann. Der

---

[1] Darin enthalten sind die außerhalb des Blattschnitts der Bewertungskarten gelegenen Inseln.

5.5. Die Eignung der Region für nicht-agrarische Entwicklungen

Fischereisektor erscheint zwar ausbaufähig, doch auch ihm können wegen seiner peripheren Lage und der letztlich doch begrenzten Ressourcen keine entscheidenden *forward-linkages* zugetraut werden.

Anders verhält es sich mit dem Sekundären Sektor. Bislang ist das Verarbeitende Gewerbe weder ein ernstzunehmender Faktor des Arbeitsmarktes, noch konnte es einen erwähnenswerten Beitrag zum Sozialprodukt leisten. In der gesamten Region arbeiten nur 84 Betriebe, die die chilenische Statistik zum Verarbeitenden Gewerbe zählt (Tab. 40).

Tab. 40: Branchenstruktur und Anzahl der Betriebe des Verarbeitenden Gewerbes in Aisén 1967

	Anzahl der Betriebe mit > 5 Beschäftigten	%
Nahrungsmittelindustrie	23	27,3
Textil- und Lederindustrie	3	3,6
Holzindustrie	55	65,5
Fahrzeugbau und -reparatur	3	3,6
Gesamt	84	100,0

Quelle: Ine 1967.

Nach ihrer Größenstruktur sind diese Unternehmen jedoch zu zwei Dritteln Handwerksbetriebe mit 5–9 Arbeitern (Tab. 41), und nur ein Betrieb beschäftigte 1967 mehr als 50 Arbeitskräfte (53 Beschäftigte). 1972 hatten zwei Unternehmen diese Größenordnung erreicht (Molkerei Calaysén und Kühlfleischanlage Chacabuco), die zusammen ständig 208 Arbeiter und Angestellte beschäftigten. Beide Fabriken wurden aber inzwischen geschlossen, so daß heute kein Betrieb mehr über 50 Arbeitskräfte im ständigen Lohnverhältnis hat.

Tab. 41: Betriebsgrößenstruktur im Sekundären Sektor in Aisén 1967

Beschäftigte	Anzahl der Betriebe
5– 9	53
10–14	21
15–19	0
20–49	9
50–53	1
> 54	0
Gesamt	84

Quelle: Ine, Zensus

Zweifelsohne ist diese geringe Industrialisierung eine Folge der limitierten regionalen Nachfrage nach nationalen Industrieprodukten, die überdies durch die Importerleichterungen der Zone noch künstlich niedrig gehalten wurde.

Die Industrialisierungschancen einer Region hängen nicht allein von der zonalen Nachfrage ab, sie sind abhängig von folgenden Faktoren:
1. Wirtschaftsentwicklung der Nation, d.h. Nachfragestruktur, Kommerzialisation, technologischer Entwicklungsstand, Entwicklungshilfe und Außenhandel.
2. Wettbewerbsfähigkeit der Region im nationalen Kontext, d.h. Vorhandensein von Roh-, Betriebs- und Hilfsstoffen, regionales Arbeitskräftepotential, Lohnniveau, regionaler Markt, Absatzorganisation, Transportwege, Transportkosten und direkte Exportmöglichkeiten.
3. Staatliche Regionalpolitik, z.B. spezielle Förderung peripherer Regionen, Dezentralisierungspolitik, Integrationspolitik.

Während die Faktoren 1 und 3 intern nicht zu beeinflussen sind, kann Aisén jedoch für einzelne Elemente des Faktors 2 durchaus komparative Vorteile gegenüber anderen Regionen Chiles für eine Industrieansiedlung bieten. Bislang ist die interne Nachfrage zwar gering und die Einbindung in die Volkswirtschaft schwach, aber bei Förderung ihrer Standortvorteile kann Aisén durchaus Ansiedlungsanreize bieten.

Die industriellen Entwicklungsmöglichkeiten der Region sind eng verknüpft mit drei Komponenten des natürlichen Ressourcenpotentials: der hydraulischen Energie, dem Holzreichtum und dem Vorhandensein von Kalk und Wasser.

Die erste Voraussetzung für eine Industrialisierung ist die Inwertsetzung des hydraulischen Potentials. Tab. 3 hat gezeigt, daß zumindest am Río Baker und am Río Pascua täglich große Energiemengen erzeugt werden könnten. Die Installation von Wasserkraftwerken wäre wenig kostenaufwendig, die erzeugte Energie konkurrenzlos billig.

Derzeit wird nur ein minimaler Teil der Wasserkraft der Región genutzt. Er reicht nicht einmal aus, um den Gesamtenergiebedarf von Aisén zu decken, so daß neben den Turbinen in Puerto Aisén und Puerto Cristal mit zusammen etwa 12.500 kwh/Jahr Leistung weitere vier kleine Wärmekraftwerke in Coihaique, Chile Chico, Puerto Sanchez und Chacabuco arbeiten, die zusammen noch etwa 2400 kwh pro Jahr beisteuern (Tab. 42). Das Aiséniner Netz ist nicht an das chilenische Verbundsystem angeschlossen.

Die Neueinrichtung großer Wasserkraftwerke wäre, gemessen am derzeitigen innerregionalen Bedarf, natürlich nicht sinnvoll, auch wäre derzeit ein Transport des im Süden Aiséns erzeugten Stroms zur Einspeisung in das zentralchilenische Netz zu teuer. Um die regional vorhandenen Energieressourcen zu nutzen, müßte eine Industrieansiedlung in der Nähe der hydroelektrischen Zentralen erfolgen. Das Areal am Baker und Pascua (beide Flußmündungen liegen nur 45 km voneinander entfernt) wäre von seiner Reliefstruktur her für die Einrichtung eines großen Industriekomplexes gut geeignet, der Bakerfjord ist für Seeschiffe befahrbar und bietet mehrfach Möglichkeiten zur Hafenanlage. Überdies besitzen Baker und Pascua im Hinterland Verbindungen zur Zentralregion Aiséns (Carrera-See) bzw. Südregion (O'Higgins-See).

5.5. Die Eignung der Region für nicht-agrarische Entwicklungen

Tab. 42: Energiegewinnung in Aisén 1975 in kwh

Werk	Wasserenergie	Wärmekraft	Gesamt
Pto. Aisén	11.584		
Pto. Cristal	989		
Coihaique		292	
Chile Chico		590	
Pto. Sanchez		449	
Chacabuco		1.077	
Gesamt	12.573	2.408	14.981

Quelle: Endesa

Gedacht werden könnte an die Anwerbung von Unternehmen, die einen hohen Energiebedarf haben und über einen preiswerten Bezug von Primärenergie ihre Kostenstruktur so günstig beeinflussen können, daß die Transportkosten des Endprodukts dadurch aufgefangen werden könnten.

In einer ersten Auswahl kämen vor allem Betriebe der Elektrometallurgie, der Großchemie und der Papierfabrikation infrage, die hier auch über weitere Roh-, Betriebs- und Hilfsstoffe wie Holz, Kalk, Holzkohle und Wasser verfügen würden. Hinzu käme u.U. die Zementindustrie und die Herstellung von Fertigbauteilen aus Holz und Beton. Alle diese Branchen wären kapitalintensiv und würden nur wenige Arbeitskräfte beschäftigen. Dies wäre zwar der relativ unwirtlichen Landesnatur am Baker-Fjord angepaßt, würde aber die drängenden Arbeitsmarktprobleme der Region nicht lösen können.

Allerdings ist zu berücksichtigen, daß Mittelchile selbst auch über eine vorzügliche und billige Energieversorgung aus den dort ebenfalls vorhandenen hydraulischen Kraftwerken verfügt. Im nationalen Rahmen könnte Aisén also keine exzeptionell günstigen Anreize bezüglich der Energieprolieferation bieten. Dies gilt aber dann nicht, wenn durch eine gezielte Regionalpolitik zusätzliche Vorteile geboten würden oder wenn auch an eine Ansiedlung ausländischer Firmen gedacht würde. Hier könnte sich durchaus auch das Branchenspektrum erweitern. Allerdings ist zu bedenken, daß Chile möglicherweise eine Entwicklungschance dadurch verpaßt hat, daß infolge der brasilianisch-paraguayischen Stauseebauten auf dem südamerikanischen Subkontinent heute oder in naher Zukunft hydroelektrische Energie im Überfluß zur Verfügung steht. Andererseits besitzt Chile bzw. Aisén durch seine Pazifikexposition mit den Gegenküsten Japans und Neuseelands eine u.U. günstige Ausgangsposition für die Anwerbung ostasiatischer oder australischer Konzerne.

Die in Aisén erzeugte Energie könnte aber auch intern für die Beheizung von Glashauskulturen benutzt werden, die bei der starken Insolation in der Pampazone und bei Bewässerung aus den Andenflüssen ganzjährig hochwertige Agrarprodukte für den Weltmarkt erzeugen könnten.

In diesem Fall könnten von einer Erhöhung der Energieproduktion auch Impulse ausgehen, die auf dem Arbeitsmarkt wirksam würden und somit die Tragfähigkeit der Region erweitern könnten. Von einer Industrialisierung allein auf kapitalintensiver Basis kann man sich diese Wirkung nicht versprechen.

5.5.2. Fremdenverkehr

Die landschaftlichen Schönheiten Aiséns sind bisher weder in das nationale noch in das internationale Bewußtsein gedrungen. In der südlichen Nachbarprovinz Magallanes, die zwar nur über relativ wenige Attraktionspunkte (Punta Arenas, Cerro Paine, Ultima Esperanza, Milodón-Höhle) verfügt, dafür aber eine gute Infrastruktur und das Attribut besitzt, den Südzipfel Südamerikas zu bilden, hat sich ein respektabler nationaler wie internationaler Tourismus entwickelt. Dagegen ging bisher der Fremdenstrom in Aisén, das mit Naturschönheiten zumindest ebenso gut ausgestattet ist, weitgehend vorbei.

Diese Situation ist auf folgende Ursachen zurückzuführen:
1. mangelnde Infrastruktur
2. schlechtes Image als regenreiche Zone
3. fehlende Information/Werbung
4. schwierige Erreichbarkeit.

Tatsächlich ist die Infrastruktur mangelhaft. Lediglich vier Hotels sind in der gesamten Region gemeldet, die den Kategorien A und B des chilenischen Hotelgewerbes entsprechen, ein weiteres Gasthaus ist nicht klassifiziert. In diesen Beherbergungsbetrieben werden insgesamt nur 148 Zimmer mit zusammen 289 Betten angeboten. Coihaique bietet zwei Drittel dieser Unterkünfte an, Puerto Aisén 27,7 % und der 22 km von Coihaique entfernte Elizalde-See 6,9 %.

Negativ für die Entwicklung des Tourismus in Aisén ist auch, daß die Hauptattraktionspunkte der Region (Gletscher San Rafael, Queulat, San Quintín; die Flüsse und Gebirgstäler, die Andenrandseen und Thermalbäder und der größte Teil der Nationalparks) nicht oder nur unter großen Schwierigkeiten zu erreichen sind, wobei Ausflüge per Lufttaxi oder im angemieteten Boot recht teuer sind. Auch stehen an den Sehenswürdigkeiten keinerlei Unterkunftsmöglichkeiten zur Verfügung, Coihaique aber kann mit seinen gut 20.000 Einwohnern wenig zur Unterhaltung der Touristen beitragen. Ein regionales Reisebüro, das Ausflüge organisieren könnte, existiert derzeit nicht.

Aisén hat innerhalb Chiles mit einem sehr schlechten Image zu kämpfen, das aber aus Unkenntnis entstanden ist. Dort regne es 13 Monate im Jahr, es herrsche permanenter Winter und ähnliche Meinungen kann man in Santiago allenthalben hören. Da dieses Vorstellungsbild der Region auf Vorurteilen beruht, bemüht sich eine vor wenigen Jahren eingerichtete *Dirección Regional de Turismo*, die aber als staatliche Stelle keine eigenen Reisen organisieren darf, um die Verbesserung der Information über die Region. Diesem Ziel förderlich sind ungewollt auch die Reisen des in Puerto Montt beheimateten Touristenschiffs Skorpios, das einwöchige Kreuzfahrten in den Kanälen durchführt und als Hauptattraktion den Gletscher San Rafael zeigt. Dieses Schiff legt in verschiedenen Häfen und der Región an, der Eigner organisiert mit seinen Reisegruppen einen Grillabend am Lago Riesco bei

Puerto Aisén und macht einen Landausflug nach Coihaique. Der Effekt für die Región ist jedoch gering, da alle Leistungen durch Einrichtungen (Busse, Schiff) des Puerto Monttiner Unternehmers erbracht werden.

Das schwerwiegendste Hindernis für die Entwicklung des Fremdenverkehrs in der Región ist die schlechte Erreichbarkeit Aiséns. Mit der Angebotsverringerung des Luftverkehrs hat sich die Situation vorübergehend noch verschlechtert. Ob die sich noch in sehr rudimentärem Zustand befindende Süd-Carretera in den nächsten Jahren Abhilfe schafft, ist fraglich. Aber auch das Wegenetz der Region selbst ist noch lückenhaft und in isolierte, untereinander nicht verbundene Subsysteme eingeteilt.

So überrascht es nicht, daß der Fremdenverkehr in Aisén mit knapp 3.000 Touristen/Jahr kaum eine Rolle spielt. Die durchschnittliche Aufenthaltsdauer der Ausländer lag 1976 bei 1,51 Tagen, die der inländischen Besucher bei 5,55 Tagen, wobei die Saison Januar bis März sehr ausgeprägt ist (ca. 60 % der Übernachtungen fallen in dieser Zeit an). Im Fremdenverkehr (Hotels, Gaststätten) arbeiteten 1977 214 Personen.

Das natürliche Potential ist jedoch trotz der gegenwärtig schlechten Annahme relativ hoch. Das Klima, vor allem in der Parkzone, ist bedeutend besser als sein Ruf (vgl. S. 53ff.). Die natürlichen Attraktionspunkte sind zahlreich. Dazu zählen:

1. Die Seen mit ihren Möglichkeiten zum Segeln, Surfen, Motorbootfahren und vor allem zum Fischen. In allen Seen ist die Lachsforelle beheimatet, die als Delikatesse gilt. Der Pollux-See hat darüber hinaus auch echte Lachse zu bieten. Gut erreichbar sind die Seen Elizalde, General Carrera, Pollux, Riesco. Die beste Infrastruktur hat der reizvoll gelegene Lago Elizalde mit seinen schöngestalteten Cabañas, einem Campingplatz und verschiedenen Picknickstellen. Der Carrera-See besitzt in seinen Uferortschaften Landpensionen einfachster Art (Abb. 6), alle anderen Seen haben keinerlei Unterkunftsmöglichkeiten für Touristen.

2. Die Flüsse. Leider sind die reizvollsten Durchbruchstäler für Autotouristen derzeit nicht erreichbar, doch bietet das Simpsontal von Coihaique bis Puerto Aisén durchaus landschaftliche Reize, zumal es einen Naturpark durchschneidet. Auf halber Strecke befindet sich ein kleines Naturmuseum. Das Tal des Río Ibáñez, der als fischreichster Fluß Chiles gilt, wäre für Sportfischer sehr interessant, wenn es dort eine touristische Infrastruktur gäbe. Am Río Coihaique ist ein schöner kleiner Badeplatz mit Picknickeinrichtungen 5 km von der Stadt Coihaique erbaut worden (Tejas Verdes).

3. Die Gletscher. Vor allem der Ventisquiero San Rafael, der als äquatornächster Gletscher ins Meer abkalbt, bietet eine Attraktion erster Klasse. Dort wurde um 1940 auch ein Hotel gebaut, das allerdings seither nicht benutzt wurde und heute nur als Ruine erhalten ist. Zwei Beamte der CONAF versehen dort ihren Dienst und wohnen in der weiträumigen Anlage.

4. Thermalquellen. Chile ist reich an warmen Quellen, so daß sich Aisén von seinen Thermen (Chilcomal, Puyuhuapi, Quitralco) nicht zu viel versprechen darf. Dennoch hat ein Unternehmer in den Termas de Puyuhuapi (1 1/2 Stunden Bootsfahrt von der neuen Südstraße, bzw. vom Flughafen Puyuhuapi entfernt) Cabañas errichtet. Der Erfolg bleibt abzuwarten.

5. Andinismus. Die Bergsteigerei wird von chilenischen Andenclubs in den Bergen von Aisén bislang kaum betrieben. Dabei bieten die Inlandeisfelder und die zahlreichen bizarren Bergmassive, z.B. die Felsnadeln des Castillo, die Grate des Fitz Roy, der mächtige San Valentín oder weit zur Pampa hinausgeschobene, bizarr vergletscherte San Lorenzo lohnende Ziele für Bergsteiger, die witterungsmäßig weniger riskant sind als die international bekannteren Berge von Magallanes. Noch längst tragen nicht alle Gipfel bereits einen Namen, so daß Aisén damit wirbt, daß sich dort Bergsteiger noch als Taufpaten verewigen können. Interessanterweise werden in der Aiséniner Kordillere, wenn überhaupt, neuseeländische Bergtouristen angetroffen, die hier eine ihrer Heimat sehr ähnliche, aber noch völlig unberührte Landschaft vorfinden, in der noch echte Expeditionen möglich sind.

Der Fremdenverkehr wird jedoch erst dann in Aisén eine größere Bedeutung erlangen können, wenn die Wegeinfrastruktur verbessert und Unterbringungsmöglichkeiten geschaffen werden sowie regionale Reisebüros die Betreuung der Touristen garantieren können.

5.5.3. Small-scale-Entwicklungsprojekte als Problemlösung für die Region?

Da auch von einer Förderung der Energiewirtschaft und Industrieansiedlung zumindest vorläufig entscheidende Anstöße für den Arbeitsmarkt und damit für die Lösung der Übervölkerungs- und Erwerbsprobleme der Region nicht erwartet werden können und überdies von der Investitionsentscheidung bis zur ersten erzeugten Kilowattstunde 5–10 Jahre ins Land gehen, ist zu überlegen, ob nicht anderweitig Möglichkeiten zu einer Verbesserung der Lebensbedingungen der Región verborgen sein könnten.

Die folgenden Ausführungen sollen Denkanstöße in dieser Richtung vermitteln. Keines der vorgestellten Projekte ist jeweils in großem Maßstab anwendbar, in ihrer Summe können diese und ähnliche Projekte die Wirtschaft der Región aber auf eine neuartige — und für Chile fast *alternative* — Basis stellen. Es ist gerade die Andersartigkeit der Konzepte, die den Aiséninern auch einen ideellen Zusammenschluß und eine *Wir-Identität* vermitteln und daraus ein neues Verantwortungsgefühl für ihren Lebensraum abgewinnen könnte.

Ein Konzept ist von den Puyuhuapi-Siedlern eingebracht worden. Sie überlegten die Herstellung von Holz-Kinderspielzeug für den europäischen Markt. Die handwerkliche Kunstfertigkeit, die überall in Chile verloren zu gehen droht, könnte bei größtmöglicher Schonung der Holzreserven hier sinnvoll eingesetzt werden. Überdies gestattet die Vielzahl der Hölzer des Puyuhuapi-Waldes (S. 73) eine große Variationsbreite der Produktion, Ideenreichtum vorausgesetzt.

R. Koch, der erfinderische Textilfabrikant und Importhändler aus Coihaique, hatte 1978 eine andere Idee. Er kaufte 10.000 Sträucher der Schwarzen Johannisbeere in Deutschland, führte sie nach Aisén ein und vermehrte sie auf seinem Gartenland, um sie in Zukunft an Colonos am Carrera-See zu verschenken. Die Ernte will er jährlich abkaufen, um darauf eine Saftkonzentratproduktion zu gründen, für die er sich gute Aussichten auf dem europäischen Markt ausrechnet.

5.5. Die Eignung der Region für nicht-agrarische Entwicklungen

R. Becker, der verdiente Pionier von Puerto Cisnes (S. 43) hatte eine andere Idee: er setzte auf Honig! Und tatsächlich produzieren seine Bienen aufgrund des Blütenreichtums der Kordillerenwälder einen Honig mit einem in Chile neuartigen, reichen Aroma, der seinen Absatz inzwischen bis Mittelchile und sogar Europa gefunden hat. Gerade hier ist eine zweite Chance verborgen: das von den Bienen geschaffene Bienenwachs wäre ein weiterer Exportartikel, der vor allem in den stark luftverschmutzten Industriestaaten Europas seine Abnehmer finden würde, wo die Bienen kaum noch Wachs produzieren können. Honig findet auch deswegen verbesserte Absatzbedingungen auf dem Weltmarkt, weil die sogenannten *Mörderbienen* große Teile der Bienenvölker der Honigproduzenten Nord- und Mittelamerikas vernichtet haben.

An diese Beobachtungen schließen sich weitere Möglichkeiten von kleinmaßstäblichen Entwicklungsprojekten an. Das Bienenwachs könnte die Grundlage der Herstellung von Batikstoffen sein, die einen speziellen *patagonischen* Volkskunststil begründen und als neuartig in Chile und Südamerika sowie Europa ihren Markt suchen könnten.

Der Bienenflug verleitet zu der Überlegung, ob nicht angesichts einiger stark duftender Blüten der Kordillerenwälder und der Polsterpflanzen der Hochgebirgs- und Steppenrasenfluren eine Duftstoff-/Parfümherstellung auf Kleinproduzentenniveau möglich ist. Die Entwicklung im Burren, einer verkarsteten Hochfläche Irlands, hat gezeigt, daß auch auf bäuerlicher Basis derartige Prozesse zu bewältigen sind.

Der zur Parfümherstellung notwendige Alkohl könnte wegen der Möglichkeit zum Kartoffelanbau leicht an Ort und Stelle hergestellt werden. Es würde auch als Grundstoff einer spezifisch *patagonischen* Likörherstellung dienen. Die Eignung der verschiedenen wohlschmeckenden Früchte der Polsterpflanzen oder der Kräuterfluren im Lengawald wäre für eine solche Herstellung zu überprüfen.

Mit den Abfallprodukten der Alkoholherstellung aus Kartoffeln und einer gezielten Zufütterung mit regionseigenen Futterpflanzen ist eine Schweinemast möglich, die unter Umständen die Herstellung von feinen Wurst- und Rauchfleischwaren gestattet, wie sie in Chile bislang kaum angetroffen werden. Lediglich ein Wurstfabrikant aus Osorno ist bisher in den Lebensmittelgeschäften Mittelchiles mit derartigen Erzeugnissen präsent (Borsdorf 1976, S. 38). Die Notwendigkeit, ganzjährig zu heizen und das Vorhandensein stark duftender Holzarten (Lorbeer- und Zimtbäume) könnte auch diesen Erzeugnissen einen speziellen *patagonischen* Geruch verleihen, der bald in Mode kommen könnte.

Andererseits könnte aber die Energieerzeugung auf Fundo-Niveau durch Biogasanlagen erfolgen, die ihrerseits nach der Kompostierung der Ausgangsstoffe Betriebsdünger liefern oder als gekörntes Dungkonzentrat auf den Markt gelangen konnten.

Und schließlich zeigt sich an einem letzten Beispiel, wie Erfindungsreichtum selbst den reich vorhandenen Produkten der Region einen neuen Preis verleihen kann: Wird das Lenga-Holz als *patagonische Kirsche* auf dem europäischen Markt angeboten, was durch die Maserung des Holzes erleichtert wird, läßt es sich zu einem wesentlich besseren Preis bei Furnierkäufen vermarkten als unter dem nichtssagenden Namen einer Südbuche.

Viele andere Entwicklungsmöglichkeiten stehen – eine entsprechende Phantasie vorausgesetzt – in Patagonien noch offen. Nicht die am grünen Tisch ausgeheckten teuren Wunschträume der Regionalplaner, die wegen der begrenzten finanziellen Möglichkeiten Chiles niemals verwirklicht werden können, werden die Probleme eines solchen Peripherieraumes lösen, sondern nur die im kleinen Maßstab kostenneutral zu verwirklichenden Kleinprojekte, die jedem Colono einleuchten und deren wichtigstes Kapital die menschliche Phantasie ist.

6. STRATEGIEN DER REGIONALPLANUNG IN AISÉN

6.1. ENTWICKLUNGSTHEORETISCHER RAHMEN

Während die Institutionalisierung der Regionalplanung in Chile wie auch im übrigen Südamerika noch sehr jung ist (vgl. Borsdorf 1980a, S. 26), haben doch die wirtschaftspolitischen Grundüberzeugungen der einzelnen Regierungen und die aus ihnen resultierenden Handlungsentscheidungen ihren räumlichen Niederschlag gefunden. Diese ihren Wirkungen nach als entwicklungspolitisch zu kennzeichnenden Prämissen und Normen erklären einen Teil der gegenwärtigen Raumwirklichkeit. Ferner sind die Möglichkeiten der zukünftigen regionalen Erschließung abhängig von den derzeitigen entwicklungstheoretischen Vorstellungen der jetzigen politischen Entscheidungsträger.

Es ist daher notwendig, abschließend den Wandel der bisherigen Regionalpolitik zu referieren und eine Einschätzung der aktuellen Raumstrategie zu geben. Zum besseren Verständnis sollen zunächst kurz die einzelnen signifikanten Phasen der raumwirksamen Entwicklungskonzepte überblickhaft dargestellt werden.

Die räumliche Erschließung Aiséns begann in einer Phase der exportorientierten, weltmarktabhängigen Wirtschaftspolitik, die auch als Epoche des *desarrollo hacia afuera* bezeichnet wird. In einem machtpolitischen Rahmen, der noch maßgeblich von der Landaristokratie ausgefüllt wurde, war das volkswirtschaftliche System denkbar einfach strukturiert: gegen die Ausfuhr landwirtschaftlicher und bergbaulicher Rohstoffe (damals vor allem noch Salpeter) kaufte Chile die Güter des Verarbeitenden Gewerbes im Ausland ein. Die Agraristokratie hatte wenig eigenes Interesse am Bergbau oder an der Erweiterung der landwirtschaftlichen Nutzfläche in Peripherregionen und überließ diese Aktivitäten gern ausländischen Unternehmen.

Erst mit dem Erstarken des Mittelstandes und der aufkommenden populistischen Strömung in der nationalen Politik (Wilhelmy/Borsdorf 1984) zu Beginn der 30er Jahre wandelte sich diese Einstellung. Die Industrialisierung zum Zwecke der Einfuhrsubstitution wurde nun das Instrument, die Abhängigkeit vom Ausland zu verringern und eine auf Wohlfahrt und Eigenständigkeit der eigenen Nation ausgerichtete Politik zu betreiben. Damit sollte eine *Entwicklung nach innen* (hacia adentro) gefördert werden. In Chile wurde General Ibañez (1928–32) zum energischen Vertreter dieser Strömung, unter dem eine rasche Industrialisierungspolitik begann. Im Agrarsektor verloren die ausländischen Landgesellschaften an Einfluß, stattdessen wurde der Binnenkolonisation vor allem für chilenische Landwirte ein Vorrang eingeräumt.

In den 60er Jahren wurden die Nachteile dieses rein sektoralen Entwicklungskonzeptes in Chile spürbar. Die auf die größeren Zentren – vor allem aber die Hauptstadt Santiago – konzentrierte Industrieansiedlung hatte eine gewaltige

Land-Stadt-Wanderung ausgelöst, die die Städte nicht bewältigen konnten. Ausgedehnte Hüttenviertel vom Callampa-Typ am Rande der Großstädte waren nur Indikatoren einer aus dem Gleichgewicht geratenen Nationalökonomie. Sie wurden zunehmend zu sozialen und politischen Konfliktherden. Die in der Folge der Industrialisierung angewachsene Arbeiterschaft artikulierte sich in einer starken Gewerkschaftsbewegung und erlangte nach und nach auch politische Wirksamkeit in den nun entstehenden *partidos modernizantes*, die die alten Standesparteien ablösten. Der politische Wandel vollzog sich während der Regierungsperioden von J. Alessandri und E. Frei und führte insbesondere unter dem reformerischen Gedanken bereits völlig aufgeschlossenen Christdemokraten zur längst fälligen Ausweitung der Planungskompetenzen auf die regionale Ebene (Borsdorf 1980a, S. 27).

1966 wurde nach zweijähriger Vorbereitungszeit das nationale Planungsbüro Odeplan geschaffen, das 1969 seinen ersten Fünfjahresplan vorlegte (Odeplan 1969). Durch die Einbeziehung führender nordamerikanischer und europäischer Regionalwissenschaftler war gewährleistet, daß diese Behörde von Beginn an begründete räumliche Allokationsentscheidungen treffen konnte. Es entsprach diesem Konzept, Planungsregionen innerhalb Chiles zu definieren, für die detaillierte Regionalentwicklungspläne aufgestellt wurden.

Die Planungskonzeption der Odeplan wurde zu Beginn von dem Modell polarisierter Entwicklung geprägt, das in Chile wie in ganz Südamerika in den 60er Jahren eine große Faszination ausübte und die Vorstellungen der Planer und politischen Entscheidungsträger maßgeblich beherrschte (Borsdorf 1980b). Entwicklungspole sind nach dieser Meinung in der Lage, mit ihren *forward linkages* ein größeres Umland nachholend zu entwickeln. Die Theorie polarisierten Wachstums ist in der Nähe der Modernisierungstheorien angesiedelt, die an eine Überwindung der Unterentwicklung durch Modernisierungsmaßnahmen glauben.

Im Gegensatz dazu geht der dependenztheoretische Ansatz, der in Chile mit der Übernahme der Regierung durch den Sozialisten Allende Eingang in die Planungsbehörden fand, davon aus, daß Unterentwicklung in einigen Regionen der Erde die notwendige Folge der Entwicklung in anderen Teilen sei, daher im herrschenden Wirtschaftssystem nicht überwunden werden könne (vgl. Borsdorf 1976, S. 112ff.). Die nationalökonomische Politik dieser Epoche war demnach als Abkoppelung vom Weltmarkt (Dissoziation) konzipiert, regionalpolitisch wurde die als *diskriminierend* oder *aristokratisch* gekennzeichnete Entwicklungstheorie (Santos 1974, S. 106) von einer egalitären, dezentralen Strategie abgelöst (Borsdorf 1980a, S. 29f.).

Nach einem Jahrzehnt des *desarrollismo* und einer kurzen Epoche des *dependentismo* sind in der aktuellen chilenischen Planungspolitik die großen Ideen einer eher pragmatischen Raumentwicklungsstrategie gewichen, die ohne theoretische Fundierung dem unbestimmten Leitbild einer nirgends definierten *Entwicklung* folgend versucht, die natürlichen Ressourcen wirksam zu erschließen und zu hohen wirtschaftlichen Wachstumsraten zu gelangen. Die Effizienz regionalplanerischer Konzepte ist bei dieser Strategie allerdings durch die Prädominanz der marktwirtschaftlichen Kräfte bei Allokationsentscheidungen und der daraus folgenden Einflußlosigkeit der Staatstätigkeit stark eingeschränkt. Die bereits unter E. Frei eingeleitete Regionalisierung kam zwar zu einem jetzt gesetzlich sanktionierten Abschluß, hat aber die ursprünglich zugrundeliegende Konzeption der Dezentralisation und der größeren Autonomie der Regionen eingebüßt.

6.2. DER WANDEL DER REGIONALPOLITIK UND SEINE AUSWIRKUNGEN AUF DIE ENTWICKLUNGSPLÄNE FÜR DIE REGION AISÉN

6.2.1. Entwicklung nach außen, Entwicklung nach innen

Die regionale Entwicklung Aiséns begann um die Jahrhundertwende, nachdem die Grenzfrage mit Argentinien geklärt war. In Argentinien wie auch in Chile hatten in dieser Zeit die Briten eine ökonomisch führende Rolle errungen. Sie beherrschten in Chile den Salpeterhandel und bedeutende Teile des Finanzwesens. Da die ersten Schafe 1878 von den Falkland-Inseln nach Westpatagonien (Punta Arenas) gebracht wurden (Borsdorf 1985, S. 90f), war es nur zu verständlich, daß auch die entstehenden Schafzuchtestanzien in britische Hände gerieten. 1885 besaßen in Magallanes 4.800 von 13.000 Bewohnern nicht die chilenische Nationalität, die meisten waren schottische und englische Schaffarmer (Weischet 1970, S. 522).

Von 1900–1906 wurde das gesamte Land von der chilenischen Regierung neu beansprucht und auf verschiedenen Auktionen nicht nur in Chile, sondern auch in Europa und Nordamerika versteigert. An den nun in Magallanes und in der Folge auch in Aisén sich bildenden finanzstarken Landgesellschaften war ausländisches Kapital beteiligt, die Verwalter waren fast immer Engländer oder Schotten. Typisch für das Wirtschaftsdenken der Zeit war die ausschließlich auf die Wollerzeugung und den Wollexport ausgerichtete Produktion, während das Schaffleisch keinen Marktwert besaß. Ferner drückt sich auch in der Vertragsklausel für die SIA, 100 Familien *sächsischer Rasse* anzusiedeln, eine Wirtschaftsgesinnung aus, für die Entwicklung nur von und nach außen denkbar erschien.

Mit dem Regierungsantritt des Präsidenten Ibañez änderte sich die Beurteilung der großen Landgesellschaften. Noch 1928 wurde die *Caja de Colonización Agricola* mit dem Ziel geschaffen, Staatsländereien und landwirtschaftliche Betriebe, die *schlecht bewirtschaftet* waren, in die Hände von siedlungswilligen Colonos zu überführen. In Aisén hatte diese Politik drei gravierende Auswirkungen: Sie führte zur Bildung von Bauernkolonien (z.B. Puyuhuapi), beschnitt die Konzession der SIA von 826.900 ha auf 200.000 ha und schuf auf den freigewordenen Flächen Siedlerparzellen in der Größenordnung von 600–1.200 ha. Schließlich wurde die ungelenkte Landnahme im Süden und auf der Konzession der aufgelösten Sociedad Ganadera Valle Chacabuco bestätigt, so daß die dort entstandenen Siedlungen einen bescheidenen und rechtlich abgesicherten Aufschwung nehmen konnten. Binnenkolonisation war in Aisén der Ausdruck dieser *nach innen* gerichteten Entwicklungspolitik. Zur Ansiedlung von Industriebetrieben im Sinne importsubstituierender Industrialisierung kam es weder hier noch in den anderen peripheren Landesteilen Chiles.

6.2.2. Die Phase polarisierter Entwicklung

Mit der 1969 erschienenen neuen Entwicklungsstrategie des eben gegründeten nationalen Planungsbüros (Odeplan 1969) begann diese Phase regionalspezifischer Planung in Aisén. Vorausgegangenen war diesem Plan eine erste Regionalisierung in Chile in 12 Planregionen (Dekret Nr. 1104/1969), für die im einzelnen Entwicklungsprioritäten festgelegt wurden. Die neuen Raumeinheiten wurden aus den bisher bestehenden 25 Provinzen wie in Tab. 43 dargestellt gebildet.

Die Übersicht in Tab. 43 macht deutlich, daß Aisén nicht als Region eigenständiger Entwicklung angesehen wurde. Vielmehr wurde die Provinz mit Chiloe und Llanquihue zusammengelegt, wobei die Wachstumsimpulse von der Hauptstadt bzw. dem Entwicklungspol Puerto Montt ausgehen sollten, der als Vorort einer noch im Pionierstatus befindlichen Peripherregion die vorhandenen wirtschaftlichen Ansätze seines engeren Umlandes allmählich an die randlichen Teile seiner Región vermitteln sollte (vgl. dazu Odeplan 1971).

Da allerdings als wichtigstes regionalpolitisches Ziel die Überwindung der Kolonisationseigenschaften der Región angesehen wurde, waren gezielte Investitionsschübe für diesen Raum nicht vorgesehen. Von vornherein wurde mit einer schwachen wirtschaftlichen Dynamik gerechnet, wobei sogar eine absolute oder relative Abnahme der Wachstumsraten in Kauf genommen wurde (vgl. Sassenfeld 1977, S. 159). In der Regionalpolitik geriet die Región de los Canales und damit auch die Provinz Aisén an die letzte Priorität. Allerdings wurde die Landreform forciert, so daß in dieser Periode auch die noch bestehenden Landgesellschaften aufgelöst und in Produktionsgenossenschaften (*asentamientos*) überführt wurden. Dem Ziel der Ablösung des Kolonisationsstatus entsprach auch die Investitionsentscheidung für eine Kühlfleischanlage in Chacabuco und eine Molkerei in Coihaique. Davon versprach man sich eine bessere Marktsituation für die Aiséniner Landwirtschaft.

Für eine wirksame Umsetzung der Regionalplanungsideen in die räumliche Praxis war es 1969 allerdings schon zu spät. Ein Jahr später kam mit Salvador Allende ein marxistischer Präsident mit völlig anderen Leitvorstellungen an die Macht.

6.2.3. Die Phase integrierter Regionalpolitik

Auch die von der Volksfrontregierung konzipierte Regionalplanungspolitik erlitt ein ähnliches Schicksal wie die zuvor entwickelte christdemokratische. Erst im Mai 1973 erschien die *Estrategía Territorial de Desarrollo de Largo Plazo*. Bis zum Militärputsch im September desselben Jahres war die Diskussion um diese Strategie noch nicht abgeschlossen, sie konnte, da sie regierungsamtlich noch nicht verbindlich war, theoretisch begründete, raumspezifische Planungsentscheidungen während der Volksfrontherrschaft nicht mehr beeinflussen.

Allerdings war unter dieser sozialistischen Regierung die regionale Entscheidungsebene der globalen und nationalen Strategie dependenztheoretischer Überlegungen (Beseitigung der internationalen Abhängigkeit) untergeordnet, die vom Tage der Machtübernahme an in die Tat umgesetzt wurde. Die Entwicklungsstrategie Chiles war während dieser Zeit als *totale Strategie* (Conroy 1973, S. 379) konzipiert, der die Regionalplanung prinzipiell untergeordnet war.

Folgende drei Strategien sollten den Wandel der Regionalentwicklung Chiles bewirken:
1. Egalitarismus. Der bisher regional gestaffelte gesetzliche Mindestlohn wurde auf einem einheitlichen Niveau standardisiert. Mit Hilfe dieser Maßnahme wuchs die Attraktivität der Peripherregionen, in denen die Lebenshaltungskosten unter denen der der zentralen Provinzen lagen, beträchtlich.
2. Agrarreform. Die Praxis der Agrarreform lief 1970–73 zwar auf eine überstürzte Landbesitzreform hinaus, es darf jedoch nicht übersehen werden, daß wenigstens in der Planung begleitende Maßnahmen vorgesehen waren, die eine grundlegende Neuordnung des Agrarraumes zur Folge gehabt hätten. Es war geplant, ländliche Familien in neuen dorfähnlichen Siedlungseinheiten zusammenzufassen, um die Versorgung mit sozialen und ökonomischen Diensten zu ermöglichen und die Lebensqualität des flachen Landes der der Städte anzugleichen. Ferner war Odeplan beauftragt, arbeitsintensive Industrie zu entwickeln, um die Ressourcen einschließlich der Arbeitskräfte in den peripheren Gebieten besser zu nutzen.
3. Dezentralisierung. Im Kern der Raumentwicklungsstrategie der Volksfront stand die Absicht, die Wirtschaft jeder Provinz bzw. Region auf ihren eigenen Ressourcen basieren zu lassen. Die Planer definierten ihre regionale Strategie als *Entwicklung ökonomisch integrierter Areale*. Eine größere Autonomie der Regionen war angestrebt.

Damit bot sich auch für Aisén die Chance, im Sinne der *regionalen Gerechtigkeit* Vorzüge für Investitionsentscheidungen zu genießen. Die Bevorzugung der Region durch den Freihandelsstatus, die Anhebung der gesetzlichen Mindestlöhne und die nun installierten Agroindustriebetriebe sind als Schritte in dieser Richtung zu deuten. Puerto Montt als Hauptstadt der Region verlor an Bedeutung, weil eben keine polorientierte Investitionspolitik mehr initiiert war. Die Agrarreform, die in Aisén bereits unter der christdemokratischen Regierung zur Enteignung der Großbetriebe geführt hatte, erfaßte nun auch mittlere und z.T. auch kleinere Besitzparzellen. Insgesamt wurden bis 1973 250.000 ha in Aisén in staatlichen Besitz überführt. Die Durchschnittsgröße der enteigneten Höfe lag 1973 bei 963 ha.

6.2.4. Die Phase liberalistischer Regionalpolitik

Der Sturz der Regierung Allende und die sich anschließende, heute schon über zehnjährige Militärherrschaft führte im allgemeinen zu einer Einschränkung der durch die Regionalisierung und die Regionalpläne erworbenen größeren Selbständigkeit und Selbstverantwortung der Regionen. Für Aisén dagegen bedeutete der erneute Umschwung der regionalpolitischen Zielvorstellungen zunächst eine Verbesserung seines administrativen Status. Dies ist eine Folge der neuen Regionalisierung, die unter allen Regionen Aisén die größten Vorteile brachte, das nun von der in einem anderen Naturraum gelegenen und ökonomisch völlig anders strukturierten Provinz Llanquihue abgekoppelt wurde und bei leichten Territorialgewinnen eine eigenständige Region mit der Hauptstadt Coihaique wurde. Die Gegenüberstellung der Regionalisierungen durch Christdemokraten und Militärregierung in Tab. 43 zeigt deutlich die unterschiedliche Wichtung der Peripherregionen im Süden Chiles durch die verschiedenen Regime.

Der 1975 auf der Basis dieser territorialen Neuordnung publizierte 15-Jahres-Plan (Odeplan 1975) legt die Entwicklungsschwerpunkte wie folgt fest: Ausgebaut

Tab. 43: Vergleich der Regionalisierungen von 1969 und 1974/79

	Regionalisierung 1969		Regionalisierung 1974/79	
Región	Name	zugehörige Provinzen[1]	Name	Región
I	Tarapacá	Tarapacá	Tarapacá	I
II	Antofagasta	Antofagasta	Antofagasta	II
III	Atacama-Coquimbo	Atacama	Atacama	III
		Coquimbo	Coquimbo	IV
IV	Aconcagua-Valparaiso	Aconcagua		V
		Valparaiso	Valparaiso	
ZM	Zona Metropolitana	Santiago	Región Metropolitana	RM
V	O'Higgins-Colchagua	O'Higgins	Gral. B. O'Higgins	VI
		Colchagua		
VI	Maule	Curico	Maule	VII
		Talca		
		Linares		
		Maule		
VII	Bío-Bío	Ñuble	Bío-Bío	VIII
		Concepción		
		Arauco		
		Bío-Bío		
		Malleco	Araucanía	IX
VIII	Cautín	Cautín		
IX	Los Lagos	Valdivia		
		Osorno	Los Lagos	X
		Llanquihue		
X	Los Canales	Chiloe		
		Aisén	Aisén	XI
XI	Magallanes	Magallanes	Magallanes-Antarctica	XII

1 Provinzen von 1968

Quellen: Odeplan 1969, Conara 1974, Conara 1979.

und gefördert werden sollen in Aisén das Verarbeitende Gewerbe, die Landwirtschaft und in geringerem Maße auch der Fischfang. Weniger wichtig genommen werden die Entwicklung der Energiewirtschaft und des Fremdenverkehrs.

Unter den industriellen Entwicklungschancen genießen die elektrochemische Industrie (Aluminium-, Magnesium-, Zement-, Düngerherstellung und Erzaufbereitung) die erste Priorität, an zweiter Stelle stehen Agroindustrien und am dritten Rang schließlich das Bauwesen.

Diese Strategie hat zwei entscheidende Schwächen: Der Staat hat unter einer extrem liberalistischen Wirtschaftsgesinnung praktisch keine Möglichkeiten der Investitionslenkung oder eigenverantwortlicher Unternehmensgründungen. Die Planungsbehörde versuchte daher — ohne Erfolg — mit immer wieder neuen Plänen, in- und vor allem ausländische Investoren für die Ansiedlung von Betrieben in Aisén zu gewinnen (Odeplan 1976). Der Mißerfolg war eine direkte Folge eines fundamentalen Denkfehlers: Solange nicht Energie in ausreichendem Maße per staatlicher Vorleistung bereitgestellt werden kann, wird kaum ein großer Konzern der an erster Priorität rangierenden Branchen an eine Betriebsgründung in Aisén denken. Hier muß tatsächlich der Staat den ersten Schritt tun, um die reichlich vorhandene hydraulische Energie verfügbar zu machen.

Die Art der Landwirtschaftsförderung Aiséns wurde 1975 nicht spezifiziert, da genauere Analysen über das Naturpotential nicht vorlagen. Allgemein wurde die geringe Nutzung eines angeblich sehr viel größeren Potentiales beklagt, so daß nach Meinung der Behörde große Steigerungsraten möglich seien. Auch hier ist zu fragen, ob angesichts der Absatz- und Produktionsbedingungen der Zone dieser Optimismus zu rechtfertigen ist. Es war eines der Ziele der hiermit vorgelegten Arbeit zu zeigen, daß das natürliche Potential im Gegensatz zu der offiziellen Meinung sehr gering und überdies noch ökologisch gefährdet ist.

Insgesamt macht die neue Regionalplanung für Aisén einen noch unausgewogenen Eindruck. Sie ist überdies von nur geringer Wirksamkeit, da sich die Funktion der Hauptstadt als Ort aller Entscheidungen verstärkt hat. Da also von der Regionalplanung auch in Zukunft wenig konkrete raumwirksame Impulse ausgehen können, bleibt die Region auf Selbsthilfe in kleinem Maßstab angewiesen.

Den Rahmen des ökologisch und ökonomisch Machbaren wollte diese Arbeit abstecken und darüber hinaus Anregungen für die Einleitung einer autozentrierten Entwicklung der kleinen Schritte geben.

ZUSAMMENFASSUNG

Aisén liegt als 11. administrative *Región* Chiles im südlichen Teil des langgestreckten Staatsterritoriums und bildet den mittleren bis nördlichen Teil Westpatagoniens. Die Region war bis vor wenigen Jahren vom übrigen Staatsgebiet verkehrsmäßig abgeschnitten und nur auf dem Wasser- bzw. Luftweg oder aber über argentinische Schotterstraßen erreichbar. Der Bau der Südcarretera *Ruta Presidente Pinochet*, der 1982 abgeschlossen wurde, hat Aisén an Mittelchile angeschlossen. Mit dieser Straße verbinden sich aber auch Kolonisationshoffnungen, die dem unter den herrschenden agrarstrukturellen und gesamtwirtschaftlichen Bedingungen bereits übervölkerten Mittelchile eine demographische Entlastung bringen sollen.

In der vorliegenden Arbeit wird der Versuch unternommen, den von äußerst differenzierten Ökosystemtypen gestalteten Naturraum — er beinhaltet mit dem Kamm der patagonischen Kordillere eine der extremsten Klimascheiden der Welt — auf seine Erschließbarkeit und sein tatsächliches Eignungspotential zu untersuchen. Damit wird auch eine bisher wissenschaftlich wenig untersuchte außertropische Regenwaldregion Südamerikas, die sowohl in ihrem Kontinent als auch im Staat, und zwar im politischen wie ökonomischen Sinn, extrem peripher liegt, auf ihre sozial- und wirtschaftsräumliche Integrationsmöglichkeiten getestet. Dazu wird ein relativ einfaches Raumbewertungsverfahren entwickelt, das trotz einer relativ geringen Datenbasis mit nur wenigen Variablen versucht, zu einer vorläufigen, auf Einzelflächen bezogenen Eignungsschätzung zu gelangen.

Zunächst wird im Rahmen einer Ist-Analyse ein komplexer landeskundlicher Überblick über das Untersuchungsgebiet gegeben. Nach der Darstellung der Besiedlungsphasen und der Träger der sowohl gelenkten als auch spontanen Agrarkolonisation seit der Jahrhundertwende (Kap. 2) folgt die Analyse des Naturpotentials der Region (Kap. 3). Diese bildet gemeinsam mit der Beschreibung der kultur- und wirtschaftsräumlichen Strukturen der Gegenwart (Kap. 4) die Basis für die dann folgende Raumbewertung (Kap. 5), d.h. die Feststellung des natürlichen Eignungspotentials der Untersuchungsregion. Der Schwerpunkt liegt auf der Darstellung der Methode, wobei auf der Basis von 4 km^2 großen Rasterquadraten die *Schutzbedürftigkeit* und die *Nutzwürdigkeit* dieser Einzelflächen zu bewerten versucht wird. Die Ergebnisse werden sodann kartographisch in jeweils vier Teilkarten dargelegt. Dabei zeigt sich, daß das agrarische Nutzungsoptimum der Región Aisén nicht nur ausgeschöpft, sondern bereits überschritten ist. Bei anhaltender oder gar noch intensivierter Nutzung ist mit irreparablen Schäden im Ökosystem zu rechnen. Dies bedeutet aber nicht unbedingt, daß auch die agrarische Tragfähigkeit schon ausgeschöpft ist. Da mittels agrartechnologischer Maßnahmen und Landreformen bei Änderung des Besitzgefüges und Verbesserungen im Absatzsystem Intensivierungen auf den bestehenden ökologisch unbedenklichen Nutzflächen möglich sind, erscheint es realistisch, daß auf der errechneten Nutzfläche von 13.776 km^2 durchaus noch

Zusammenfassung

eine größere Landbevölkerung leben könnte als dies derzeit mit nur 5.700 Erwerbspersonen in der Landwirtschaft möglich ist.

Die Erweiterung der Tragfähigkeit ist aber auch durch nicht-agrarische Aktivitäten denkbar. Bergbau und Fischereiwirtschaft scheiden als ernstzunehmende Wachstumssektoren aus. Mehr Chancen können der Energiewirtschaft und einer Industrialisierung auf der Basis von Elektrometallurgie, Großchemie, Papierfabrikation, Zementproduktion und der Herstellung von Fertigbauteilen zuerkannt werden. Diese Branchen arbeiten aber sämtlich kapitalintensiv und schaffen letztlich wenig neue Arbeitsplätze. Auch dem Fremdenverkehr können aufgrund der klimatischen Bedingungen nur eingeschränkte Impulse zugetraut werden. So kann man wirkliche Anstöße nur von ökologisch wie ökonomisch vertretbaren *small-scale-Entwicklungsprojekten* erwarten, die an Einzelbeispielen vorgestellt werden.

In einem letzten Kapitel (Kap. 6) wird schließlich versucht, die Strategien der Regionalplanung in Aisén zu werten und in einen entwicklungstheoretischen Rahmen einzuordnen. Der Wandel der Regionalpolitik und der Phasenablauf der staatlichen Planung werden hier dargestellt und die in der Arbeit untersuchten Entwicklungshemmnisse aus der Sicht aktueller Planungspolitik bewertet.

RESUMEN

LIMITES Y POSIBILIDADES DEL DESARROLLO REGIONAL EN LA PATAGONIA OCCIDENTAL. EL EJEMPLO DE LA REGION AISEN. – POTENTIAL NATURAL OBSTACULOS DE DESARROLLO Y ESTRATEGIAS DE PLANIFICACION REGIONAL EN UNA REGION PERIFERICA DE AMERICA LATINA.

Aisén, la región administrativa unodecima de Chile, es situada en el extremo Sur del territorio chileno, en la zona de la patagônia occidental. Hace pocos años la región fue aislada totalemente de la parte central del territorio estaltal. Los vías de acceso se limitaban solamente de tres alternativas: por vía terrestre desde Argentina, por avión o vía marítima.

La construcción de la carretera austral *Ruta Presidente Pinochet* que fue finalizada en 1982 trajó la conección entre Aisén y la parte central. Por el otro lado apareció el interes de colonización de terrenos en esta zona para solucionar los problemas demográficos de las zonas principales del pais, que bajo las condiciones estructurales de la agricultura y la economía política actuales ya estan sobrepoblados.

Este trabajo es un ensayo que analiza las posibilidades del desarrollo y el potencial económico de Aisén. El espacio natural de esta región es construido de sistemas ecológicos extremenente diferenciados. Por ejemplo el limite climatico mas extremo del mundo transcurre en la cresta cordillerana patagónica. Con este trabajo tambien se analiza una región de la selva pluvial, sudaméricana que hasta hoy fue investigada muy poco. Otra meta es probar las posibilidades de la integración social y económica de una región periferica en el sistema nacional de la sociedad y la economía política. Por esto fue desarrollado un método de evaluación regional relativamente sencillo, que permite una evaluación del potencial regional con pocas variables.

En primer lugar se representa una vista general de la geografía regional de Aisén. Sigue una describción de las fases de la población y los iniciadores de la colonización espontanea y organizada desde los principios de este siglo (cap. 2) y despues el analisis del potential natural de la región (cap. 3). Junto con la investigación de las estructuras culturales y económicas actuales (cap. 4) es este el base para la evaluación regional, que sigue en el capitulo 5.

Uno de los puntos esenciales es la representación del método. Sobre la base de cuadrados espaciales de 4 km^2 fue evaluada la necesidad de protección (*Schutzbedürftigkeit*) y el valor de explotación (*Nutzwürdigkeit*) de las areas individuales. Los resultados son representados en ocho mapas datalladas. Se demuestra que el optimo del uso agronómico ya fue alcanzado. En caso de jubiera una extensión del area agronómico graves daños ecológicos serían las consequencias. Pero este no significa que la capacidad demográfica de la zona ya fue alcanzada. Si fueran aplicadas reformas de tecnología o estructura agrononómica o mejoramientos del sistema mercantil sería posible que sobreviviera una mayor población agricola. Actualmente solamente viven 5.700 personas económicamente actives en la agronomía sobre los 13.776 km² que son posibles areas de uso agronómico según los resultados de la investigación.

La expansion de la capacidad demográfica tambien es possible por otros actividades no agronómicas. Minería y pescuera no son sectores de expansión importante. Mayores posibilidades se podrían obtener con la producción de energía y la industrialización basada en metalurgía electrica, industria celulosa, fabricación de cemento y producción de construcciones prefabricadas. Estos sectores trabajan en forma capitalintensiva y producen solamente pocos empleos. Asimismo el turismo tiene un valor diminorado por las condiciones climáticas de la zona. Por eso impulsos dinamicos solamente se pueden esperar de probjectos de desarrollo *small-scale* (escala pequeña), ecológicamente y económicamente tolerables, que son representados en la investigación como ejemplos de caso.

En un ultimo capitulo (cap. 6) las estrategías de la planificación regional en Aisén son evaloadas y son puestas en un cuadro de la teoría del desarrollo. El cambio de la política regional y el proceso de la planificación estatal son describidos, y los obstáculos de desarrollo investigados en el analisis son evaloados desde la perspectiva de la política de desarrollo actual.

LITERATURVERZEICHNIS

Agostini, A. M. de: Zehn Jahre im Feuerland. – Leipzig 1924, 2. Aufl. 1953.
Agostini, A. M. de: Andes Patagónicos. – Buenos Aires 1941.
Almeyda, A. E.: Recopilación de datos climáticos de Chile y Mapas Sinópticos. – Min. Agric. Depto. Téc., INTERAM. Coop. Agríc. Proyecto *14*. – Santiago 1958.
Ammer, U.: Zur Quantifizierung der Landschaft. – Landschaft u. Stadt *3*:119–121 (1970).
Ammon, A. et al.: Planificación y Estudios Urbano-Regionales en Chile y América Latina. – Santiago 1973.
Anastasi, A. B.: Propuesta para una clasificación de regiones áridas y en proceso de desertifación en Argentina. – Rev. Geogr. *95*(1):185–194. – México (1982).
Araya Uribe, B.: El gigante vencido. – Trapananda *1*(1):43–47 (1978).
Araya Uribe, B.: Fundadores sin titulos. – Trapananda *1*(1):15–18 (1978).
Araya-Vergara, J. F.: Origen de los cordones litorales en el extremo Austral de Sudamérica y su significado en la regularización de la costa. – Terra Australis *23/24*:44–51 (1972/73).
Aubert de la Rüe, E.: Patagonie: désolation et prospérité. – UNESCO, Paris 1960.
Aubert de la Rüe, E.: Projet d'enquête sur les ressources naturelles du Sud du Chili. – UNESCO, Paris 1960..
Aubert de la Rüe, E.: La Patagonie Chilienne, terre d'avenir, déjà en partie dévastée. – La Nature *3298*:49–57 (1960).
Auer, V. (Hrsg.): Wissenschaftliche Ergebnisse der Finnischen Expedition nach Patagonien 1937–38. – Helsinki 1941.
Auer, V.: The Pleistocene of Fuego-Patagonia. Bd. 1: The Ice and Interglacial Ages. – Helsinki 1956.
Auer, V.: The Pleistocene of Fuego-Patagonia. Bd. 2: The History of the Flora and Vegetation. – Helsinki 1958.
Auer, V.: Über die eustatische Bewegung des Meeresspiegels in Feuerland-Patagonien und anschließende Fragen. – In: H. Lautensach-Festschrift. Stuttg. Geogr. Stud. *69*:407–418 (1957).
Bähr, J.: Migration im Großen Norden Chiles. – Bonner Geographische Abhandlungen *10*, Bonn 1975.
Bähr, J.: Siedlungsentwicklung und Bevölkerungsdynamik an der Peripherie der chilenischen Metropole Groß-Santiago, am Beispiel des Stadtteils La Granja. – Erdkunde *30*(2):126–143, 1976.
Bähr, J.: Landerschließung und Kulturlandschaftswandel an der polaren Siedlungsgrenze Südamerikas. – Forschung. an der Univ. Mannheim, Mannheimer Vorträge. – Mannheim 1977, S. 13–25.
Bähr, J.: Santiago de Chile. Eine faktorenanalytische Untersuchung zur inneren Differenzierung einer lateinamerikanischen Millionenstadt. – Mannheimer Geogr. Arb. *4*, Mannheim 1978.
Bähr, J.: Chile. – Stuttgart 1979.
Bähr, J. u. Golte, W.: Eine bevölkerungs- und wirtschaftsgeographische Gliederung Chiles. – Geoforum *17*:25–42 (1974).
Bähr, J. u. Golte, W.: Entwicklung und Stand der Agrarkolonisation in Aysén unter dem Einfluß der Verstädterung. – In: Lauer, W. (Hrsg.): Landflucht und Verstädterung in Chile. Geogr. Zs., Beih. Erdk. Wissen *42*:88–118 (1976).
Barth, H. K.: Der Geokomplex Sahel. Untersuchungen zur Landscahftsökologie im Sahel Malis als Grundlage agrar- und weidewirtschaftlicher Entwicklungsplanung. – Tübinger Geogr. Stud. *71* (1977).
Barth, H. K. u. H. Wilhelmy (Hg.): Trockengebiete. Natur und Mensch im ariden Lebensraum (FS für H. Blume). – Tübinger Geographische Studien *80*. – Tübingen 1980.

Bate Petersen, L. F.: Pasado prehistórico de Aisén. − Trapananda *1*(1):7−13 (1978).
Bate Petersen, L. F.: Las investigaciones sobre los cazadores tempranos en Chile Austral. − Trapananda *1*(2):14−23 (1979).
Bauer, H. J.: Die ökologische Wertanalyse, methodisch dargestellt am Beispiel des Wiehengebirges. − Natur und Landschaft *48*(11): 306−311 (1973).
Bauer, P. P. v.: Waldbau in Südchile. Standortkundliche Untersuchung und Erfahrungen bei der Durchführung einer Aufforstung in La Ensenada, Prov. Llanquihue, Chile. − Bonner Geogr. Abb. *23*. − Bonn 1958.
Benignus, S.: In Chile, Patagonien und auf Feuerland. − Berlin 1912.
Berninger, O.: Wald und offenes Land in Südchile. − Geogr. Abh. *3*(1) Stuttgart 1929.
Bird, J.: Antiquity and migrations of the early inhabitants of Patagonia. − Geogr. Rev. *28*:250−275 (1938).
Boese, P. et al.: Systemanalyse zur Landesentwicklung Baden-Württemberg. (Dornier-System). o.O. 1975.
Boese, P. et al.: Vorbericht für das Handbuch zur ökologischen Planung. (Dornier-System). − Friedrichshafen 1976.
Bonacic Doric, L.: Resumen histórico de estrecho y la colonia de Magallanes. − Punta Arenas 1939.
Bonacic Doric, L.: Historia de los Yugoslavos en Magallanes. − 3 Bde. Punta Arenas 1941−1946.
Borcherdt, C. u. Mahnke, H.-P.: Das Problem der agraren Tragfähigkeit, mit Beispielen aus Venezuela. − In: C. Borcherdt (Hrsg.): Geographische Untersuchungen in Venezuela. − Stuttg. Geogr. Stud. *85*. − Stuttgart 1973.
Borsdorf, A.: Chile, eine sozialgeographische Skizze. − Geogr. Rdsch. *26*(6):224−232 (1974).
Borsdorf, A.: Valdivia und Osorno. Strukturelle Disparitäten in chilenischen Mittelstädten. − Tübinger Geogr. Stud. *69*. − Tübingen 1976.
Borsdorf, A.: Population growth and urbanization in Latin America. − Geo-Journal *2*(1):47−60 (1978).
Borsdorf, A.: Städtische Strukturen und Entwicklungsprozesse in Lateinamerika. − Geogr. Rdsch. *30*(8):309−313 (1978).
Borsdorf, A.: Neuere Tendenzen der Raumplanung in Lateinamerika. − Raumforschung u. Raumordnung *38*(1−2):26−31 (1980a).
Borsdorf, A.: Conceptions of regional planning in Latin America. − Appl. Geogr. and Developm. *15*:28−40 (1980b).
Borsdorf, A.: Zur Raumwirksamkeit dependenztheoretischer Ansätze am Beispiel chilenischer Mittelstädte 1970−1973. − 42. Dt. Geogr. Tag, Tag.ber. u. wiss. Abh. − Wiesbaden 1980, S. 509−512.
Borsdorf, A.: Wälder in der Wüste. Zur Aufforstung in der Pampa del Tamarugal, Nordchile. − In: Trockengebiete. Festschr. f. H. Blume. Tübinger Geogr. Stud. *80*. − Tübingen 1980, S. 195−209.
Borsdorf, A.: Die lateinamerikanische Großstadt. Zwischenbericht zur Diskussion um ein Modell. − Geogr. Rdsch. *34*(11):498−501 (1982).
Borsdorf, A.: Patagonien und Feuerland. Ein jugendlicher Kulturraum. − Die Karawane. Zeitschr. d. Gesellsch. f. Länder- u. Völkerkunde, Ludwigsburg *26*(3/4) 1985:76−100 u. 143−145.
Borsdorf, A.: Dalmatinische Einwanderer am Rande der Welt. − Österreich. Osthefte *28* (4): 426−439.
Borsdorf, A.: Chile. Kunst- und Reiseführer mit Landeskunde und Exkursionsvorschlägen. − Stuttgart etc. 1987.
Borsdorf, A. et al.: Entwicklungsprobleme in der Dritten Welt. − Stundenblätter. − Stuttgart 1982.
Borsdorf, A. et al.: Entwicklungsprobleme in der Dritten Welt. − Arbeitshefte. − Stuttgart 1982.

Brahe, P.: Matrix der natürlichen Nutzungseingang einer Landschaft als Hilfsmittel bei der Auswertung landschaftsökologischer Karten für die Planung. – Landschaft u. Stadt *4*(3):133–141 (1972).

Brown, R. T. u. Hurtado, C.: Seminario de Investigación sobre el Desarrollo de la Provincia de Aisén. – Ed. Dep. Ext. Cult. UdCh. – Santiago 1959.

Brücher, W.: Die Erschließung des tropischen Regenwaldes am Ostrand der kolumbianischen Anden. – Tübinger Geogr. Stud. *28.* – Tübingen 1968.

Brücher, W.: Formen und Effizienz staatlicher Agrarkolonisation in den östlichen Regenwaldgebieten der tropischen Andenländer. Geogr. Zt. *65*(1):3–22 (1977).

Brüggen, J.: Informe geológico sobre la región de Ofqui. – Boletín del Dpto. de Minas y Petróleo 52. – Santiago 1935.

Bünstorf, J.: Falkland Islands/Islas Malvinas: Hintergründe des Konflikts. – Geogr. Rdsch. *34*(8):376–380 (1982).

Burschel, P. et al.: Ensayos de reforestación por siembra directa en la zona de los bosques magallanicos caducifolios, Coyhaique, Provincia de Aisén (Chile). – Actas VII Congreso Forestal Mundial *2*:1789–1798. Buenos Aires (1972) 1976.

Butland, G. J.: The Human Geography of Southern Chile. – The Inst. Brit. Geogr. Publ. *24.* – London 1957.

Caldenius, C. C.: Las glaciaciones cuaternarias en la Patagónia y Tierra del Fuego. – Geogr. Ann. *95*:1–164. – Stockholm (1932).

Capitanelli, R. G.: Patagónia. – Rev. Geogr. *95*(1):30–45. – México (1982).

Cevo Guzmán, J.: Un nuevo caso de geografía aplicada: el lago Riesco puede ayudar al salvar Puerto Aisén. – Rev. Geogr. México *81*:139–153 (1973) und Trapananda *1*(2):69–77 (1979).

Cevo Guzmán, J.: Informe preliminar sobre erupción del Volcan Hudson Norte o Volcan Huemules. – Trapananda *1*(1):35–42 (1978).

Cisternas Fuentealba, F. R.: Proposiciones para una política de desarrollo regional de Aisén. – Trapananda *1*(1):61–70 (1978).

Conara (Comisión Nacional de la Reforma Administrativa): Chile Hacia un Nuevo Destino. Su Reforma Administrativa Integral y el Proceso de Regionalización. – Santiago 1976.

Conara (Comisión Nacinal de la Reforma Administrativa): Nueva División Político-Administrativa de la Republica de Chile. – Santiago 1979.

Contreas, M., H.: La Patagónia fragil. – Trapananda *1*(1):19 (1978).

Conroy, M. E.: Rejection of growth center strategy in Latin America regional planning. – Land Economics *49*(4):371–380 (1973).

Coreo (Corporación del Fomento de la Producción): Plan de Desarrollo: Provincia de Aisén (masch.schr.). – Santiago 1965.

Cosmelli, A.: Desarrollo y Administración de la Provincia de Aisén. – o.O. 1958.

Cosmelli Esteva, A. u. Barrientos Garrido, I.: Presencia del Coronel Thomas Holdich en Aisén. – Trapananda *1*(2):31–36 (1979).

Czajka, W.: Die Reichweite der pleistozänen Vereisung Patagoniens. – Geol. Rdsch. *45*(3): 634–686 (1957).

Czajka, W.: Lebensformen und Pionierarbeit an der Siedlungsgrenze. – Die bewohnte Erde *1.* – Hannover 1953.

Delaborde, J. u. Loofs, H.: Am Rande der Welt. Patagonien und Feuerland. Die Welt von heute. Berlin 1962.

Devynck, J. E.: Frentes y masas de aire de Invierno en las zonas central y sur de Chile. – Cuad. Geogr. del Sur. Depto. Geogr., U. de Concepción *2*(2–3):5–38 (1972/73).

Dimitri, M. J. (Hrsg.): La región de Bosques Andino-Patagónicos. – Colec. Cient. INTA *10.* – Buenos Aires 1972.

Dun, J.: Primera correspondencia generada en Aisén, de parte de John Dun, Administrador General de la SIA a Mauricio Braun, ejecutivo de la Empresa residente en Punta Arenas. – Trapananda *1*(2):4–48 (1979).

Eisenhauer, G.: Chile: Auf dem Weg zu einem Waldland mit Zukunft. – Holz aktuell *3*:48–53. – Reutlingen (1981).
Emperaire, J.: Los Nomades del Mar. – Santiago de Chile 1963.
Eriksen, W.: Landschaft, Nationalparks und Fremdenverkehr am ostpatagonischen Andenrand. – Erdkunde *21*:230–240 (1967).
Eriksen, W.: Kolonisation und Tourismus in Ostpatagonien. Ein Beitrag zum Problem kulturgeographischer Entwicklungsprozesse am Rande der Ökumene. – Bonner Geogr. Abh. *43* (1970).
Eriksen, W.: Betriebsformen und Probleme der Viehwirtschaft am Rande der argentinischen Südkordillere. – Ztschr. f. ausl. Landwirtsch. *10:*24–46 (1971).
Eriksen, W.: Strömungen des Ökosystems patagonischer Steppen und Waldregionen unter dem Einfluß von Klima und Mensch. – Biogeographica *1*:57–73. – The Hague (1972).
Eskuche, U.: Estudios fitosociológicos en el norte de Patagonia. – Phytocoenologica *1*(1): 64–113. – Stuttgart (1973).
Etcheveherre, P. H.: Los suelos de la región andino-patagónica. In: Dimitri, M. J.: La región de Bosques Andino-Patagónicos. – Colec. Cient. INTA *10.* – Buenos Aires 1972.
Fester, G.: Wirtschaftsgeographie Südpatagoniens (Territorio de Magallanes). – Peterm. Geogr. Mitt. *79*(1/2):9–12 u. (3/4):73–77 (1933).
Finke, L.: Landschaftsökologie als Angewandte Geographie. – Ber. z. Dt. Landeskde. *45*:167 –182 (1971).
Fochler-Hauke, G.: Besiedlungsgang und Wirtschaftsprobleme in Feuerland. – Peterm. Geogr. Mitt. 102–114 (1956).
Fochler-Hauke, G.: Besiedlungs- und Wirtschaftsphasen im Feuerland. Ein Vergleich mit Alaska. – Verh. d. Dt. Geogr.tages *30*:227–229. – Wiesbaden (1957).
Friedmann, H. (Hrsg.): Chile: Contribucciones a las Politicas Urbana, Regional y Habitacional. – Santiago 1970.
Fuenzalida, H.: Observaciones Geológicas en el Territorio de Aisén. – Bol. Museo Nacional e Historia Nacional *14*:31–49. – Santiago (1935).
Fuenzaliza Ponce, R.: Nuevos antecedentes de cambios de morfología costera despues de los sismos de 1960, Archipielago de los Chonos. – Trapananda *1*(1):71–75 (1978).
Galilea Mauret, A.: El Potrero de los Rabudos, antecendentes históricos y fundamentos juridicos. – Trapananda *1*(2):24–30 (1979).
Gajardo, R. E.: Problemas de la Organización Espacial en Chile en el Periodo 1930–1973. – (Diss.) Zürich 1981.
Gintrand, A.: Región Austral de Chile. – Iren/Corfo Inf. *25*. – Santiago 1966.
Goodland, R.: Environmental ranking of Amazonian development projects in Brazil. – Environmental Conservation 7(1):9–26 (1980).
Golte, W.: Das südchilenische Seengebiet. Besiedlung und wirtschaftliche Erschließung seit dem 18. Jahrhundert. – Bonn. Geogr. Abh. *47.* – Bonn 1973.
Grosse, J. A.: Exploraciones Reconocimientos de Caminos entre Chaitén, Futaleufú, Lago Yelcho, Río Frío, Palena Alto y Río Palena. – Rev. Geogr. de Chile 7:59–78 (1952).
Grosse, J. A.: Vías de Comunicaciones en la Zona del Lago San Martín y de los ríos Mayer y Pascua. – Rev. Geogr. de Chile *6* (152).
Grosse, J. A.: Exploración al Suroriente de Puerto Asién para en contrar una vía de comunicación directa hacia el Lago Buenos Aires por el Lago Caro. – Rev. Geogr. de Chile *10*:31–45 (1953).
Grosse, J. A.: Exploración entre Puerto Aisén y Bahía Erasmo. – Rev. Geogr. de Chile *11*: 9–25 (1954).
Grosse, J. A.: Exploración Bahía Erasmo – Lago Buenos Aires. – Rev. Geogr. de Chile *12*: 62–76 (1954).
Grosse, J. A.: Visión de Aisén. – Santiago 1955, 2. erg. Aufl. 1974.
Grosse, J. A.: Pequeña biografía del Dr. F. E. Juan Steffen, profesor de historia y geografía de la U. de Chile. Explorador de la Patagónia. – Trapananda *1*(1):3–6 (1978).

Grosse, J. A.: Pisando los rastros del ciervo andino. − Trapananda *1*(2):11−13 (1979).
Guldager, R. u. Pfennig, R.: Der entwicklungsplanerische Wert. Bewertung der Landschaft und ihrer Infrastruktur. − Garten u. Landschaft *87*(1):9−19 (1977).
Hanstein, U.: Die Sozialfunktion des Waldes in der Forsteinrichtung. − Landschaft u. Stadt *2*(2):68−73 (1970).
Hartwig, F.: Landschaftswandel und Wirtschaftswandel in der chilenischen Frontera. − Mitt. Bdsforsch.anst. Forst- u. Holzwirtsch. *61*. − Hamburg 1966.
Heineberg, H.: Wirtschaftsgeographische Strukturwandlungen auf den Shetland-Inseln. − Bochumer Geogr. Arb. *5*. − Paderborn 1969.
Hembach, K. u. Hentze, H.-W.: Planungsprobleme an der Peripherie von Entwicklungsländern. − Entwicklung u. Zusammenarbeit *17*(5):17−19 (1976).
Hernández Erazo, M.: Prospección extensiva del sector comprendido entre Laguna de San Rafael y Bahía San Quintín. − Trapananda *1*(2):78−88 (1979).
Hernández Erazo, M. u. Rosas Trivino, H.: Aisén, paraíso del huemul. − Trapananda *1*(2):2−10 (1979).
Heusser, C. J.: Late-Plestocene environments of the laguna de San Rafael area, Chile. − Geogr. Rev. *50*:555−577 (1960).
Hiraoka, M.: Pioneer Settlement in Eastern Bolivia. − (Diss.) Milwaukee 1974.
Hiraoka, M. u. Yamahoto, S.: Agricultural development in the upper Amazon of Ecuador. − Geogr. Rev. *70*(4):423−445 (1980).
Holdgate, M. W.: Man and environment in the South Chilean islands. − Geogr. Journ. *127*(4): 401−416 (1961).
Holdich, Th. H.: The Countries of the King's Award o.O., o.J.
Horvath, A.: Informe sobre reconocimiento entre Chile Chico y Mallín-Grande por Paso de "Las Llaves". − Trapananda *1*(1):57−60 (1978).
Horvath, A.: Informe preliminar de exploración de alternativa de camino en la Región de Aisén. − Trapananda *1*(1):20−34 (1978).
Horvath, A.: Esutdio preliminar de obras y reconocimiento del sector sur de Aisén. − Trapananda *1*(2):116−134 (1979).
Huber, A.: Beitrag zur Klimatologie und Klimaökologie von Chile. − (Diss.) 2 Bände, München 1975.
Hueck, K.: Die Wälder Südamerikas. Ökologie, Zusammensetzung und wirtschaftliche Bedeutung. − Vegetationsmonographie einzelner Großräume *2*. − Stuttgart 1966.
Ibar Bruce, J.: Aisén, Hombres y Naturaleza. − o.O. 1973.
Intendente Luis Marchant González y sus primeras gestiones en el territorio de Aisén. − Trapananda *1*(2):58−66 (1979).
Iren (Instituto de Investigación de Recursos Naturales): Provincia de Aisén. Inventario de los Recursos Naturales. 2 Bde. − Santiago 1966.
Iren (Instituto de Investigación de Recursos Naturales): Geología de la Región de Aisén. − Inf. *20*. − Santiago 1967.
Iren (Instituto de Investigación de Recursos Naturales): Reconocimiento de Recursos Naturales, Región Continental de Aisén. Informe Forestal, 1A Etapa. − Informe Iren *15*. − Santiago 1967.
Iren (Instituto de Investigación de Recursos Naturales): Reconocimiento de Recursos Naturales, Región Continental de Aisén. Informe Forestal, 2A Etapa. − Informe Iren. − Santiago 1968.
Iren (Instituto de Investigación de Recursos Naturales): Capacidad de Uso de la Tierra (Región de Aisén). Masch.schr. Manuskript. − Santiago 1973.
Jülich, V.: Die Agrarkolonisation im Regenwald des mittleren Río Huallagua (Peru). − Marburger Geogr. Schr. *63*. − Marburg 1975.
Junge, M.: Durch Urwald und Pampa. Fahrten und Abenteuer in Patagonien. − Berlin 1936.
Junge, M.: Papageien und Eisberge. Meine Erlebnisse in den patagonischen Kordilleren. − Berlin 1938.

Katz, H. R.: Sobre la Ocurrencia del Cretáceo Superior Marino en Coihaique, Provincia del Aisén. – Anales de la Fac. de Ciencias Físicas y Matemáticas *18*:113–128. – Santiago 1961.
Katz, H. R.: Estudio sobre las Posibilidades Petroliferas de la Provincia de Aisén. – ENAP 1961.
Keller, B.: Die Natur Patagoniens und Feuerlands mit besonderer Berücksichtgung der andinen Seite. – (Diss.) Bonn 1911.
Kiemstedt, H.: Die Bewertung der Landschaft für die Erholung. – Beitr. z. Ldspflege Sh. *1*. – Stuttgart 1967.
Kohlhepp, G.: Planung und heutige Situation staatlicher kleinbäuerlicher Kolonisationsprojekte an der Transamazônica. – Geogr. Zeitschr. *64*(3):171–211 (1976).
Kohlhepp, G.: Siedlungsentwicklung und Siedlungsplanung im zentralen Amazonien. – Frankfurter Wirtsch. u. Sozialgeogr. Schr. *28*:171–191 (1978).
Kohlhepp, G.: Erschließung und wirtschaftliche Inwertsetzung Amazoniens. – Geogr. Rdsch. *30*:2–13 (1978).
Kohlhepp, G.: Brasiliens problematische Antithese zur Agrarreform: Agrarkolonisation in Amazonien. Evaluierung wirtschafts- und sozialgeographischer Prozeßabläufe an der Peripherie im Lichte wechselnder agrarpolitischer Strategien. In: H. Elsenhans (Hrsg.): Agrareform in der Dritten Welt. – Frankfurt/New York 1979, S. 471–504.
Kohlhepp, G.: Operation Amazonien. Zur Planungskonzeption und Raumordnung der staatlichen und privaten Entwicklungsvorhaben in Nordbrasilien. – Lateinamerika-Studien 4. Aktuelle Perspektiven Brasiliens S. 245–280. – München 1979.
Kohlhepp, G.: Probleme der Erschließung, Besiedlung und wirtschaftlichen Entwicklung Amazoniens. – Staden-Jahrbuch *29*:73–90. – Sao Paulo 1981.
Kohlhepp, G.: Estratégias de desenvolvimento regional na Amazônia Brasileira. – Finisterra *16*(31):63–94. – Lissabon (1981).
Kohlhepp, G.: Strategien zur Raumerschließung und Regionalentwicklung im Amazonasgebiet. Zur Analyse ihrer entwicklungspolitischen Auswirkungen. – In: Buisson, I. & Mols, M. (Hrsg.): Entwicklungsstrategien in Lateinamerika in Vergangenheit und Gegenwart, S. 175–193. – Paderborn etc. 1983.
Könekamp, A. H.: Veredelungswirtschaft in Chile. Milch und Fleischproduktion in Grünlandbetrieben. – Hamburg, Berlin 1969.
Krieg, H.: Als Zoologe in Steppen und Wäldern Patagoniens. – 2. Aufl. München 1951.
Krüger, P.: Die Patagonischen Anden zwischen dem 42. und 44. Grade südlicher Breite. – Peterm. Geogr. Mitt. Erg. H. 164. – Gotha 1909.
Lahsen, A. u. Oyarzún, J.: La Minería en Aisén. – Iren-Inf. *11*. – Santiago 1966.
Lauer, W.: Wandlungen im Landschaftsbild des südchilenischen Seengebietes seit der spanischen Kolonialzeit. In: Schriften des Geogr. Inst. d. Univ. Kiel *20*:227–277, Kiel 1961.
Lauer, W., Bähr, J. u. W. Golte: Verstädterung in Chile. – Erdk. Wiss. *42*. – Wiesbaden 1976.
Leser, H.: Landschaftsökologische Grundlagenforschung in Trockengebieten. Dargestellt an Beispielen aus der Kalahari und ihren Randlandschaften. – Erdkunde *25*:209–233 (1971).
Leser, H.: Landschaftsökologie. – Stuttgart 1976.
Lieth, H.: Die Stoffproduktion der Pflanzendecke. – Stuttgart 1962.
Lieth, H.: Basis und Grenze der Menschheitsentwicklung: Die Stoffproduktion der Pflanze. Umschau *74*(6) (1974).
Liss, C. C.: Die Besiedlung und Landnutzung Ostpatagoniens. – Göttinger Geogr. Arb. *73* (1979).
Lliboutry, L.: Nieves y Glaciares de Chile. Fundamentos de Glaciología. – Santiago 1956.
Lücker, R.: Agrarer Strukturwandel unter dem Einfluß des Sojaweltmarktes. – Geogr. Rdsch. *34*(8):368–373 (1982).
Mansilla, R. A.: Chile Austral. – Santiago 1946.
Marangunic, C.: Los depositos glaciales de la Pampa Magallanica. – Terra Australis *23/24*:5–11 (1972/73).

Marchant González, L.: Los problemas de obras públicas y otras materias captados de uno de los primeros ingenieros del territorio de Aisén. – Trapananda *1*(2):49–57 (1979).

Marks, R. u. Sporbeck, O.: Die Ermittlung und Abgrenzung planungsspezifischer Raumeinheiten – Planotype – aufgrund des physischen Eignungspotentials. – Struktur *10*(12):273–282 (1976).

Martin, C.: Landeskunde von Chile. – Hamburg, 2. Aufl., 1923.

Martinic, M.: La inmigración yugoslava en Magallanes. – Punta Arenas 1977.

Martinic, M.: Exploraciones y colonización en la Región Central Magellanica 1853–1920. – An. Inst. Pat. *9*:5–42 (1978).

Martinic, M.: Origines del nacimiento de la Sociedad Ganadera en Aisén llamada "Sociedad Industrial y Comercial del Aisén". – Trapananda *1*(2):37–43 (1979).

Mensching, H.: Der Sahel in Westafrika. – In: Wirtschafts- und Kulturräume der außereuropäischen Welt. Festschr. f. A. Kolb. – Hamburger Geogr. Stud. *24*:61–73 (1971).

Mensching, H.: Die Sahel-Zone. – Ursache und Konsequenzen der Dürrekatastrophe in Afrika. – Umschau *10*:305–308 (1975).

Metzner, J. K.: Man and Environment in Eastern Timor: a geoecological analysis of the Baucau-Vigueque Area as a possible basis for regional planning. – Development Studies Centre Monograph *8*, Canberra 1977.

Millán, D.: Zur Frage von Freizeit und Erholung in Chile. Ein Beitrag über die vielfältigen Nutzungsmöglichkeiten des Waldes in einem Entwicklungsland. – (Diss.) Göttingen 1972.

Minvu (Minsterio de Vivienda y Urbanismo): Plan de Infraestructura MOP para el Desarrollo Regional e Industrial y Urbano del Eje Chacabuco – Puerto Aisén – Coyhaique – Balmaceda, XI Región. (masch.schr. verv.) 3 Bände. – Santiago (1978–1979).

Monheim, F.: Junge Indianerkolonisation in den Tiefländern Ostboliviens. – Braunschweig 1965.

Neef, E.: Landschaftsökologische Untersuchungen als Grundlage standortgerechter Landnutzung. – Die Naturwiss. *48*:348–354 (1961).

Neef, E.: Die theoretischen Grundlagen der Landschaftslehre. – Gotha 1967.

Oberdorfer, E.: Pflanzensoziologische Studien in Chile. – Weinheim 1960.

Odeplan (Oficina de Planificación Nacional): Política de Desarrollo Nacional. – Santiago 1969.

Odeplan: Plan de la Economía Nacional. Plan de Desarrollo de la X Región Llanquihue – Chiloe – Aysén 1971–1976. – Puerto Montt 1971.

Odeplan: Estrategía Territorial de Desarrollo de Largo Plazo. – Santiago 1973.

Odeplan: Estrategía Nacional Desarrollo Regional (Resumen). Anos 1975–1990. – Santiago 1975.

Odeplan: Localización Industrial 1970. – Santiago 1975.

Odeplan: Areas Posibles de Interes para Inversionistas Extranjeros. – Santiago 1976.

Odeplan: Normas Legales y Reglamentarias Relativas a la Planificación Nacional y Regional. – Santiago 1977.

Odeplan: Estudio Regional de Puertos. – Santiago 1977.

Odeplan: Estrategía Energética 1977–1978. – Santiago 1977.

Ovalle, R. L.: Ocupación y desarrollo de la Provincia de Aysén. – Informaciones Geograficas *4*:27–74 (1954). – Santiago de Chile 1958.

Oyarzún, J.: Estudio Geoquimico del Drenaje en la Región Transandina de Aisén. – IREN-Inf. *27*. – Santiago 1966.

Pisano, V. E.: Estudio ecológico de la región continental sur del área andina-patagónica II. Contribución a la fitografía de la zona del Parque Nacional "Torres del Paine". – An. Inst. Patag. *5*(1–2):59–104 (1979).

Pisano, V. M. u. Dimitri, M. J.: Estudio ecológico de la región continental sur del área andino patagónica. – An. Inst. Patag. *4*(1–3):207–271 (1973).

Plüschow, G.: Silberkondor über Feuerland. – Berlin 1929.

Pomar, J. M.: La concección del Aisén y el valle Simpson. – Rev. Chil. Hist. y Geogr. *45–49* (1923).

Prodan, M.: Zur Wertschätzung des Waldes. – Schr.reihe Forstabt. Alb. Ludw. Univ. *4*:34–50. – Freiburg (1964).
Radam (Hg.): Levantamento de recursos minerais. – Min Minas Energia, Proj. Radambrasil. – 18 Bände Rio de Janeiro 1973–1980.
Reichert, F.: Die Erschließung der Patagonischen Central-Cordillere zwischen 46°30'–47°30'. – Rev. Phoenix. – Buenos Aires 1923.
Reichert, F.: La exploración de la Cordillera central patagónica desconocida entre los paralelos 46°30', cerro San Valentin. – GAEA, An. de la Soc. Argent. de Estud. Geogr. *I*:3–23. – Buenos Aires 1923–24.
Republica de Chile, Presidencia de la Republica (Hrsg.): Programas Ministeriales Año 1978. – Santiago 1977.
Republica de Chile, Presidencia de la Republica (Hrsg.): Programas Ministeriales Año (1979). – Santiago 1978.
Rey, B. u. Raul, C.: Geografia histórica de la Patagonía (1870–1960). – Pról. del. Federico A. Daus. – Buenos Aires 1976.
Riesco, R.: Untersuchungen zur Bevökerungsdynamik und Agrarentwicklung in der chilenischen Frontera. – (Diss.) Bonn 1978.
Riesenberg, F.: Cape Horn. – New York 1951.
Ringler, A.: Seilbahnerschließungen in den bayerischen Alpen. Kriterien zur Umweltverträglichkeit. – In: Alpeninstitut für Umweltforschung und Entwicklungsplanung (Hrsg.): Fremdenverkehrsentwicklung heute, S. 75–104. – München 1976.
Risopatron, L.: La Cordillera de Los Andes entre las Latitudes 46° y 50° S. – Santiago 1905.
Roberts, R. C. u. Diaz, C.: Los grandes grupos de suelos en Chile. – Agr. Tec. *19/20*:1–36 (1960).
Rodriguez Romero, M. L.: Ganadería y erosión en la Patagónia. – Seminario 'Fr. P. Moreno', Soc. Cient. Arg. :15–17 (1965).
Roesner, B.: Acht Jahre als Siedler auf einer westpatagonischen Insel. – Santiago o.J. (ca. 1946).
Rother, K.: Gruppensiedlungen in Mittelchile. Erläutert am Beispiel der Provinz O'Higgins. – Düsseldorfer Geogr. Schr. *9*. – Düsseldorf 1977.
Rother, K.: Stand, Auswirkungen und Aufgaben der chilenischen Agrarreform. – Erdkunde *28*(4):307–322 (1973).
Rother, K.: Zum Fortgang der Agrarreform in Chile. – Erdkunde *28*(4):312–315 (1974).
Ruiz, F. C.: Posibilidades Mineras de Aisén. – Rev. Chil. de Hist. y Geogr. XCIX:402–414. – Santiago 1944, 1945, 1946.
Sandner, G. u. Steger, H.-A.: Lateinamerika. – Fischer Länderkunde *7*. – Frankfurt 1973.
Saini Baroni, A.: La actividad ganadera, bocina y ovina en Aisén y sus perspectivas de desarrollo. – Trapananda *1*(2):89–96 (1979).
Santelices Loyola, G.: Aisén: un territorio maravilloso. Un recurso natural apto para empresas turísticas. – Trapananda *1*(1):49–56 (1978).
Santos, M.: Subdesarrollo y polos de crecimiento económico y social. – EURE *3*(9): 105–115 (1974).
Sassenfeld, H.: Kausalfaktoren räumlich differenzierter Entwicklung und regionalpolitische Lösungsansätze am Beispiel Chiles. – (Diss.) Bonn 1977.
Sauberer, M.: Bewertung von Gemeindezusammenlegungen mit Hilfe von Nutzwertanalysen. – Verh. Dt. Geogr. Tag, S. 455–473. – Wiesbaden 1976.
Schauff, J. (Hrsg.): Landeserschließung und Kolonisation in Lateinamerika. – Berlin, Bonn 1959.
Scheffer, F. u. Schachtschabel, P.: Lehrbuch der Bodenkunde. – 9. Aufl. Stuttgart 1976.
Schiffers, H.: Dürren in Afrika. Faktoren-Analyse aus dem Sudan-Sahel. – Info-Inst. f. Wirtschaftsforsch. *47*. – München 1974.
Schmieder, O.: Die Neue Welt. Bd. 1: Mittel- und Südamerika. – 2. Aufl. München 1968.

Schmidthüsen, J.: Vegetationsforschung und ökologische Standortslehre in ihrer Bedeutung für die Geographie der Kulturlandschaft. – Z. Ges. f. Erdke Berlin 1942, S. 113–157.

Schmidthüsen, J.: Die räumliche Ordnung der chilenischen Vegetation. – In: Forschungen in Chile. – Bonner Geogr. Abh. *17*:1–89 (1956).

Schmidthüsen, J.: Was verstehen wir unter Landschaftsökologie? – Vrh. d. Dt. Geogr.tag *39*: 409–416. – Wiesbaden 1974.

Schoop, W.: Die bolivianischen Departementszentren im Verstädterungsprozeß des Landes. – Acta Humboldtiana 7. – Wiesbaden 1980.

Schreiber, H.: Im Schatten des Calafate. Patagonisches – Allzupatagonisches. – Berlin 1928, 4. Aufl. Melsungen 1966.

Schultze, J.: Die wissenschaftliche Erfassung und Bewertung von Erdräumen als Problem der Geographie. – Die Erde *88*(3/4):193–223 (1957).

Schwabe, G.: Chilenismen. Zur ökologischen Problematik eines Landes. – Stud. Generale 9(7):364–384 (1956).

Sepuveda Veloso, F.: La Provincia de Aisén. – Santiago 1931. –

Serplac (Sección Regional de Planificación y Coordinación): Plan de Desarrollo Regional: XI. Región Aisén del General Carlos Ibañez del Campo. – Coihaique 1979.

Sierra Muñoz, V.: Erosión, un mal que corroe las tierras de Aisén. – Trapananda *1*(2):97–101 (1979).

Sioli, H.: Entwicklung und Aussichten der Landwirtschaft im brasilianischen Amazonasgebiet. – Erdkunde *10*:89–109 (1956).

Sioli, H.: Recent human activities in the Brazilian Amazon region and their ecological effects. – In: Meggers, A. et al.: Tropical Forest Ecosystems in Africa and South America: A Comparative Review, S. 321–334. – Washington 1973.

Steffen, H.: Bericht über eine Reise in das chilenische Fjordgebiet nördlich vom 48° s. Br. – Verh. Dt. Wiss.Verein *5*:1–80. – Santiago (1903).

Steffen, H.: Der Baker-Fjord in Westpatagonien. – Peterm. Mitt. *50*:140–144 (1904).

Steffen, H.: Ein ungewöhnlicher Fall wissenschaftlicher und literarischer Freibeuterei (Dr. P. Krügers Abhandlung über die patagonischen Anden zwischen dem 42° und 44° S). – Verd. Dt. Wiss. Ver. Santiago *6*(1):1–12 (1910).

Steffen, H.: P. Krügers Abhandlung über die patagonischen Anden. – Peterm. Mitt. *57*(2): 19–21 (1911).

Steffen, H.: Das sogenannte patagonische Inlandeis. – Ztschr. f. Gletscherkde. *8*:160–174 (1914).

Steffen, H.: Grenzprobleme und Forschungsreisen in Patagonien. – Stuttgart 1929.

Steffen, H.: Patagónia Occidental y Territorios Circundantes. – Santiago 1944.

Stöhr, W.: Geographische Aspekt der Planung in Entwicklungsländern. Die südamerikanische Problematik an dem Beispiel Chiles. – In: Festschrift für G. Scheidl zum 60. Geburtstag *2*:377–393. – Wien 1967.

Stöhr, W.: Regional Development. Experiences and Prospects in Latin America. – The Hague 1975.

Strauss, E.: Metodología de Evalución de los Recursos Naturales para la Planificación Económica y Social. – Cuad. Inst. Lat.am. Plan. Econ. Soc. *2*(4). – Santiago 1972.

Tortorelli, L. A.: Los incendios de bosques en la Patagonia. – Min. de Agric. Dir. Forest., Buenos Aires 1947.

Troll, C.: Luftbildplan und ökologische Bodenforschung. – Z. Ges. f. Erdke Berlin *7/8*. – Berin 1939.

Turowski, G.: Bewertung und Auswahl von Freizeitregionen. – Schr.reihe d. Inst. f. Städtebau u. Ldspl. d. Univ. Karlsruhe *3*. – Karlsruhe 1972.

Umweltbundesamt (Hrsg.): Handbuch zur ökologischen Planung. – 3 Bde. – Friedrichshafen 1981.

Undecima y Duadecima Regiones. – Geochile, la regionalización en 14 fasciculos. Santiago o.J. (ca. 1976).

Universidad Catolica de Valparaiso (Hrsg.): Estudiantes presentan su trabajo libre de verano: Aisén, provincia de Chile. – MINVU, Santiago 1970.
Weisser, P. Chilenische Nationalparks. – Andina, Zeitschrift f. Naturfreunde und Wanderer :39–47. – Santiago (1973/74).
Wollman, N.: Los Recursos Hidraulicos de Chile. – Cuad. Inst. Lat.am. Plan. Econ. Soc. 2(10). – Santiago 1969.
Weischet, W.: Ultima Esperanza. – Die Erde 88:128–138 (1957).
Weischet, W.: Die thermische Ungunst der südhemisphärischen hohen Mittelbreiten im Sommer im Lichte neuer dynamisch-klimatologischer Untersuchungen. – Regio Basiliensis 9:170–189 (1968).
Weischet, W.: Chile. Seine länderkundliche Individualität und Struktur. – Wiss. Länderkunden 2/3. – Darmstadt 1970.
Weischet, W.– Agrarreform und Nationalisierung des Kupferbergbaus in Chile. – Darmstadt 1974.
Weischet, W.: Die ökologische Benachteiligung der Tropen. – Stuttgart 1977. 2. Aufl. 1980.
Weischet, W.: Geoökologische Beziehungen zwischen der temperierten Zone der Südhalbkugel und den Tropengebirgen. – Erdwiss. Forschung 11:255–280 (1978).
Weischet, W.: Exito y límites de la "revolución verde" en el aspecto ecológico. – Boletín de Lima 16–18:1–24 (1981).
Weischet, W.: Schwierigkeiten tropischer Bodenkultur. – Spektrum der Wissenschaft (7): 111–122 (1984).
Wilhelmy, H.: Siedlung im südamerikanischen Urwald. – Aus aller Welt 1. – Hamburg-Blankenese 1949.
Wilhelmy, H.: Die eiszeitliche und nacheiszeitliche Verschiebung der Klima- und Vegetationszonen in Südamerika. – Dt. Geogr.Tag Frankfurt 1951, Verh. u. Sitz.ber., S. 121–127. – Remagen 1952.
Wilhelmy, H.: Die Bewässerungsoase am Rio Negro (Argentinien). Beobachtungen auf einer Reise (1956/57). – In: Lautensach-Festschrift, S. 398–406. Stuttg. Geogr. Stud. 69. – Stuttgart 1957.
Wilhelmy, H.: Amazonien als Lebens- und Wirtschaftsraum. – In: Festschrift f. E. Gentz. Dt. Geogr. Forsch. i. d. Welt v. heute. – Kiel 1970, S. 69–84.
Wilhelmy, H. u. Borsdorf, A.: Die Städte Südamerikas. Teil 1: Wesen und Wandel. – Urbanisierung der Erde 3(1). – Stuttgart 1984.
Wilhelmy, H. u. Borsdorf, A.: Die Städte Südamerikas. Teil 2: Die urbanen Zentren und ihre Regionen. – Urbanisierung der Erde 3(2). – Stuttgart 1985.
Wilhelmy, H. u. Rohmeder, W.: Die La Plata-Länder. – Braunschweig 1963.
Wright, C.: Great Groups of Soil in Chile and their Relations to Natural Land and Water Ressources. – FAO/Min. Agr. – Santiago 1958.
Wright, C.: A Preliminary Study of the Soils of Part of Aisén Province. – Santiago 1963.
Zamora, M. E. u. Santana, A. A.: Caracteristicas climaticas de la costa occidental de la Patagonia entre las latitudes 46°40′ y 56°30′ S. – Ans. Inst. Pat. 10:109–154 (1979).

VERZEICHNIS DER KARTENGRUNDLAGEN

Instituto Geográfico Militar, Topographische Karte 1:500.000, Ausg. 1972:
- 4300–7000 Archipiélago de las Guaitecas
- 4300–7300 Palena
- 4500–7000 Puerto Aisén
- 4700–7300 Golfo de Penas
- 4700–7000 Lago O'Higgins
- 4900–7200 Fitz Roy

Mapa de los suelos de la Provincia de Aisén, IREN 1966.
Mapa de los Parques Nacionales, CONAF ca. 1976.
Mapa de las Reservas Forestales, CONAF ca. 1976.
Mapa Caminera, MOP 1971.

Atlas de Chile. – Instituto Geográfico Militar 1970.
Atlas Escolar de Chile. – Instituto Geográfico Militar 1980.

REGISTER

A = Abbildung, K = Karte, T = Tabelle

Abbé, A. 30
Abflußregime 49, 51A
Abhängigkeit = Dependenz
Ackerbau 128
Ackerpotential 131
Administrative Gliederung 31T, 24K
Agostini, A. M. de 17
Agrarreform 19, 44, 106, 134, 169
Aisén, Región 13, 14, 19f., 22ff., 25, 40
Aisénfjord 18
Alacalufes 28
Alkoholherstellung 163
Alkoholismus 89
Alphabetisierung 83, 89
Altersstruktur 82, 82A
Alvárez, C. 91
Andenrandseen 46
Andinismus 162
Arbeitskräftepotential 83, 83T
Arbeitslosigkeit 83
Aufforstung 136f., 137T
Austauschkapazität 68f.
Autofähre 114

Bähr, J. 17, 20, 99, 131
Baker-Fjord 17
Balmaceda 35, 40, 46
Barth, H.-K. 15f.
Bauer, P. P. v. 15
Baumschule 101
Becker, R. 54, 163
Bergbau 139
Beschäftigungsstruktur 126ff.
Bevölkerungsdichte 13, 22
Bevölkerungsentwicklung 25T, 43f., 77ff., 78A
Bevölkerungsstruktur 77ff.
Bevölkerungsverteilung 85, 86K
Bewässerung 65, 96, 129, 130T, 154f.
Bewässerungsflächen 71T
Bewässerungsgesamtfläche 131
Bildungsstruktur 83ff.
Bird, J. 27
Blume, H. 16
Böden 66ff.

Bodenbildung 66, 68
Bodenerosion 67, 72
Bodengüte 129, 154
Bodengüteklassen 70f.
Bodenschätze 48f.
Burschel, P. 136
Bruce, I. 30
Brücher, W. 15
Brückenkopffunktion 99
Burns, Ch. 30
Busverkehr 112, 114A, 115T
Butland, G. J. 18

Caleta Andrade 87ff.
Callampas 96, 166
Cap. Prat 22
Carretera Presidente Pinochet 19f., 114ff., 116
Casco 104
Chile Chico 22, 35, 49, 93ff., 94K
Chiloe 19, 91
Chonos 28
Chonos-Archipel 17
Cochrane 22, 125
Coihaique 22, 25, 40, 78, 80, 97ff., 98K
Coihaique-Boden 69
Coihue-/Lenga-Wald 73f.
Coihue-/Tepa-Wald 72f.
Coihue-magellanica-Wald 75
Cono Sur 13
Conquista del Desierto 28
Cordillerano 68
Corfo 19

Delaborde, J. 17
Dependenz 99ff., 121
Dependenztheorie 166, 168
desarrollismo 166
desarrollo hacia adentro 165, 167f.
desarrollo hacia afuera 165, 167
Desertifikation 15
Dezentralisierung 169
Diez Gallardo, B. 17
Dornier-Ansatz 16, 20
Dun, J. 37, 39, 91

Düngung 68
Durén, J. = Dun, J.

Egalitarismus 169
Eignungspotential 140ff., 155f.
Einzel-/Großhandel 99
El Blanco 106f., 106K
Emhardt, A. 30
Emperaire, J. 28
Energiegewinnung 159T
Energiewirtschaft 156
Entwicklungsstrategie 14, 171
Entwicklungstheorien 14, 21, 165f.
Eriksen, W. 15
Estancia Baño Nuevo 104ff., 105K
Estancia Cisnes 38K, 104
Estancia Ñirehuao 38K, 104
Exklave 99

Fauna 76
Feldgraswirtschaft 154
Fernsprechverkehr 100, 100T, 101A
Fischer, C. 124
Fischerei 138f.
Fischersiedlung 87ff.
Fischfang 89, 138T
Fischkonservenindustrie 138
Fitzroy, Kapitän 18
Fjordlandschaft 45
Flugplätze 46, 104, 124, 125T
Flugverkehr 100, 110
Foizich 35, 39
Forstwirtschaft 127, 135ff.
Freihandelszone 99, 126
Fremdenverkehr 160f.
Frostperioden 60, 15
Futaleufú 31

García, J. 17, 18
geologischer Aufbau 46ff., 47K
Gewässer 49ff.
Golf von Reloncaví 45
Golte, W. 15, 17, 20, 99, 131
Grasfluren 75f.
Grenzkommission 17
Grenzstreit 18, 19, 30, 31
Großer Süden 17, 25
Grosse, A. 17, 40, 42K, 43
Guzmán, C. 48

Häfen 118ff.
Hafenstadt 91
Hafer 128f., 154

Hein, E. 124
Honigproduktion 163
Hopperdietzel, W. u. H. 41, 102
Huber, A. 64
Huemul 28, 76
hydrographische Systeme 50T

Ibañez del Campo, C. 40, 43, 165, 167
Import-/Exportgeschäft 99, 104, 120
Industrialisierung 171
Industrialisierungschancen 158
Industrie 93, 127, 157ff.
Industrieansiedlung 159
Industriestruktur 157T
Inlandeis 22, 45, 53
integrierte Regionalpolitik 168f.
intrusos 39f.
Investitionsvergünstigungen 100
Iren 19
Isthmus von Ofqui 23, 122, 123K

Jahresdurchschnittstemperatur 55
Jahresniederschläge 55T
Jara, J. D. 35, 39
Jugendbewegung 41
Junge, M. 17

Kalk 49
Kartoffeln 129, 154
Kiemstedt, H. 140
Klima 53ff., 54K, 56T, 57ff.T
Klimagunst 96
Klimascheide 25, 55
Klimatypen 61K
Koch, R. 162
Kohlhepp, G. 15
Kosten-Nutzen-Analyse 140
Krüger, P. 17
Kühlfleischfabrik 133, 157
Küstenschiffahrt 104, 110f., 118ff.

Ladedo 124
Lago Gral. Carrera 22, 31, 52
Lago Pollux 35
Lago Verde 31
Lan Chile 124
ländliche Einzelsiedlung 107f.
ländliche Gruppensiedlung 104ff.
Landpension 96A, 97
Landverkehr 110
Landwirtschaft 127ff.
landwirtschaftliche Besitzstruktur 134f.
landwirtschaftliche Nutzfläche 127

Las Huichas 87ff., 91
Leitfragestellung 14
Lenga-Holz 163
Lenga-Wald 74, 106
Leser, H. 15, 16
liberalistische Regionalpolitik 169f.
Loofs, H. 17
Los Canales, Region 19
Los Ñadis 107f.
Ludwig, E. 40f., 102
Luft- und Satellitenbilder 14, 21
Luftverkehr 124ff.
Luzerne 129

Magallanes, Región 13, 17, 62
Magellanstraße 44
Mallín-Boden 70
Mano Negra 68
Matorrales 75, 136
Melinka 31
Mensching, H. 15
Methode Lieth 64
Metzner, J. K. 16
Milcherzeugung 131ff.
Mina El Toqui 139
Mina Escondida 48
Mina Lago Negro 48
Mina Las Chivas 48, 139
Mina Silva 48, 139
Mittelpunktsiedlung 93ff.
Molkerei 132f., 157
Moraleda, J. de 18
Moreno, F. P. 18

Nationalpark 144T
Naturpotential 45ff.
naturräumliche Gliederung 26K, 27
Naturwald 135
Neef, E. 16
Ñirre-Wald 75
Nutzungskonflikt 16
Nutzwertanalyse 16, 140
Nutzwürdigkeit 15, 145, 150ff.K, 154f.

Obst- und Gartenbau 129, 155
Odeplan 166
Ofquikanal 122f.
ökologische Wertanalyse 16
Ökumene, Grenzen 14f.
Ostpatagonisches Tafelland 46
ovejeros 106

Pampaboden 69

Panamakanal 118
paraurbanes Zentrum 78, 79T, 102ff.
Parfümherstellung 163
partidos modernizantes 166
Passagieraufkommen der Schiffahrt 121T
patagones 27
Patagonien 25
patagonisches Geröll 46
patagonisches Urwaldchile 13, 25
Pflanzenwachstum 60
Plan Empleo Minimo 83, 117
Plüschow, G. 17, 124
polarisiertes Wachstum 166, 168
Potential 14
Produktionsstruktur 126
Puerto Aguirre 31, 87ff.
Puerto Aisén 17, 19, 22, 31, 35, 53, 62, 78, 80, 91ff., 92K
Puerto Chacabuco 19, 62, 90K, 91ff., 118, 119K, 120
Puerto Cisnes 31, 41f., 62
Puerto Edén 30
Puerto Grosse 62
Puerto Guadal 48, 139
Puerto Ibañez 40f., 122
Puerto Natales 62
Puerto San Carlos 52
Puerto Sanchez 49
Puyuhuapi 31, 40f., 55, 62, 78, 87, 102ff., 103K, 117, 167
Puyuhuapi-Wald 73, 162

Raumbewertung 128
Raumbewertungsverfahren 14, 16, 20, 140ff.
Relief 45f.
Regionalisierung 19f., 168, 170T
Regionalplanung 14, 21, 165
Regionalpolitik 165
Rinderhaltung 154
Rindermast 133
Rinderwirtschaft 131f.
Río Baker 17, 31, 39, 57
Río Cisnes 17, 52
Río Jeinemeni 108, 129
Río Lechoso 129
Río Manso 17
Río Mayer 31
Río Palena 17, 31
Río Puelo 17
Río Simpson 31
roaring forties 25
Rother, K. 96
Ruta 45 = Carretera Presidente Pinochet

Sägewerke 136
San Rafael, Hotel 23
San Rafael, Lago 23
Schafweise 154
Schafzucht 131f.
Schafzuchtgesellschaften 35ff., 36K, 40, 44, 167
Schauff, J. 15
Schiffers, H. 15
Schmithüsen, J. 16
Schneegrenze 45
Schultze, J. 16
Schutzbedürftigkeit 15, 142, 144, 146ff.K, 154
Schweinezucht 131f.
Seeschiffahrt 122
Silva Ormeño, J. 39, 93
Simpson, E. 18, 91
Sklavenjagd 30
Small-scale-Projekte 162ff.
Sociedad Ganadera Cisnes 37, 39
Sociedad Explotadora del Baker 37, 39, 93
Sociedad Ganadera Valle Chacabuco 39, 167
Sociedad Industrial del Aisén 37, 91
spontane Landnahme 31f.
Stadt 22
Stadtbegriff 77, 80, 89
Städte 87
Städtewachstum 80T
städtische Bevölkerung 77f.
Steffen, H. 17, 18, 28, 31, 48, 53, 91
Steppengräser 75f.
Straßennetz 111f., 112T
Südcarretera = Carretera Presidente Pinochet

Taitao 45
Tehuelches 27
Tertiärer Sektor 99, 126
Tertiarisierung 81
Tourismus = Fremdenverkehr
Tragfähigkeit 13f., 83, 96, 126f.
Trapananda 19
Tres Llaves 93

Tres Valles 35
Trockengrenze 72
Troll, C. 16

Übel, O. 40, 102
Überurbanisierung 97
Urbevölkerung 27ff., 29K

Vea, A. de 17
Vegetation 72ff.
Veredelungswirtschaft 154
Vergletscherung 23
Verkehrsinfrastruktur 110
Verkehrsschatten 23
Verstädterung 13f.
Viehbestand 133T
Viehzucht 131ff.
Villa O'Higgins 104, 117, 125
Vulkanasche 66, 154
Vulkanismus 48, 66
V-Wert-Verfahren 140

Waldbrand 72
Waldgrenze 46, 72
Wanderungsbewegung 80
Wasserkraftwerke 158
Weidefläche 133f.
Weischet, W. 17, 20, 155
Weizen 128f.
Westpatagonien, Begriff 25
Wilhelmy, H. 15, 16
williwaws 62
Wind 60, 155
Winderosion 69
Windschutz 62
Wirtschaftssektoren 83
Wirtschaftswald 135

Yámanas, Yaghan 28
Yates, J. 30

Zentralregion 13
Zuwanderung 80, 81T

DM 66.00
160787